JN025440

# 商法総則・商行為法
## 第4版

大塚英明・川島いづみ・中東正文・石川真衣［著］

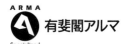

ARMA
有斐閣アルマ
Specialized

# 第4版はしがき

　2001年に大塚，川島，中東の3著者で世に送り出した本書も，はや20「歳」を超えた。比較的改正の少ない商法総則・商行為の分野ではあるが（ただ，前回の第3版では民法改正に大きな影響を受けたが……），やはり年月の経過によって修正を迫られる部分が出てくる。今回，第1編から第5編までは，あらためて，そうした時代の変遷による見直しを行った。例えば第11章では，手形制度の衰退に伴いこれに関する記述を削除することにした。「古い」時代に属する我々3名にとっては，一抹の寂しさを感じるとともに，息の長い本となったことを実感する嬉しさもある。

　その一方で，本書の第6編は，新しい意味での商行為（企業的商行為）の核心をなす「投資」を扱いながら，これまで，掘り下げ方が必ずしも十分ではないとの反省があった。このたび，この領域に造詣の深い石川が，同編の本格的な書き直しを行った。これによって本書の信頼性が格段に高まったのではないかと自負する次第である。

　なお，有斐閣の藤本依子氏，入田萌衣氏には，今回の改訂を全面的にサポートしていただいた。深く御礼を申し上げたい。

　2023年9月

　　　　　　　　　　　　　　　　　　　　　　　　執筆者一同

# 初版はしがき

　商法の特徴を一口にいうなら，それは実務との強い結びつきであろう。もちろん，一般論として法が実務から乖離することは許されない。しかし，憲法や刑法では，「実務がこうである」というよりはむしろ，「こうあるべきだ」との法的理想がこれらの法を裏付けている。背景にあるのは，政治学的理念やときとして哲学的理念である（例えば刑法における刑罰の本質論争を思い出してほしい）。それに対して商法の背景には，常に実際の商取引が存在する。確かに基本六法の中でも民法はこの実務的背景において商法と共通する側面を有しているかもしれない。しかし，民法の私的取引は，商法ほど「とぎすまされて」はいない。商取引とは，当事者がそれぞれの利益を極限にまで高めようとして結ぶ取引である。その鋭い利害対立を調整するため，商取引の世界では民法以上の「合理性」が模索されてきた。その集大成である商法は，この点で民法とも一線を画している。

　もっともその反面，実際の商取引の合理性をあまりに強調すると，商法が，何の相互関連もない実務対応の寄せ集めにすぎないという印象を持つことになりかねない。多くの学生が商法を苦手科目として敬遠するのは，まさにこの理由による。本書がとくに配慮しているのは，このような苦手意識を取り除き，商法の学習に一定のリズムと主題性を取り入れることである。そのため，従来の教科書とは大きく異なる章立てや記述順を採用した。本書を利用して商法総則・商行為法の分野を学習しようとする方は，「迷子」にならないために常に本書の大きな特徴である「編」の名前をテーマとして意

識していてほしい。

　なお，有斐閣書籍編集部の山下訓正，山宮康弘両氏の辛抱強い協力と励ましがなければ本書は完成できなかった。ここに深く御礼申し上げたい。

　　2001 年 8 月


　　　　　　　　　　　　　　　　　　　　執筆者一同

# 本書を読む前に

## 法令名の略語

商法の条文は，原則として，条数のみを引用する。

その他は有斐閣六法の略語によるが，主なものは次のとおりである。

| | |
|---|---|
| 会　　社 | 会社法 |
| 会社計算 | 会社計算規則 |
| 会 社 則 | 会社法施行規則 |
| 金　　商 | 金融商品取引法 |
| 金 商 令 | 金融商品取引法施行令 |
| 旧　　有 | 旧有限会社法 |
| 商　　則 | 商法施行規則 |
| 商　　登 | 商業登記法 |
| 不正競争 | 不正競争防止法 |
| 民 | 民　　法 |

## 判例引用の略語

| | |
|---|---|
| 民　　集 | 大審院民事判例集，最高裁判所民事判例集 |
| 民　　録 | 大審院民事判決録 |
| 裁判集民 | 最高裁判所裁判集民事 |
| 高 民 集 | 高等裁判所民事判例集 |
| 下 民 集 | 下級裁判所民事裁判例集 |
| 新　　聞 | 法律新聞 |
| 判　　時 | 判例時報 |
| 判　　タ | 判例タイムズ |
| 金　　判 | 金融・商事判例 |
| 金　　法 | 金融法務事情 |
| 百　　選 | 商法判例百選 |
| 会社百選 | 会社法判例百選（第 4 版） |

# 目　次

## 第1編　商法をかたちづくる概念

第5編  商法がかかげる伝統的営業

第 6 編　企業活動への資金提供——投資

# 著 者 紹 介

大塚英明 （おお つか ひで あき）　第1編（GR・第1章），第2編（第5章），第3編（第9章），第5編（GR），第6編執筆

1956 年生まれ。

現在，早稲田大学教授。

主要著書・論文　「Paramount 判決における Revlon 義務と厳格検証」『比較会社法研究』（奥島孝康先生還暦記念第1巻，1999 年，成文堂），『会社法のみちしるべ　第2版』（2020 年，有斐閣），『法の世界へ　第9版』（共著，2023 年，有斐閣）


川島いづみ （かわ しま）　第2編（第3章・第6章），第3編（第7章），第5編（第15章）執筆

1955 年生まれ。

現在，早稲田大学教授。

主要著書・論文　「イギリス会社法における株主代表訴訟の展開」『比較会社法研究』（奥島孝康先生還暦記念第1巻，1999 年，成文堂），『21 世紀の企業法制』（酒巻俊雄先生古稀記念，共編著，2003 年，商事法務），『イギリス会社法——解説と条文』（共著・共訳，2017 年，成文堂），『公開会社法と資本市場の法理』（上村達男先生古稀記念，共編著，2019 年，商事法務）


中東正文 （なかひがしまさ ふみ）　第1編（第2章），第2編（GR・第4章），第3編（GR・第8章），第4編，第5編（第16章）執筆

1965 年生まれ。

現在，名古屋大学教授。

主要著書　『企業結合・企業統治・企業金融』（1999 年，信山社），『商法改正〔昭和 25 年・26 年〕GHQ/SCAP 文書』（2003 年，信山社），『検証会社法』（浜田道代先生還暦記念，共編著，2007 年，信山社），『企業結合法制の理論』（2008 年，信山社），『会社法の選択——新しい社会の会社法を求めて』（共編著，2010 年，商事法務）

石川真衣（いしかわまい）　　**第5編（第13章・第14章・第16章），第6編執筆**

1988 年生まれ。

現在，東北大学准教授。

主要著書・論文　「フランスにおける株式上場制度の形成──パリ公認仲買人組合における上場判断要素の変遷を中心に」『公開会社法と資本市場の法理』（上村達男先生古稀記念，2019 年，商事法務），「フランス株式会社法における『ソシエテ契約（contrat de société)』概念の意義 (1) ～ (3・完)」早稲田法学 95 巻 1 号，95 巻 2 号，95 巻 4 号（2019～2020 年），「サステナビリティ・ガバナンスをめぐるフランス企業法制の最新動向──2019 年 PACTE 法とその後」商事法務 2300 号（2022 年）

\*　GR とは，general remarks の略

第 **1** 編

# 商法をかたちづくる概念

~~~~general remarks~~~~

商法総則・商行為は
「総論」ではない？

一般に商法総則・商行為と呼ばれる講学上の分野は，商法典第1編「総則」（1条〜31条）と第2編「商行為」（501条〜617条），およびこれらに関連する諸々の法令や商慣習法等を含んだ法領域である（ただし本書は第3編「海商」も扱う）。その中心となるものが商法典の条文であることはいうまでもないが，商法典の構造には1つの大きな特徴があることに気づく読者もおられるであろう。つまり，第1編と第2編の間が大きく飛んでいるのである。総則の代表的規定である4条では，501条および502条の「商行為」を業とする者が「商人」と定義されており（この意味そのものは第1章で詳述する），明らかに総則と商行為はリンクしている。だからこそ総則と商行為は内容的に1つのまとまった分野に収まっているのである。それにもかかわらず，両者の間では，32条から500条という膨大な数の条文が現在のところ「欠番」になっている。

　ご存じの方も多いだろうが，この欠番部分のうち33条以降は，2005（平成17）年に「会社法」として商法から分離独立するに至った。そして奇妙なことに，商法から「巣立った」はずの会社法は，とくに法学部のカリキュラムでは，独立した法領域として商法総則・商行為法よりも早い学年・学期で講義されることが多い。しかも多くの大学で総則・商行為は選択科目になっており，必修ないし準必修とされている会社法より明らかに扱いが軽い。民法や刑法では，まず総則（総論）を学んだことを前提として各論部分に入っていくというカリキュラム構成がとられているのに，なぜ商法だけは違うのだろうか。

その理由は，まさに現代における商法学の本質に関わる。

当初，会社は商法の法主体の1つにすぎなかった。それが長い商法の歴史の中で，次第に実際的にも理論的にもきわめて重要な地位を占めるようになり，その組織構造や運営規範などについては多くの法的分析が行われるようになった。こうした分析の成果は即時に商法の中に盛り込まれ，会社に関する条文は増え続けた。会社法自体が1つの法分野を形成するほどに専門化し，その反面，総則・商行為とのリンク性を薄めていったのである。そしてついにこの領域は，「会社法」という単行法として独り立ちを遂げるに至った。

もっとも，会社法の講義でその組織や運営についての重要な法的規範を多く学習してきた読者も，肝心の「会社とは何を行う組織か？」という疑問を提示されたとき，果たして明確な答えを返せるだろうか。確かに会社は「営利を追求する社団法人」だから，その目的は営利追求にある。しかし，そもそも営利追求＝儲けるための活動を行うために，なぜ会社という組織が最適な形態とみなされるようになったのか。実は，営利事業活動というものの法的本質を理解するためには，会社を含め営利活動を行う法主体にその存在意義自体を提供している商法総則・商行為法を学習しないわけにはいかないはずである。その意味で，商法総則・商行為法は，会社法の前提として理解しておくべき位置にある。

ところが，営利事業活動に対する捉え方は，歴史的に変化してきた。当初は特定の狭い範囲の行為がとくに営利性が強いとみられていたが，次第にその範囲は拡がり，結局のところ現在では，「ど

のような活動でもやり方次第で営利性をもつようになる」と評価することが最も妥当な見方とされている。本来は，商法が全体としてその変化に対応してこなければならなかったはずだが，残念ながら現行商法はいささか古い。特定行為だけを営利事業＝儲かる活動として捉える基本的姿勢は，現行商法典の中にも色濃く残っているのである。その中で1人，気を吐いているのが会社法である。会社法は，時代のニーズに合わせて頻繁な改正・追加を繰り返し，ついには「儲ける活動のやり方」としての規範性も備えるに至った。そのため，古い考え方をとどめる商法総則・商行為の諸規定とは次第に一線を画するようになり，法領域としての独立性を強めたのである。

　以上の経緯を理解すれば，商法の全体像がみえてくる。現代における会社の隆盛を必然の結果とみる「企業法説」は，この全体像を描き切るために登場したといっても過言ではあるまい。これによって，「広義の」商法概念に占める会社法の位置づけと，逆に現行の総則・商行為規定との距離が明らかにされた。本編では第1章で，この全体像を把握するために，あえて1つの「商法物語」を展開することにした。そして第2章では，会社を中核に据えた「企業」という主体の実体を捉えるために，「営業」という概念に立ち入ってみたい。

# 第1章 商人，商行為そして企業

## *1* 近代私法としての商法

商法の法主体 　民法の法主体が「人」(民3条・33条参照)であることは，今さら確認するまでもなかろう。一般私法としての民法は，例外なく「人」に適用されてこそ，個々人の私的生活にしっかりとした法的裏づけを提供することができるのである。それでは，商法が適用されるべき法主体はいったい誰なのだろうか。確かに商法4条1項には，「商人」という概念が規定されている。ところが，この規定をよりどころにして商法の法主体をあぶり出そうとしても，民法の場合のようにすんなりとはいかない。

　4条1項では，「商行為をすることを業とする者」が商人とされているから，商人の正体を知るためには，まず商行為という概念を明らかにしておかなければならない。とはいえ好都合なことに，同

条にいう商行為は，501条および502条に具体的行為として列挙されている。したがって，この2か条に掲げられた行為を業として行う者が，商人ということになる。501条・502条の文言には，難解な法的概念が用いられているわけではない。銀行（502条8号），運送（同条4号），保険（同条9号）など，われわれの日常生活でなじみの深いものも多く列挙されている。したがって，条文に従う限り「商人」の形式的定義には，ある意味でとても簡単に到達することができる。

> 「商人」の
> 共通項とは？

しかし，問題はそこから先にある。この2か条にはあまりに多様な行為が混在している。たとえば，それらのうちアトランダムに，利益を得て譲渡する意思をもって行う動産・不動産等の有償取得に従事する者（501条1号），電気またはガスの供給（502条3号）あるいは客の来集を目的とする場屋取引（同条7号）を行う者を抽出してみよう。これらの者は4条1項により等しく「商人」とされる。だが，実質的にこれらの三者が商人とされる共通の根拠を探し出すことはかなり困難である。ここでは，民法の「人」に備わるような，誰にでも容易に納得できる共通項を見出すことは，ほとんど不可能のようにさえみえる。

　初学者にとって商法総則・商行為法という学問領域を難解なものにしている1つの要因は，入り口を開けたとたんに，このような混乱がそこから先への進入を阻もうとするためである。とくに，法主体を知ることは法の存在意義そのものを明確にすることにつながる。逆にいえば，たとえ形式的定義がわかったとしても4条1項の実質的意味が不明確なままでは，商法総則・商行為法の本来の役割を十分に理解することはできない。

そこで，本書の冒頭にあたるこの章では，商法の法主体をめぐる論議を中心に，商法総則・商行為法の基本的な存在意義を明らかにしておきたい。

商人の自主活動ルール　商人という概念を理解しようとするとき，歴史的な考察を抜きにしては話を進めることができない。わが国の現行商法典は，もともとフランスやドイツなど大陸各国の商法典をモデルとして作られた。したがって，商人のルーツは，遠く，かつ，古く中世のヨーロッパにまでさかのぼる。

　この時代，社会を支えていたのは，農耕を中心とする生産活動であった。ただ，この時期，それまでの社会と異なる1つの特徴が生じていた。それは，農耕技術などの向上によって生産が比較的安定し，ある程度の余剰が生じるようになっていた点である。早晩，この余剰を「さばく」活動が登場することは，当時の経済社会の必然の発展であった。いったんこの種の活動が始まると，農耕生産物に限らず多くの品物が「さばかれる」ようになる。多少いかめしい言い方をすれば「財貨の流通媒介」（経済的意義での「商」）活動が社会的に定着したのである。こうして，余剰生産物の流通に従事する者＝商人が，一種の社会階層として確固たる地位を占めたところから，現行商法典にまで連なる「商」活動は，歴史的にはこの中世ヨーロッパ社会での余剰生産物の流通に発祥したと理解されている。

　民法のルーツはさらに古くローマ法やゲルマン法にまでさかのぼるから，この時代の社会においても確かに原初的な一般私法は存在していた。しかしそれは，こうした商人の新たな流通媒介活動を予想して定められたものではなかったため，この活動に従事する者にとっては不都合が多かった。まして，生産活動のみを礼賛し利益の獲得を禁ずるキリスト教が普遍化すると（その姿勢は「利息禁止令」

などに顕著である），商人は当時の一般社会とは相容れないものとして捉えられるようにさえなっていった。そうした中，商人たちは自らの権益を守るために独自の自主ルールを設け，独自の紛争解決システム（たとえば商事裁判所）をもって自主ルールを排他的に運用した。商人集団は同盟を組み，ときには封建領主等からの自治さえ獲得することによって，この自主ルールのメリットを最大限活かしたのである。

## 国家の法としての商法とその問題点

ところが，封建社会が崩れ中央集権化が進む過程で，国王などの権力者は，無視できないほど肥大化した商人階層の富を利用することに腐心するようになった。そのためには，商人を取り巻く環境ごと国家に取り込むことが最も端的な方法であった。商人の自主ルールもまた，この過程で国家の法として再生されることになる。近代私法としての商法は，こうして誕生する。

とはいえ，商人の自主ルールは，難なく国家の法に構造転換できたわけではない。この転換のプロセスには，実は大きな問題が潜んでいた。

まず第1に，自主ルールとしての商人規範は，そもそも国家の法と相反する方向性をもつものであった。なぜなら，商人階層は，一般社会から自らを切り離し独自の利益を拡大するためにこそ自主的規範を取り決めたからである。もしそのままの姿でこの「内規」が国家の法に転換されると，商人階層という一部の者だけの利益を守る「法」が生まれてしまう。国民に等しく適用される民法と比較すれば容易に理解できることだが，それでは国家の法としての存在意義自体に矛盾を生じさせることになる。したがって，国家の法となる段階で，形の上では特定の階層との深いつながりをいったん断ち

切らなければならない。

　第2に，既に国家の一般法たる民法が存在する中，同じ私法として類似の事項（登記，売買など）を規定する商法を，どのように位置づけるべきかが問題となる。もし商法に民法と併存させておくだけの独自のメリットがないのであれば，民法による商法の吸収（たとえばイギリスのコモン・ローなど）や民商法の統一（たとえばスイスなど）が実践されてもおかしくない。商法を法として独立させるならば，常に，一般私法としての民法との関係で，その存在意義を合理的に説明づけることができなければならない。

　近代私法として確立するためのまさに出発点の段階から，商法には，これらの理論的問題を乗り越えるための合理性が求められていたのである。


# *2* 商行為主義（客観主義）

## ① 商人から商行為へのシフト

| 4条1項の構造 |

　前述したように4条1項は，確かに商法の法主体らしき「商人」について規定する。しかし，そこでは直接に特定の者が商人と定義されているわけではない。あくまで商行為を業として営むという抽象的な「範疇」が示されているにすぎない。この範疇に属する者の最終的決定は，商行為という客観的対象行為に委ねられている（商行為主義，客観主義）。つまり，「誰が商人か」の問いは，「何を行っている者が商人か」に巧みに置き換えられているのである。

　このような置換えは，上にみたような2つの問題に対して一定の

合理的説明を返すための1つの優れたアプローチである。つまり，一方で，「商人」という階層とは切り離された「商行為」という概念に着目することによって，商法が特定の人ではなく，むしろ特殊な対象行為と結びついているという捉え方を提示した。誰でもこの種の行為を行うと商法の適用対象となる可能性がある以上，そこにはある種の公平性が保たれる（行為との牽連性が強く現れているのは501条の絶対的商行為である。同条の行為を行うと，たとえ「商人」でない一般人でも商行為法の適用を受ける）。他方，このことは同時に，対象行為が，民法で予定する各種行為とは大きく異なり，特殊な性質を帯びている点を強くアピールし，商法という独特の法を維持すべき必要性を論理づけることに成功した。その意味で，4条1項の方策は，商法を近代私法として根づかせるための重要な鍵となっていたといえる。

**商行為の内容**　　もっとも，この方策を実現するために注意しなければならない点がある。もし，この客観的な対象＝商行為が抽象的な概念のまま終わってしまうと，結局のところ商法の法主体がきわめて曖昧になるおそれが強いのである。そのため商行為にはある程度の具体性を求める必要があった。1807年のフランス商法典（いわゆるナポレオン法典の1つ）は，その第1条に，わが国の4条1項の起源ともいえる規定を設けており，そこに躊躇なくきわめて明瞭な商行為の具体例を列挙した。フランス商法典は，立法の直前までの史的経緯の中で現実に商人たちが従事してきた活動を総ざらいすることによって，商行為の具体化を実現したのである。わが国の501条および502条の各行為は，同法をはじめとして大陸各国の商法に置かれたこうした具体的商行為の例を模倣したものである。

こうして，実際の商人の活動史をたどることによって，商行為の内容としてさまざまな「具体的」行為が列挙されることになった。わが国の501条・502条に，一見収拾がつかないほど多様な行為が羅列されているのも，かつて商人がそれらを実際に行っていたからである。しかし，れっきとした現行の商法について，商行為規定になぜ多様な行為が挙げられているのかという問いに対し，「商人がやっていたから」と答えるのでは（「歴史説」という学説は近代商法についてまさにそのように説明する），あまりに情けないのではなかろうか。むしろ問題の核心は，歴史的な商行為の展開過程をたどることが，果たして近代商法に合理性を付与する根拠となりうるかという点にこそ存する。

そこで，わが国の501条・502条を材料として，その点を検証してみることにしよう。

**出発点としての流通媒介活動とその拡がり**

財貨の流通媒介とは，すなわち物を安く仕入れて高く売ることである。501条が冒頭に置くとおり，これを法的に焼き直せば，いったん有償取得した物を利益を得るために再売買すること（投機売買）となる。現行商法の商行為の列挙は，この投機売買を出発点に据え，商行為の範囲の拡張をたどっていくという手法によって行われたものである。

ところで，とくに民法の売買と比較して，商法の投機売買の大きな特徴は再売買という行為を介して利益が追求される点にある。中世ヨーロッパ社会に流通活動が導入されると，地道な生産活動一色の背景の中，そこからは得られない大きな利益を獲得するチャンスが提供されることになった。そのインパクトがあまりに強烈であったため，人々の観念に，営利性は流通活動と結びつくものという考

え方が定着した。その意味で，商法がまず投機売買に着目したのも十分に理由のあることだったといえよう。

　もっとも，経済環境とくに市場が発展していくにつれ，流通以外の営利活動もそれなりに多様化していった。ただ，現代社会にあるようなさまざまな営利事業活動が突如として中世ヨーロッパ社会に出現したわけではない。当初の営利活動の膨張は，あくまで物の流通を「補助」する事業（補助商）の形成と発展の結果である。

　広域にわたる財貨の流通活動が行われるとき，まず現実的な問題としてその障害となるのは，通貨と言語の相違であろう。前者は，支店や取引先などを介して各地のマーケットに展開した両替商によって解決された。遠隔地間の両替の便宜のため，この両替商が為替手形を考案したことは有名な話である。両替商のもとには自ずと資金が集積されるようになり，のちの経済社会に欠くべからざる資金供給者としての銀行業が形成されていった（502条8号）。また後者については通訳や代理人を介した取引が行われたが（同条12号），これらの者は次第に専門的交渉力を身につけるようになった。流通取引の仲介を行う仲立人はこうして独自の営利活動を行うようになった（同条11号）。流通に伴う財貨の移動・管理を引き受ける運送・倉庫業（同条4号10号），流通する財貨の調達を容易にする問屋（同条11号），流通対象財の経済的価値を保全する保険（同条9号。ただし時代的にはかなり後になってから）など，さまざまな活動が財貨の流通媒介を促進する環境を整えた。そしてそれらは，それぞれ独立して営利追求のために行われるようになったのである。

## ② 商行為主義の限界

営利活動の捉え方　もっとも，営利活動として財貨の流通媒介を偏重することは，商行為の概念が柔軟性を失う原因にもなった。現代の経済社会を考えるとき，営利活動は何も物の流通に限った話ではない。確かに現在でも流通媒介活動を行う事業者，たとえば商社などが営利事業を行っていることは否定できない。しかし，たとえばパソコンのソフトウェア開発を行う会社をみて，営利事業体であることを疑う者はいないだろう。このような会社は典型的な意味での物の流通に携わっているわけではない。それにもかかわらず，ソフトウェア開発会社は，商社をもしのぐ勢いで利益追求活動を行っている。したがって，流通事業者だけに現代の営利活動の「主役」の座を独占させることには少なからぬ疑問が伴う。

　①でみたとおり，投機売買自体に加えて商法502条の諸々の行為の一部（両替，代理・仲立，運送・倉庫，問屋，保険など）は商行為とされた。その中には，銀行業のように現在でも産業の基幹をなす事業も含まれる。ただ，これらが商行為に含められたのは，あくまで財貨の流通媒介との強い結びつきのためであったことを忘れてはならない。決して，当初から銀行が現在のように隆盛することを予測した結果ではなかったのである。

　そのように理解すれば，たとえ補助商を含めたとしても，投機売買と営利性の結びつきに固執する商行為概念は，現代社会の商事活動の指針とするには狭すぎるのではないか。実は，この商行為概念が時代の要請に対応しきれなくなっていく過程は，興味深いことに，502条の列挙行為そのものの中に端的に示されているのである。

| 供給契約 |

当初,「供給契約」が商行為として注目されたのは, そこでは財貨が確実に再売買されたからである。つまり, 買主に対して継続的に特定の財貨を納入することを約した売主は, やはり継続的にその財貨を仕入れなければ供給が途絶えてしまう。必然的に, その財貨は生産者から供給者を介して購入者へと流通し続ける（たとえば, 雑誌の定期購読契約など）。この特性から, 再売買を旨とする投機売買のプロトタイプとして, 商品・製品の供給契約が商行為に含められることになった（501条2号）。

ところが, 時代とともに技術が進化すると, 供給契約の代表格として意識されるようになったのが電気・ガス等の事業である。厳密にいえば, 実はこれらの供給契約については上の論理があてはまらない。これらの事業者は電気・ガスを仕入れることなく多くの場合自ら作り出すからである。しかしこれらは, 購入者の側からみれば, たとえば雑誌定期購読のような再売買型の供給契約と外形的にそれほど相違しない。そのため供給者の仕入れの有無に関わりなく, 電気・ガスの供給契約もまたそれほどの違和感なく商行為として受け入れられるに至った（502条3号）。ここで注意しておかなければならないのは, 供給契約が商行為とされる根拠が, 商品流通の確実性という当初の実質的な特徴から, 反復・継続的に商品の提供を受けるという, 購入者の側からみた外形的な特徴にシフトした点である。

◆水道は？　502条3号が電気・ガスの供給事業だけを列挙しているため, わかりにくくなっているが, そこではもはや正確な意味での投機売買は意識されてはいない。だとすれば, 電気やガスのみならず, 外形的にこれらと同様の供給事業である水道事業なども, 除外すべき合理性はないことになる。

| 製造または加工 | 業者自らが原材料を他所から購入し，これを加工して売却する行為は，そもそも501

条1号が予定する投機売買に含まれる（たとえば，大判昭和4年9月28日民集8巻769頁・百選27は，土を購入して瓦を製造する業者をこれに含めた）。商人を経由する過程で，原材料→商品というように流通対象の財貨が変化したにすぎないからである。

　それに対して，502条2号は，顧客の提供する原材料・財貨から製品を作り上げまたはこれに加工する行為を想定する（自動車の修理工場など）。これらの行為が商行為として挙げられた理由は，原材料・財貨に付加価値が上乗せされる点に求められる。つまり，製造・加工によって原材料・財貨はその本来の利用形態にかなう姿に転化する。この付加価値を具体化するものは，商人が媒介した労働力のこともあろうし，製造・加工設備の利用成果である場合もあろう。いずれにせよそこでは，製造・加工されたそのもの（たとえば修理を受けた自動車自体）が流通の対象となっているわけではないことに十分注意しなければならない。流通媒介されるのは形ある品物ではなく，その物に付加される無形の「価値」なのである。

　こうした付加価値をも流通の対象に含めることは，商人の行う流通の媒介行為そのものをかなりの程度まで抽象化する結果をもたらす。それに伴い，製造・加工が商行為とされる根拠は，少なくとも直感的には投機売買との類似性を想像しえないほど，難しいものに変化している。

### *Column* ① 　作業または労務の請負

　ところで，製造・加工は，もっぱら動産に対して労力や設備をもって付加価値を添付する作業である。不動産についても同様の付加価値添付はありうるわけだが（たとえば，他人の土地の開墾，顧客から材料を提供

されて行う家屋の建築など），これはどのように捉えられるのだろうか。

　実は，不動産への付加価値添付を商行為とするかどうかは，それぞれの国の法政策によって対処が異なる。多くの国々では商人活動の黎明期から，不動産はそもそも商人の流通媒介活動の対象とはなりえないと考えられてきた。確かに不動産にも所有権に代表される財産権が成立するのだから，理論的にはこれを流通対象に含めることも不可能ではない。しかし，少なくとも商行為の発展史の初期において，その流通転売の頻度や必要性は動産と比較してはるかに低いと捉えられていた。そのため，原則として不動産は商行為の対象にはならないという慣行が定着するに至った。したがって，商行為概念の形成の歴史を実際に経験した諸国ほど，不動産を対象とした商行為には消極的である。まして付加価値の添付という抽象的な不動産流通媒介については，フランス，ドイツともこれを商行為に含めることはなかった。

　それに対して，わが国では既に 1890（明治 23）年の旧商法の段階から不動産に対する「受負作業ノ引受」が商行為に含められ，現在の 502 条 5 号の「作業又は労務の請負」へと引き継がれている。商行為の実際の発展史をもたないわが国が，501 条 1 号にも示されているとおり，明治期の立法の段階で財産としての不動産を明確に意識していたことは注目に値する。とはいえ，主要なヨーロッパ諸国の商法には存在しない商行為種目の創設は，もともと抽象的な付加価値添加という概念を，さらに不確かな対象に応用する結果となってしまった。その意味で，不動産に関する作業・労務の請負を商行為とする根拠は，動産の製造・加工以上に危うい基盤の上に立つものなのである。

---

| 出版・印刷 |

流通媒介の対象となる財貨の抽象性という点からいえば，印刷・出版に至ってはその度がさらに進んでいる。

　流通媒介を商行為の核に据えようとする考え方からすると，そう

した商行為種目で流通するのは，商人の名と商品の内容（商号，商標や商品等表示）という抽象的価値である。つまり，営業のために行われる宣伝こそ，これらの行為が商行為として認識される契機を生み出すともいえる。しかもこの流通は，特定の顧客ではなくむしろ公衆に伝達される。流通の対象のみならずその態様においても，既にかなり異色であることがわかる。

### *Column ②* 「慣習」による商行為の根拠

商人の名と商品の内容の流通という本文の記述は，フランスの著名な商法の体系書（フランスは商行為主義の色合いが現在でも比較的濃く残っている）による。しかし，この体系書の同じ箇所では，次のような指摘もなされている。つまり，フランスの判例上，出版は「広告の売買」であるがゆえに商行為と捉えられてきた可能性がある。出版者が他所から購入したさまざまな具体的財貨（紙やインクなど）を一連の作業によって広告となし，それを再売買するという解釈である。そうだとすれば，出版は有形の財貨の流通過程で商人がそれを変形したものと把握されることになろう（わが国でいえば501条1号に該当する。前述したとおり，流通過程での変形は投機売買を認定する妨げとはならない）。

もともとこれらの商行為種目は，当初のナポレオン商法典に含まれておらず，その後「慣習によって」商行為として列挙されるようになった。この慣習の根拠を理論づけることは，出版などのような商行為についてはなかなか難しい。結局のところ，商行為とされる各行為のうちでも，必ずしも一義的に根拠を探れるものばかりでないことに注意しなければならない。

よりわかりやすく表現すると，宣伝によって流通する抽象的価値とは，商人・商品の「情報」である。ひとたびこの情報という無形財貨の流通を商行為と結びつける端緒が開かれてしまうと，商行為が拡張解釈されていくことに歯止めをかけるのは難しい。商人・商

品の宣伝活動という狭い範囲にとどまらず，より一般的な情報の流通媒介が商行為として捉えられる可能性が出てくるからである。

　その典型例は，たとえばニュースを大衆に伝達する新聞の印刷・出版であろう（紙ばかりではなく，ネット等を含め）。人々が知りたい有益な情報を提供者・発信者から一般大衆へ流通媒介するという意味で，それは当初の商人・商品の宣伝活動と同じフォームの上に立つものである。さらにいえば，知的活動の成果（小説，戯曲や脚本など）をもこの種の流通媒介の対象に含め，これらの印刷・出版行為へと商行為の範囲を拡張する余地も生じる。

　　　撮　影　　　ところで，502条6号には，出版・印刷に加えて「撮影」が挙げられている。この行為は，わが国の多くの体系書で「写真師」の行為と説明される。このような表現からは，街の写真屋の撮影引受契約をイメージする。そのため，一見する限りでは，なぜ街の写真館がことさらに商行為として列せられているのかに大きな疑問が湧いてしまう。しかし条文上，同一の箇所に位置づけられていることから，撮影行為は出版・印刷と強く牽連したものとして把握するのが妥当であろう。上で述べた印刷・出版と同様に情報の流通として理解すれば，撮影もまた，映像情報を大衆に伝達するメディアである。したがって，現代でいえば，報道カメラマンのような活動にその例を求める方が適切ということになる。実は，わが国でもごく初期の体系書では，諸外国の立法例を参考に「撮影は印刷行為の一種」と解する立場が一般的であった。ところが，いつの間にか「写真師」的解釈が定着してしまった。

　情報という無形財を対象に含めたことは，当初の有形の商品等の流通媒介およびその周辺行為という枠を超え，商行為の外縁を大き

く拡げることにつながった。その結果,「撮影」にみられるとおり,商行為の根拠の解釈にさえ,かなりの混乱が生じることになったのである。

| 客の来集を目的 とする場屋取引 |

本章の冒頭でも取り上げたように,502条列挙事項の中でも7号の「客の来集を目的とする場屋における取引」は,とりわけ読む者を困惑させる商行為類型である。商行為主義に徹しようとすれば,この種の場屋経営が商行為とされている理由もまた,上述した情報の流通の延長線上にある。代表的な例として劇場や映画館を考えてみよう。脚本家または映画プロデューサーは,これらの施設での上演・上映を通じて,大衆に知的活動の所産を伝える。劇場・映画館等の営業主は,両者の間に立ってこの知的情報を流通媒介する役割を果たす。このような娯楽(エンターテインメント)情報の伝達にさえも流通媒介という要素を読みとれるとすれば,それはまさに無形財貨の流通の究極の一例であるといえよう。

ところが,場屋取引の例は劇場・映画館だけにとどまらない。遊園地,パチンコ屋,貸ホール,浴場はいうに及ばない。場合によっては理髪店にまでその範囲は拡がる可能性がある(ただし判例は反対)。これらについては,特定の者から大衆へのエンターテインメント情報の伝達というイメージを描くことは困難であろう。実は,そこではもはや財貨の流通を想定することに何ら意味はない。これらが7号の商行為に含められている根拠は現在では別の要因に求められる。すなわち,現行法の解釈の上で7号の場屋取引であるかどうかは,「一般大衆が出入りする設備」という外形的な共通項によって判断されているのである。

ここまでくると,大衆の来集がなぜ商行為を形成するのかという

問いに対しては，おそらく明確な解答を返すことさえ不可能であろう。商行為概念は，既に当初の財貨の流通という核心要素から遠く離れ，一人歩きを始めているというほかない。

**4 条 1 項のアプローチの破綻**

以上に述べてきたように，502条には，財貨の流通媒介という当初の商事活動としての特徴も弱く，しかも補助商と比べ投機売買との関連性がきわめて薄い行為も多く含まれている。

　商人は，時代を経るにつれ，その活動の範囲を拡げていった。実質的にみれば，その外縁は次第に財貨の流通媒介とは関係のないものにまで及ぶようになった。それにもかかわらず，商人という特殊な階層に関連して行われた活動は，やはり商人の事業として捉えられ続けた。実際，国家法としての商法が成立する段階で，既に財貨の流通媒介という要素のみをもって説明づけることが困難なほど，商人の活動は膨張していた。商行為主義を貫き，商人活動のことごとくを統一的合理性から説明づけることには，商法の形成時点において既にかなりの無理があった。そのために，わが国の現行商法501条・502条にみられるとおり，列挙された商行為からはどうしても「雑多性」を拭い去ることができないのである。

　こうした雑多性を認めざるをえないにもかかわらず，特定の行為だけを商行為として列挙することには，果たして意義があるのだろうか。そもそも出発点としての財貨の流通媒介は，中世の社会において「儲かる行為」としてのインパクトが大きかったところから商行為主義の根幹を形成することになった。しかし，上でみたような供給契約，製造・加工，出版・印刷，場屋取引等の行為に，そのような儲かる活動＝営利事業としての象徴性が備わるのだろうか。時代の進歩とともに，とりわけ産業革命後の社会では，営利事業は多

種多様になった。現代社会では既に，財貨の流通媒介が唯一の営利事業という図式が成り立たなくなっている。どのような活動でも，やり方次第で営利性を帯びる可能性を秘めている。商人が登場した中世社会では想像もできなかったような営利事業活動が登場しているし，また今後も登場し続けるであろう。そうだとすれば，上述の諸行為のみならず本来的な財貨の流通媒介行為でさえ，営利性との関連において依然特化しておく必要があるのかどうかは大いに疑問となろう。

　結局のところ，商行為に従事する者をもって「商人」と定める4条1項の扱いは，その背景が上述のように変化した以上，やはり法的説得力を喪失している。1つの法体系の枝葉末節的な部分ならばまだしも，商法の対象となるべき法主体を定める条文自体が，現在ではその合理性に疑問をもたれることになってしまったのである。

# *3* 企業法としての商法

「対象」から「方法」へ　　1897年のドイツ新商法典（1900施行）には，それまでの商行為を基準に商人を定める規定（1条）に加え，興味深い規定が設けられていた。すなわち，「商人的に設備した経営組織を要する営業的企業」をもって，商法の適用主体と定める条項である（2条）。そして，株式会社等の「会社」はその目的のいかんにかかわらず商法の主体性を認められた（6条）。商行為の概念によらずに商法の主体を決定するこの手法は，商人主義（主観主義）と呼ばれる。

　先に述べたとおり，複雑多岐にわたる営利活動が行われる現代の

経済社会にあっては，商行為を基準として商人の範囲を確定する狭い手法では理論的に行き詰まる。その状況を打開するために，1897年ドイツ商法が打ち出した新たなアプローチは大きな影響をもった。わが国でもこの考え方は，いわゆる企業法説として受け入れられ，現在ではおおかたの論者がこれを支持している。表面的にみれば，それは，「営業的企業」という具体的な主体をストレートに商法の適用対象としての法主体に据える理論である。だとすれば，「何を行っているか」を基準とする商行為主義から，再び「誰に適用すべきか」へとボールが投げ返されただけのようにもみえる。

　しかし，企業法説はかつての特権的商人階層の復活を目指すわけではない。むしろ企業法説の力点は，その主体の採用する「方法」に置かれている。企業という主体は，「一定の計画に従い継続的意図をもって営利行為を実現する独立した経済的単位」，ないし「資本的計算方法の下に経営される継続的・営利的経済単位」である。そこに示されているとおり，企業の特徴は，商法の主体と営利性との関係を掘り下げ，これを普遍化できる点にある。つまり，安く仕入れて高く売るという単純な利潤追求のパターンでは，せいぜい投機売買を中核とする商行為しか想定できなかったのに対し，企業的利潤は，あらゆる対象行為について資本の投下とその増殖の繰り返しの中で達成される。要するに，何を行って利潤を得るか（何をやるか）ではなく，どのような態様でよりダイナミックに利潤を得るか（どうやるか）という観点で営利活動と関連づけることにこそ，商法の法主体としての「企業」の存在意義が見出せる。

　実は，既にわが国の商法にも，こうした企業活動に着目した法主体の特定のアプローチが取り入れられていた。そして何よりも，2005（平成17）年の商法改正（会社法の成立）により，企業法的な考

え方を決定づける手法が採用されることになった。それが，後述する会社法5条の規定である。わが国の商法に企業法説が浸透していく過程を順を追ってみることにしよう。

<hr>
**擬 制 商 人**

1938（昭和13）年の4条2項の追加により，「店舗其ノ他之ニ類似スル設備ニ依リテ物品ノ販売ヲ為スヲ業トスル者」，および「鉱業若ハ砂鉱業ヲ営ム者」が新たに商人とみなされることになった（擬制商人。なお現在は砂鉱業者は削除され，また条文は口語化されている）。

　他人から有償取得した財貨を販売する場合，既にそこには501条により商行為性が備わり，これを業として行えば商人になる。したがって，4条2項の店舗販売の対象はそれ以外の，すなわち農産物や水産物などを指す。本来これらの原始取得物品の売買は，他所から有償取得していない以上，財貨の流通媒介には該当しない。そのため農業従事者や漁業従事者は商人にはなりえない。ところが，それら原始取得物品でも店舗をもって組織的，計画的に販売する場合には，営業の態様からこれを商人に含めることが妥当だと考えられたのである。

　もっとも，この措置を純粋に企業法的な観点からの商法の修正と捉えることができるかは微妙なところである。店舗が単に販売を促進・助長する設備にすぎないと解すれば，原始取得物の売買を行う者も，その反復継続性により投機売買を行う固有の商人に類似する。とくに購入者からは両者の区別が不分明であるから，店舗販売事業者はこれを商人として扱うことが妥当となる（*2**2*の供給契約と同じ意味で）。しかし，いささかダイナミックさに欠けるとはいえ，店舗等の設備は，むしろ企業的資本投下の準備と捉えるべきであろう。その意味で店舗販売業者は，投機売買との類似性ではなく，その活

動の態様に着目されて商法の主体すなわち企業に含められたと解する方が妥当であろう。

　鉱業によって採取される成果もまた，原始取得物にほかならない。そのためこの事業も本来であれば財貨の流通媒介にはなじまないはずである。しかし，近代的鉱業は，一般に大規模な企業的設備によって運営される。その点，同じ原始産業でも農業や漁業が必ずしもそのような大規模設備を伴わないのと対照的である。しかも国家が近代化に向かう過程で，鉱業は必ず基幹産業となる時期がある。その意味で，原始取得産業の中でもとくに注目される運命にある。たとえばフランスでも1919年の改正をもって，鉱業営業者がとくに商人とされた。わが国でもこれにならい，明らかに企業法的見地から鉱業営業者を擬制商人としたのである。

**民事会社**　　会社は，その存在のすべてをかけて営利事業活動に傾倒できる「人」である。自然人商人のように私的生活を考慮する必要がないだけ，その営利性を純化しやすい。しかも，営利事業への投下資金の集約からその運用までがこれほど組織的・計画的に整備されている主体はほかにない。その意味で，会社こそ最もわかりやすい企業のプロトタイプである（ただし，会社は絶対に企業だが，企業は必ずしも会社とは限らない）。

　企業法的見地からすれば，ドイツの1897年商法にならい各種の会社が商法の主体になる旨を定めることが最適策のはずである。ところが，当初わが国ではここまで企業法を徹底することができなかった。その結果，4条1項の個人商人の場面と同様，会社にも商行為による商人性の絞りが適用されていた。2005（平成17）年改正前商法52条1項は，商法の主体として商人性を得ることのできる会社は，「商行為ヲ為スヲ業トスル目的」をもつものだけに限定した。

逆にいえば，商行為を業としない会社は，いかに営利事業活動を行おうとも（そもそも商法上の会社は営利事業を目的としてしか設立できない），商法の主体たる会社すなわち商事会社にはなれなかった。

そこでこの間隙を埋めるために，2005（平成17）年改正前商法52条2項は，「営利ヲ目的トスル社団」であって商法の会社法編の規定にならって設立された主体は，「商行為ヲ為スヲ業トセザルモ」これを商人たる会社と擬制することにした（民事会社）。こうした奇妙な扱いに，商行為主義と企業法説の間を揺れるわが国の商法のジレンマが端的に表れていた。

**準商行為の存在理由**　　もっとも，これら都合3種類の擬制商人（店舗販売，鉱業，民事会社）は，法の扱いによって商人とはみなされるものの，事実上は商行為を行っているわけではなかった。したがって，その営業の目的たる事業は，厳密には民事上の営利活動ということになり，そこには商行為規定が適用されなかった。ところが，商人とみなされるそれらの者が「営業のためにする」活動は「附属的商行為」となり，商行為規定が適用された。たとえば，コンピュータのソフトウェア開発会社は，開発したソフトの販売契約から発生した債権債務関係については民法，設備投資のための銀行からの融資にもとづく債権債務については商法の適用を受けることになり，きわめてバランスが悪かった（2017〔平成29〕年商法・民法改正前は，法定利率〔民事5%，商事6%〕や時効〔民事10年，商事5年〕が異なっていたため，実際に顕著な不均衡が生じるおそれがあった）。そこで，擬制商人の行う目的たる営業活動そのものに商行為規定を準用するという修正措置が必要となったのである（準商行為〔2005（平成17）年改正前商523条〕。なお，同条は2005〔平成17〕年改正前商52条2項のみを対象としているが，これは立法のミ

スであり4条2項にもこれを援用しなければならなかったはずである）。

◆**附属的商行為**　4条による商人がその本来的な目的である商行為を展開しやすいように，営業活動の周辺で行われる行為を商行為としたのが附属的商行為である（503条）。販売物品の運送委託，営業所の賃借，営業資金の借入れ，従業員の雇用等は当然これに含まれるが，さらには取引先への贈答や取引先のための保証のように，営業上のメリットを得るためにのみ行われる行為も附属的商行為となる。この結果，商人の行う行為のうち商法が適用される範囲が大幅に拡大した。商人自身のみならず，取引の相手方も自らの取引が商行為規定の適用対象に入っていることを明確に認識することが可能となり，法的な安定性も促進される。商法503条のほか，会社法5条（「事業のためにする行為」という部分）でも規定されている。

　ここまでくれば，もはや本末転倒の感を否めない。本来，「企業」として商法の主体とすることが適切な者を，商行為という今では無意味な枠組みに入らないからという理由で除外した。そして法の特別な措置をもってそれらの者を再び商法の主体に取り入れた。ところが，肝心の目的事業そのものは，民事営利活動のままだったため，最終的にこれも商行為に準ずる扱いに服せしめた。準商行為は，このような循環論に終止符を打つために，苦肉の策として設けられたいわば鬼っ子だったのである。

| 会社法5条 |

　そこで，この点につき，2005（平成17）年の会社法の成立により明確な解決が図られた。すなわち，「会社……がその事業としてする行為及びその事業のためにする行為は，商行為とする」（会社5条）。上に述べたように，2005（平成17）年改正前商法523条（現在では削除されている）では，民事会社の目的事業には「商行為ニ関スル規定ヲ準用ス」ると定められていた。つまり会社の目的事業そのものを「商行為もど

き」として扱っていた。それに対して，会社法5条は，会社の営利事業活動を説明づけるのに附属的商行為と準商行為の組合せでしのぐのではなく，会社の目的事業そのものを「商行為」と言い切った。

この発想は，まさに企業法的理解のたまものといえよう。会社は，近代産業資本主義における営利事業活動の中核的存在である。繰り返すようだが，会社が企業であることは絶対に否定できない。したがって，会社の事業活動にこそ，営利事業を念頭に置く商法を適用するのがふさわしい。このように，まず商行為を先行させるのではなく，事業主体を先行させて商法を適用するという考え方が，ようやく法文上も達成されたとみることが可能であろう。

これによって，501条・502条に列挙する事項を目的事業とする会社と，それ以外の事業を目的とする会社（かつての民事会社）は区別されることなく，法的にまったく同一の平面に置かれることになり，ともに商法の典型的適用対象として把握される法体系的な基盤が整ったのである。

*Column ③*　商人資格と附属的商行為 ～～～～～～～～～

人が人となるのは出生のときであり，その「資格」を得るために特別な行為をする必要はない（民3条1項）。ところが，自然人が商人になろうとする場合，普通その準備行為を行わなければならない。たとえば事業を始めようとする者が店舗用の土地家屋を借り入れたり，従業員をあらかじめ雇い入れたり，さらには事業資金を事前に借り入れたりすることさえある。これを開業準備行為というが，それらの行為自体はまだ501条・502条列挙の商行為ではない。ところが，503条によると商人がその営業のためにする行為は商行為とされる（附属的商行為）。開業準備も後の営業の「ために」行うことは明らかである以上，やはり商行為となるのではないかという疑問が生じる。もともと附属的商行為は，「商行為を行えば商人」という4条1項の原則の例外として，逆に「商

人が行うから商行為」という発想から規定されている（ただし，会社法5条の附属的商行為は企業法説的発想にもとづいているが，商法503条は必ずしもそうではない）。開業準備行為は厳密には「商人になろうとする者」の行為だが，社会的にみれば営業活動と密接な関係を有するから一般的には附属的商行為とみる方が適切ということになろう。

　開業準備行為を商行為に取り込むと，商行為に関する規定に伴う特別な効果が適用されることになる。たとえば開業準備段階での資金借入れを想定すれば，連帯性については融資者に有利にはたらく（511条）。そのため，これを商行為とするか否かについて当事者間の利害が対立する。借入者が近い将来商人になろうとしていること（営業意思）を明白に表明してでもいない限り，金銭の借入れそのものは無色透明な行為であるためとくにその性質を確定することが難しい（融資者が開業準備であることを知っている，あるいは客観的にみて借入者の開業が明らかな段階にまで達しているなどの事情があれば商行為と認定することができよう。最判昭和47年2月24日民集26巻1号172頁）。もっとも，学説が念頭に置いてきたのは商事債務の連帯のほか，商事法定利率（2017〔平成29〕年改正前514条）および商事時効（同改正前522条）で，後二者は2017（平成29）年改正で削除されており（⇒*Column* ㉜），現在の事情は当初の議論の前提と異なる。

～～～～～～～～～～～～～～～～～～～～～～～～～～～～

*Column* ④　現行法の規定の整理～～～～～～～～～～～～～

　2005（平成17）年の会社法の成立の前，商法の基本スタンスが商行為から商人を確定する商行為主義にあったにもかかわらず，各種の企業法的修正をそれに加味しようとしたため，商法適用対象の全体像が複雑であった。同改正の後と次のように比較してみよう。

【改正前】

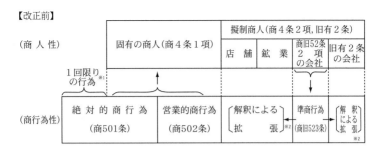

(北沢正啓＝浜田道代『レクチャー商法入門　第5版』6頁の図をもとに作成)

※1　絶対的商行為は，商行為の最も根源的な流通媒介行為である。そのため，これを営業として行えば商人となることは当然だが，単発的にこれを行う者も商人と同様の規制（商行為規制）の適用を受けることになる。本文10，30頁参照。

※2　準商行為は民事会社（2005〔平成17〕年改正前52条2項）だけに規定されているが，同じ状況は4条2項（さらに旧有限会社法2条。現在はこれに対応する規定はない）にもあてはまり，解釈によってこれを拡張しなければならなかった。本文25頁参照。

【改正後】

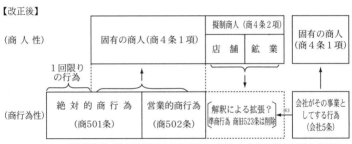

(浜田道代「会社法総則と定義規定」『新しい会社法制の理論と実務』
(別冊 金融・商事判例) 22頁の図をもとに作成)

※3　2005（平成17）年改正前523条（準商行為）の規定が削除されたため，現在では4条2項商人にこれを適用することができない。しかし，改正前でも準商行為を店舗販売業者・鉱業者に援用するのは解釈による拡張であった。したがって，現在では会社法5条を4条2項商人にも解釈によって「援用」するのが妥当だと考えられる。

さらに，企業法説的なアプローチは，4条
1項にさえ一定の影響を及ぼしている。一
方で，502条に列挙される商行為は，いわ
ゆる営業的商行為である。すなわち主体が「営業として」それらを
行わない限り，商行為にはならない。他方，4条1項には，商行為
を「業とする」者が商人となる旨が定められている。これらはちょ
うど対応する関係にある。「営業として（ないし業として）」という
部分に注目し，これを資本的計算方法の下で反復継続的に行うこと
と捉えれば，実は商行為主義をもって規定されたはずの4条1項に
も，企業法的な息吹を感じ取ることができる。確かに，行為の種類
による限定は依然として残されたままであるため，4条1項は完全
に企業を商法の主体としているわけではない。しかし企業法説によ
れば，同条の「商人」の概念は，実定法が「不手際ながら」企業を
商法の主体として把握したと評価する余地はある。

　ただ，501条は企業法説とは相容れない。商行為主義の下では，
投機売買こそ商行為のコアにあたると捉えられた。そのためこの特
性を強調するあまり，たとえ1回限りこれを行う場合でも（「業」と
してなすわけではないから，この場合の行為主体は非商人である），商行
為法が適用されることになった。絶対的商行為は，この点で商行為
という概念が歴史的にどのような活動から発生するに至ったかを常
に想起させる存在ではある。しかし，そもそも「何をやるか」では
なく「どうやるか」に見方をシフトした企業法説の下にあっては，
絶対的商行為を維持する必要はない。企業法説が501条に必ずしも
好意的ではなく，これを削除すべきとする向きさえ多いのは，こう
した理由による。

| 企業という概念 | このように，わが国の商法典の規定にも企業法的な考え方はかなり浸透している。し

かし，商法の法主体を決定する方法として，全面的に「企業」概念に依存できるかは大いに疑問である。企業概念は，一見したところ立派な定義を有しているが，その実はかなり曖昧であることを認めざるをえない。「一定の計画に従い継続的意図をもって営利行為を実現する」とは，どの程度整備された計画に従い，どれほどの継続性をもつ必要があるのか。また，「資本的計算方法の下に経営される」とは，実際にどのような計算方法を指すのか。確かに商行為主義は現在の商法を方向づけるには，狭い基準をとりすぎた。しかしそこで採用された商行為概念は，きわめて具体的に示されていた。対照的に，企業法説が現代的商法の指針としていかに多くの支持を取り付けていても，基準となる法主体概念そのものの明確さは商行為概念には遠く及ばない。限界事例の判断を迫られた場合，ある法主体が企業か否かを決することはきわめて難しい。

　もっとも，実は企業法説には逃げ込むことのできるセーフ・ハーバーが存在する。既に触れたとおり，会社はいかなる場合も企業である。そして現代社会で経済活動を担うほとんどの主体は会社形態を採用している。したがって，実際に営業活動を行う「個人」について，それが企業か否かを決定しなければならない場面はおよそ発生することはない。企業法説が現在のほとんどの商法学者の支持を集めているのは，まさにこの実態に即してのことなのである。

　前述した会社法5条が，今後企業法説の重要な原点となっていくことは間違いない。さらに注目すべきは，商法総則中の多くの制度が，会社法に焼き直されて規定されている点である（会社6条〜24条・908条）。つまり，会社に「も」商人に関する規定を援用すると

いうかつての商法体系は，会社に「こそ」商法の基本的諸規定を適用すべきであるというスタンスに変化してきたのではないだろうか。そのため，会社法は企業法の「雄」として，独立した法体系を確立する方向に動き出したとみることはできないだろうか。

　確かに企業法的理解の徹底は，一方で望ましいことではある。しかし他方，商法総則・商行為規定と会社法の制定法としての分離・乖離がますます進むおそれがある。「商事法」全体像の中で両者をどのように整合させるかは，依然として大きな課題である。

# 第2章 | 営業と営業譲渡

## *1* 営　業

### ① 総　説

営業という概念

営業という概念が重要であるのは，その概念によって，商人と商行為という2つの概念が結びついているからである。商法は，企業の人的要素と物的要素の統一体を営業として捉えており，それゆえに，商法は，その営業に関する各種の技術的制度を「第1編総則」の中に規定している。

商法上の営業には，主観的な意味における営業と客観的な意味における営業との2つの面がある。主観的意義の営業とは，商人の営利的活動をいい，客観的意義の営業とは，商人が一定の営利の目的のために有する総括的な財産的組織体をいう。これら2つの面は，一応は区別されるが，相互に密接な関連がある。というのも，営業活動は，組織としての営業を離れては行うことができないし，組織

としての営業も，営業活動の成果が蓄積したものにほかならないからである。そこで，営業の法的考察にあたっては，営業活動も営業組織も，動いている企業という営業の実質的な社会的基盤を常に踏まえなければならない。

本章では，客観的意義の営業について，さらに考察を深めることにする。

なお，会社法では，「営業」という用語に代えて，「事業」という用語が用いられている（ただし，「営業時間」と「営業所」を除く）。個人商人については「営業」を，会社については「事業」を使う。以下では，商法典上の「営業」について述べることにして，必要に応じて，会社法典上の「事業」にも言及する。これら2つの概念を連絡させるため，営業ないし事業の譲渡・譲受けに関する規定が設けられている（会社24条）。すなわち，会社が個人商人に事業を譲渡した場合には，その会社を商法上の譲渡人とみなして，商法の関係規定を適用する。他方で，会社が個人商人から営業を譲り受けた場合には，その個人商人を譲渡会社とみなして，会社法の関係規定を適用することにして，商法と会社法の調整が図られている。

◆営業能力　自らの営業活動によって権利を取得し義務を負う能力を，「営業能力」という。制限行為能力者の営業能力の有無や範囲は，行為能力に関する民法の一般原則による。

未成年者でも，一種または数種の営業を法定代理人に許可された者は，営業能力を有する（民6条）。この場合には，未成年者の登記をすることが必要である（5条）。

成年被後見人の行為は日常生活に関するものを除き，取り消すことができるから，自分で営業活動をするには適さない。そこで，成年後見人が代わりに営業をするほかない。後見人が被後見人のために営業を行うときは，登記をすることを要する（6条1項）。後見人の代理権に加えた

制限は，これをもって善意の第三者に対抗することができない（同条2項）。

　被保佐人の行為の多くは保佐人の同意またはこれに代わる家庭裁判所の許可がなければ取り消しうるから（民13条4項），被保佐人が自ら営業することは取引の安全上望ましくない。被保佐人でも，保佐人に代理権を付与する審判を得れば（同876条の4），保佐人を通じて営業をすることができる。

　被補助人に関しては，家庭裁判所の審判によって補助人の同意を得ることを要するとされた特定の法律行為について，補助人の同意またはこれに代わる家庭裁判所の許可がない場合には，被補助人の行為を取り消すことができる（同17条4項）。多くの場合には，被保佐人と同様に営業が困難になろう。ただ，補助者に代理権を付与する審判を得れば（同876条の9），補助者を通じて営業をすることができる。

## ② 客観的意義の営業

| 営業と暖簾 |

　客観的意義の営業とは，一定の企業目的のために存在する総括的な財産的組織体である。営業は，多数の物や権利が単に寄せ集められただけのものではなく，社会的・経済的に活力を有する有機的一体と観念される営業用財産の総体を意味する。すなわち，「モノ」や「カネ」の単なる総和ではなくて，これに，財産価値のある事実関係，すなわち暖簾（のれん）（goodwill）を含むものであり，この暖簾を基礎に財産が有機的に組織化されたものである。走っている自転車が止まると倒れるように，企業もまた，有機的・組織的一体として動いている。企業の継続価値は解体価値よりも大きくなっているはずである。

　以上の説明からもわかるように，暖簾とは，企業の超過収益力を意味する。すなわち，営業を構成する個々の財産の数量的合計に対

してプラス・アルファを生み出す部分を暖簾と呼んでいるのである。最高裁は，法人税法における営業権（暖簾）について，「当該企業の長年にわたる伝統と社会的信用，立地条件，特殊の製造技術及び特殊の取引関係の存在並びにそれらの独占性等を総合した，他の企業を上回る企業収益を稼得することができる無形の財産的価値を有する事実関係である」と定義している（最判昭和51年7月13日判時831号29頁）。

| 営業の構成要素 | 営業は，一定の営業の目的に向けられた財産から構成される。 |

ある商人についての営業（事業）財産の範囲は，商人が会社であるか自然人であるかによって異なる。会社である場合には，会社の全財産が事業に属する。会社は，一定の営業の目的のためにのみ存在しており，営業財産のほかに私用財産のようなものは存在しないからである。これに対して，個人商人については，営業生活は，個人商人の生活の一部にすぎないから，その有する財産を，営業財産と私用財産とに区別することが必要となる。これを区別するものは，当該財産の使用目的であり，営業上取得した物であっても，その後に私用に供されるようになれば，もはや営業の範囲から外れることになる。

これと同様に，商人が複数の独立の営業を営む場合には，各営業について独立の営業財産が構成され，ある営業には他の営業の目的に向けられた財産が含まれない。どの営業にどの財産が含まれるかの範囲の確定は，商業帳簿によって明らかにされるべきであるが，必ずしも明確でない場合があるのが実状である。商法は商人に対して財産目録などの作成を義務づけてはいないからである。

同一の営業の内部にあっても，相対的に独立した数個の中心点が

あるときは，これに応じて，ある程度独立した数個の客観的営業が成立する。とりわけ，支店の営業について，そのような現象が最も顕著にみられる。

　財産の内容についてみると，営業は，積極財産と消極財産の2つの部分から成り立っている。積極財産には，商品・機械・土地・建物・工場などの動産・不動産といった「物」，物権・債権・有価証券・知的財産権といった「権利」のほか，営業上の秘密・得意先・創業の年代・名声・地理的関係などの財産的価値のある「事実関係」をも含む。最後の財産的価値のある事実関係のことを，暖簾といっているのであって，これが含まれているがゆえに，営業は，物や権利の単なる集合以上の価値をもつことになる。消極財産としては，営業上の債務がある。

最高裁大法廷
昭和40年判決

営業を財産的側面からのみ捉えると上述のように説明されることになるが，営業の意義の理解については古くから激しい争いがある。どのように営業を捉えるかによって，営業譲渡の性質についても異なった理解が導かれることになる。

　ここでは，きわめて重要な判例である最高裁大法廷昭和40年9月22日判決（民集19巻6号1600頁・百選15）の分析を通して，「営業」の意義を明らかにするよう試みたい。この最高裁大法廷昭和40年判決は，直接には2005（平成17）年改正前商法245条1項1号（会社467条1項1号2号）にいう「営業の譲渡」の意義を取り扱ったものであり，判決理由中で次のように述べた。すなわち，「〔2005（平成17）年改正前〕商法245条1項1号〔会社467条1項1号2号〕によって特別決議を経ることを必要とする営業の譲渡とは，同法24条以下〔現行15条以下，会社21条以下〕にいう営業の譲渡と

同一意義であつて，営業そのものの全部または重要な一部を譲渡すること，詳言すれば，一定の営業目的のため組織化され，有機的一体として機能する財産（得意先関係等の経済的価値のある事実関係を含む。）の全部または重要な一部を譲渡し，これによって，譲渡会社がその財産によって営んでいた営業的活動の全部または重要な一部を譲受人に受け継がせ，譲渡会社がその譲渡の限度に応じ法律上当然に同法25条〔現行16条，会社21条〕に定める競業避止義務を負う結果を伴うものをいうものと解するのが相当である」。

　上記の判示のうち，「一定の営業目的のため組織化され，有機的一体として機能する財産（得意先関係等の経済的価値のある事実関係を含む。）」という部分からは，判決が，営業の譲渡というものを，有機的営業財産の譲渡であると捉えていることがうかがわれる（有機的営業財産譲渡説）。他方で，判旨は，「譲渡会社がその財産によって営んでいた営業的活動の全部または重要な一部を譲受人に受け継がせ」るものが営業譲渡であるとも把握しており，経営者という地位を引き継がせるという側面をも有するものであると解しているようである（地位交替説）。両方の性質を有していると理解するところから，この見解を「併合説」と呼ぶこともある。

## *2* 営 業 譲 渡

### ① 流通の対象としての営業

| 営業譲渡の意義 |
| --- |

　営業の譲渡とは，「一定の営業目的のため組織化され，有機的一体として機能する財産（得意先関係等の経済的価値のある事実関係を含む。）」（前掲最大

判昭和 40 年 9 月 22 日）の譲渡をいう。

　営業における人的および物的施設が整備され組織が強固になるに従って，営業それ自体としての客観性が高まり，営業主の人的要素としての意義が次第に失われる。営業の非人格化や物化の傾向などが顕著に現れるのである。その結果として，営業主の変更によって営業自体の同一性が影響を受けないことになってくるし，営業がそれを構成する各個別財産の価値の総計を超えて有する独自の価値も高まってくる。このような価値を営業の解体によって喪失することは，営業主はもちろんのこと，国民経済的利益の見地からもできるだけ避けなければならない。そこで，既存の営業を解体することなく，その組織的一体性を保持したままで移転することを認めたのが，営業譲渡の制度である。商法も，営業譲渡の合理的な運営を促進するとともに，利害関係人の利益を調整するために，特別の規定を置いている（15 条以下）。

　営業の譲渡においては，当事者間に営業譲渡契約が締結される。その履行として，営業者たる地位が移転し，そのことによって第三者との関係が生じてくる。

**会社法 467 条との関係**　　会社法は，「事業の全部の譲渡」または「事業の重要な一部の譲渡」について，株主総会の特別決議が必要であると定めている（会社 467 条 1 項・309 条 2 項 11 号）。ここでいう「事業」が，これまでみてきた商法総則編の「営業」（15 条以下），および，会社法総則編の「事業」（会社 21 条以下）と同じ意味であるかどうかについては，激しい争いがある。個人商人について用いられる「営業」という言葉と，会社について用いられる「事業」という言葉の内容に違いがなく，互換性があることには，おそらくは異論がないであろう（会社 24 条参照）。

この問題について，最高裁は，前述のように「〔2005（平成17）年改正前〕商法245条1項1号〔会社467条1項1号2号〕によって特別決議を経ることを必要とする営業〔事業〕の譲渡とは，同法24条〔現行15条，会社21条〕以下にいう営業〔事業〕の譲渡と同一意義」であると判断している（前掲最大判昭和40年9月22日）。

　多数説も，この最高裁判決に賛成し，会社法467条にいう「事業」にあたるためには，①組織的・有機的一体として機能する財産であって，②譲渡会社が法律上当然に競業避止義務を負う結果を伴うことが必要であるとする。制定法の中での用語の統一的な解釈のほか，法律関係の明確性と取引の安全を重視したものである。もっとも，②に関して，当事者の特約で競業避止義務が排除された場合はどうなるのかという問題には，さまざまな見方がありうる。この点でも，多数説といえども一枚岩になっているとはいい難い。

　これに対して，少数説は，譲渡会社の利益保護を重視して，譲渡会社の運命に重大な影響を及ぼすような重要な事業用の財産（そのように重要な工場や機械など）の譲渡をも意味するという。前述の①と②をともに不可欠の要素とは考えず，会社法467条が株主総会の特別決議を要求しているのは，株主の利害に重大な影響を与えるからであると理解する。このような見解は，前掲の最高裁大法廷昭和40年判決の少数意見の中でも強く示されている。たとえば，裁判官4名が同調した松田二郎裁判官の少数意見は，「商法総則において論ぜられる営業譲渡について，かかる見解をとること自体に是非の論があるのみならず，商法245条1項1号〔会社467条1項1号2号〕の『営業〔事業〕譲渡』を商法24条〔現行15条，会社21条〕以下の営業〔事業〕譲渡と必ずしも同一に解しなければならないものではない。これは法域によりその目的を異にすることによって生ず

る法律概念の相対性として，当然のことなのである」と説いている。

　近時では，会社法467条が譲渡会社の株主保護のための規定であり，譲受会社が譲渡会社の行っていた営業活動を承継するかどうかは，譲渡会社の株主の利益とは直接関係せず，それにもとづいて競業避止義務を不可欠な要件と解することは妥当でないとし，事業譲渡は，客観的にみて組織的・機能的な一体としての会社財産の譲渡であると考えれば足りるという折衷的な立場が有力になっている。前述の①のみを必要と解する見解であるが，個々の論者によって，若干のニュアンスの違いがみられる。

　事業譲渡のみならず，合併などの企業結合一般に関する法規制という観点から，少数説に与するのが妥当であろう。なお，少数説による場合には，会社法362条4項1号にいう「重要な財産の処分」（取締役会の決議で足りる）との境界線をどこに設けるのかという問いに答えなければならないであろう（簡易事業譲渡に関する会社467条1項2号かっこ書・2号の2イ参照）。これについては，会社の命運に影響を与える場合には，事業譲渡に関する会社法467条が適用され，そのような場合でなければ，会社法362条が適用される可能性があると解すべきであろう。少数説に対しては，しばしば，「そのような説をとると，運送会社の唯一のトラックを買換えのために売却するときにも，株主総会の特別決議が必要になってしまうではないか」といった類の批判がされてきた。しかしながら，少数説といえども，このように単なるトラックの買換えのようなものは（特殊なトラックで新規に購入する見込みがないならいざ知らず），たとえ唯一の財産ではあっても，会社の命運には影響を与えるものではないと評価できるであろう（新車を買って古い車を下取りに出したと考えれば，売却の時点では，唯一の財産ですらなくなる）。これに対して，銀座の

一等地でデパートを開業している会社が，唯一の財産である当該デパートを売却する場合には，会社法467条が適用されることになろう。

　もっとも，平成26 (2014) 年会社法改正によって，会社法467条1項2号の2が新たに設けられ，子会社の株式の全部または一部の譲渡が，事業の全部または重要な一部の譲渡とは別に規定されることになった。子会社株式の譲渡は事業譲渡には含まれないかのように整理されたため，これにより，少数説を維持するのが難しくなったとも思われる。他方で，同号の2は規律を明確にするための規定であり，事業譲渡に関する同項1号および2号における「事業」の意義を変更するものではないとの解釈も可能ではあろう。

*Column* ⑤　個人商人と会社法上の組織再編行為

　会社間での事業譲渡・譲受けと合併等は，いずれも資産を融合する形での企業結合手法である点で共通する。しかし，事業譲渡・譲受けが，取引法上の行為と把握され，承継の対象となる権利義務関係について個別の移転手続が必要であるのに対して，合併等によれば，組織法上の行為と理解され（会社828条1項7号以下），権利義務関係は存続会社等に包括的に承継される（会社750条1項等）。

　会社法は，合併等の組織再編に際して，消滅会社等の株主に支払われる対価を柔軟化した。たとえば，株式会社を存続会社とする合併を行う場合には，消滅会社の株主に対しては，存続会社の株式を交付しなければならないと従来は考えられてきたが，会社法では，金銭を交付してもよいとされた。消滅会社の株主に，株主としての地位ないし持分を承継させなくてもよいから，株式会社と持分会社（合名会社，合資会社，合同会社）との間の組織再編の垣根が低くなった。典型的には，合名会社を存続会社とし，株式会社を消滅会社とする吸収合併が可能である（会社747条・751条）。合名会社が持分を消滅株式会社の株主に与えると，

社員の関係が複雑になるが，現金を交付するのであれば，そのような問題は生じないからである。

　この考えをさらに推し進めるならば，個人商人が株式会社の権利義務を包括的に承継する手段が設けられても不思議ではない。アメリカやカナダでは，合併等の組織再編行為の当事者は，必ずしも会社に限られていない。利害関係人の保護が図られる手続さえ用意されるのなら，個人商人と会社との間の組織再編行為に関する規定を設ける効用は大きい。

## ② 営業譲渡の当事者間での効果

営業を移転する義務

　営業譲渡契約が締結されると，当事者間では，大きく分けて2つの効果が発生する。

　第1に，営業譲渡人は，営業譲受人に対して組織としての営業を移転する義務を負う。移転されるべき財産の範囲は，契約で定められるのが通常である。営業の譲渡であるからといって，営業に属する一切の構成部分を移転する必要はなく，特約によって一部の財産を除外することも妨げられない。

　営業譲渡人が営業譲受人に対して負う営業を移転する義務を履行するためには，具体的な手続として，営業を構成する各部分について，個別的に移転の手続をとる必要がある。というのも，営業の譲渡は，会社の合併のような包括承継ではないからである。

　物や権利の移転については，たとえば，債権については，営業譲渡人から債務者に対する通知または債務者からの承諾が必要となる（民467条）。営業譲渡人は，動産については占有の移転をなし（同178条参照），不動産については移転登記に協力しなければならない（同177条参照）。

債務については，営業譲受人は，営業譲渡人を移転の対象となっ
た債務から免れさせるために必要な行為をしなければならない。契
約にあればそれに従った方法によるが，契約に定めがなければ，債
務の引受け（同470条以下），弁済の引受け（同474条参照），債務者
の交替による更改（同514条）などの処理をする必要がある。ただ
し，たとえば免責的債務引受けのように，営業譲渡人を債務から完
全に免責させるためには，多くの場合，債権者の同意が必要となる
ことに注意すべきである。

　暖簾などの財産的価値のある事実関係については，営業譲受人が
それらの利益を享受することができるように，営業譲渡人は営業上
の秘訣の伝授や，得意先への紹介などをすることが必要である。

競業避止義務

　第2の義務は，営業譲渡人の競業避止義務
である（16条）。すなわち，営業譲渡人は，
一定の範囲内で，譲渡した営業と同一の営業をしてはならない義務
を負う。営業譲渡の意義に関する地位交替説に立ってはじめて競業
避止義務を根拠づけることができるという見解もあるが，この義務
を特約によって排除できることからみても，次のように説明してお
けば十分であろう。すなわち，営業の譲渡は，有機的・組織的一体
としての営業を，継続企業（ゴーイング・コンサーン）価値のままで
移転するものである。したがって，譲渡人は，同種の営業を再開し
て，その実効性を失わせるような行為をすべきでない。もっとも，
どのような範囲で営業をしてはならないのかは明確ではないので，
商法は営業譲渡人の競業避止義務の範囲につき規定を設けている。

　営業譲渡人は，同市町村（東京都の特別区の存する区域および政令指
定都市にあっては，区）の区域内および隣接市町村（東京都の特別区の
存する区域および政令指定都市にあっては，区）の区域内において，そ

の営業を譲渡した日から20年間は，同一の営業を行うことができない（16条1項）。もっとも，当事者間の別段の定めにより，上述の義務を免れたり，義務の範囲を軽減することは可能であるとされている。この点で，この規定は任意規定であると考えられており，当事者の約定がない場合のデフォルト・ルールである。

営業譲渡人が同一営業をしない旨を特約したときは，その特約は，その営業を譲渡した日から30年を超えない範囲内においてのみ効力がある（16条2項）。この規定は譲渡人の営業の自由を過度に制限することがないようにする趣旨であると説明されている。しかしながら，この説明では，なぜ譲渡人が今後一切営業をしなくてもよいと考えている場合まで上述の制約をしなければならないのかを理解し難い。むしろ，自由な競争を制限しないという経済法的な観点からの規制であると解した方がよいであろう。

営業譲渡人は，上述の制限とは別に，不正競争の目的をもって同一の営業をすることはできない（16条3項）。旧営業を継続していると誤解させるなど，営業譲渡の趣旨に反するような目的をもって同種の営業をなすことがこの場合にあたる。このような目的をもってする競業は，その地域や時期を問わず一切禁止されている。

## 3 営業譲渡の第三者に対する関係

**債権者との間での効果**

営業譲渡がなされると，当事者間においては，営業上の債務も譲受人に移転するのが原則である。そのような場合であっても，債権者との関係では，債務引受けなどの手続がとられるのでなければ，営業譲受人は当然には債務者とはならず，依然として営業譲渡人が債務を負担することになるはずである。

もっとも，営業譲渡人のみが債務を負担するのであるとすると，資産はすべて営業譲受人のところに行っているから，相応の対価を得ているはずであるとはいえ，営業譲渡人の債権者に不利益を与える可能性が残る。そこで，商法は，以下で述べるような債権者保護のための特別な規定を設けている。

　第1に，営業譲受人が譲渡人の商号を続用する場合には，営業譲渡人の営業によって生じた債務について，営業譲受人も弁済の責任を負う（17条1項）。この場合，営業譲渡人と営業譲受人は不真正連帯債務の関係に立つことになる。

　この規定の立法趣旨については，一般的に，商号が続用される場合には，外部的にも同一の営業が継続しているようにみえ，債権者は営業主の交替を知りえないし，かりにこれを知っていても債務が営業譲渡によって移転したと信じることが多いからであると説明される。つまり，この規定の趣旨を外観信頼の保護に求めるのである。

　しかしながら，このような通説的な見方によれば，債務が営業譲渡によって移転されていないことを知っている場合にまで，債権者がなぜ保護されるのかを説明することは困難である。有力説は，営業上の債務については営業財産がその担保になっているからであると主張しており，これが主たる理由であると理解するのが適切であろう。このような立場からは，一般に説かれるところとは異なるが，営業譲受人は，譲り受けた積極財産の限度で責任を負うと解することになろう。

*Column ⑥*　企業承継者責任～～～～～～～～～～

　アメリカでは，企業承継者責任（successor liability）というものが問題になっている。たとえば，薬害のような製造物責任について，事業譲渡会社が解散してしまっていると，被害者である債権者は事実上救済を

受けることができなくなる。これは，加害行為から損害発生までの期間が長いものについて，とくに深刻な問題になってくる。被害者保護の観点から，判例は，譲渡会社の責任を譲受会社に承継させるような努力を積み重ねている。

なお，商号が続用されていなくても，最高裁によれば，ゴルフクラブの名称が営業主体を表示するものとして用いられている場合に，その名称を譲受人が継続して使用しているときには，会社法22条1項が類推適用され，譲受人は会員に対して預託金の返還義務を負う可能性がある（最判平成16年2月20日民集58巻2号367頁・百選18）。会社分割による承継に関しても，同様である（最判平成20年6月10日判タ1275号83頁）。

営業譲受人は，営業譲渡の後に遅滞なく譲渡人の債務について責任を負わない旨を登記したときは，前述の弁済の責任を免れることができる（17条2項前段）。また，営業譲渡後に遅滞なく譲渡人および譲受人から第三者に対して，譲受人が譲渡人の債務につき責任を負わないことを通知したときも，その通知を受けた第三者に対しては，譲受人は同様に弁済の責任を免れる（同項後段）。

債権者保護の第2の仕組みとして，商法は，譲受人が営業上の債務を引き受ける旨の広告をしたときに，債権者はその譲受人に対して弁済の請求をすることができるとしている（18条1項）。元来，商号を続用しない営業譲受人は，譲渡人の債務につき当然には弁済の責任を負担しないはずである。しかし，債務引受けの広告をしたことから外観法理または禁反言の法理がはたらくことを明確にしたのである。

以上によって，営業譲受人が営業譲渡人の債務について責任を負

う場合であっても，営業譲渡人の責任はなくなるものではない。ただし，この場合の営業譲渡人の責任は，営業譲渡または債務引受けの広告の後2年以内に請求または請求の予告をしない債権者に対しては，2年を経過したときに消滅する（17条3項・18条2項）。その後は，営業譲受人のみが責任を負うことになるが，この2年の期間は除斥期間であると解されている。

**債務者との間での効果**　営業譲受人が営業譲渡人の商号を続用する場合には，営業譲渡人の営業によって生じた債権について営業譲受人にした弁済は，たとえ当該債権が営業譲受人に譲渡されていない場合であっても，弁済者が善意無重過失であれば，弁済の効力を有する（17条4項）。営業譲受人が商号を続用している場合には，営業譲渡人の営業上の債務者が善意で営業譲受人に弁済することは無理からぬことであり，商法は，外観法理を明文化して，善意の弁済者を二重払の危険から保護することを図ったものであると説明されている。

◆**営業の賃貸**　営業の賃貸とは，営業の全部または一部を一括して他人に賃貸する契約をいう。その目的物は単なる物ではなくて，一定の営業目的により組織化されて社会的活力を有する一体としての機能的財産である。

　営業の賃貸も，営業譲渡と同様に，企業結合の手段として利用されることが多い。事業の賃貸の契約は，会社であれば，当事会社の代表機関によって締結されるが，会社の内部関係においては事業譲渡について述べたのと同様の慎重な手続が必要とされる場合がある（会社467条1項4号）。

*Column ⑦*　営業の特別財産性と営業の担保化〜〜〜〜〜〜〜〜〜〜

　営業・事業が法律上も特別財産としての取扱いを受けるかというと，実定法上は，会社の場合を除いては，そのような特別な取扱いは認めら

れていない。つまり，企業を存立目的とする会社においては，事業の特別財産性は完全である。これに対して，個人企業の場合，その商人には営業生活と離れた個人の経済生活があり，たとえ商業帳簿によって営業財産と私用財産との区分経理がなされるとしても，個人企業の商人に有限責任を認めない法制の下では，営業の独立性を認めることはできない。この意味で，営業の特別財産性は法律上認められない。

　組織の意味での営業・事業は，一個の権利の目的とされていないから，一般的には，営業・事業の上に一個の質権または抵当権を設定することは認められない。したがって，営業・事業を担保化する場合にも，各個の営業・事業財産の上に質権または抵当権を設定するか，ある程度まとまった財産に譲渡担保を設定するほかない。

　しかしながら，営業・事業は有機的・組織的一体としての財産であって，これを構成する財産の価値の総和を超える価値を有し，そのようなものとして流通価値を有するのであるから，営業・事業のもつ担保価値を十分に活用するためには，営業・事業を一体として担保化することを認めることが望ましい。

　企業に属する財産を一括して担保化する方法として，各種の特別法にもとづく財団抵当制度や，企業担保法における企業担保制度があるが，これらを利用できる企業は限られている。いずれも大企業のために認められた事業の担保化の制度であって，中小企業に対する金融の面からみると，依然として立法の不備が残されている。このように営業・事業の担保化は，立法上の課題となっている。

第**2**編

# 企業活動を支える
# 商法上の制度

商人の営業活動の促進

商法総則編の諸制度は，一次的には，個々の商人の企業活動を後押ししようとするものである。

たとえば，商業使用人についてみると，個人商人では，いくら有能な人物が効率的に作業を行おうとも，かりに一瞬たりとも寝ずに活動しようが，彼または彼女に与えられているのは，1日に24時間であり，1年に365ないし366日である。商人であるからといって，それを超える時が特別に与えられるわけではない。1人で遂行可能な事業規模には，自ずから限度が存在する。そこで，企業内の補助者として，商業使用人という制度が用意されている。

商号についても同様であり，商人の名称を特定して，他から判別可能にすることは，自らの企業を発展させる上で不可欠である。類似する商号を有する他の商人と誤認されることがあれば，顧客を奪われることも少なからず生じるであろうし，他の商人の商品に欠陥があり社会問題になった場合などには，まったく関係のない商人まで信用を害されることになろう。このような損失が生じる可能性を残しておけば，企業活動の健全な発展が阻害されることになる。そこで，商法は，所定の対処を用意しており，商号そのものを保護して，これをもって商人の活動上の利益を確保しようとしている。

取引社会における
信頼の確立と維持

もっとも，商法は，個々の商人にとって喜ばしい規定ばかり用意しているわけではない。自分の商号を使用して営業することを他人に許諾した場合には，名板貸人として，自分を営業主であると誤認した者に対して，その取引により生じた債務についてその他人

と連帯責任を負わせている（14条）。これによって，商号を信頼した取引の相手方は保護されることになり，商号という制度に対する取引社会の信頼が確立され維持される。

　商業使用人についても同様であり，商人にとって便利な制度ではある。ただ他方では，支配人の代理権に加えた制限を善意の第三者に対抗することができないとしたり（21条3項），商人の営業所の営業の主任者であることを示すべき名称を付け，支配人であるかのような外観をもたせながら使用人を利用していた場合には，営業に関する一切の行為をなす権限を有する支配人であったと擬制している（24条）。このような形で，商人に直接的には不利益を課しながら，相手方の信頼，ひいては取引社会の信頼を維持しようと商法は試みている。

　これらの一見すると個々の商人にとって負担を課すような規定は，もちろん一次的には個々の商人の利益を図ろうとするものではない。しかしながら，取引社会の信用が得られるならば，結局は，不特定多数の商人の利益に資することになるであろう。最終的には，企業活動を円滑にさせるものであり，その発展に寄与するものである。法がこのような負担を定めることにより，信頼感が高い規範として，取引社会では受け入れられる。

**商法の役割**　商法は，商人にとって便利な制度を提供しつつも，その制度に対する相手方ないしは取引社会の信頼を保護するために，商人が諸制度を利用するに際して，一定の負担をも課している。

　このような枠組みづくりには，次のような意義が含まれているであろう。すなわち，企業は，計画的・継続的意図をもって営利行為を実現する独立の経済単位である。それゆえ，企業活動は，反復性

と集団性をその特色とする。この反復性と集団性を実現するために
は、基礎的な枠組みについて、商法が画一的なルールを用意するこ
とが必要である。

商行為編の諸規定のように、企業取引の内容に関する個別的な決
めごとについては、「書式の戦い（battle of form）」と呼ばれる契約
当事者の激しい交渉に委ねることも意味がある。商法としては、契
約を締結するための費用を低く抑えることを可能とするために、取
引社会の通例に従って、何も決めなければどのようになるか（デフ
ォルト・ルール）を定めておけば十分であろう。商行為編の規定が
原則として任意規定であるとされているのは、このような視点から
説明することができる。

これに対して、商法総則の制度については、個々の交渉に委ねる
べきではないことが多い。もちろん個別の取引に固有の事情によっ
て（たとえば、相手方の善意・悪意など）、商法の適否が異なり、導か
れる結果が異なってくることもありうる。しかしながら、これから
紹介していく諸制度は、いわば企業取引の土俵にあたる部分であり、
その骨格を当事者がその意思によって変更することを基本的には許
すべきものではない。強行規定と解されている規定が、商法総則編
には多く含まれているゆえんである（ただし、小商人に関する7条を
参照）。

# 第3章　商　号

<br>
<br>
<br>

## *1* 総　説

　商人が営業活動をする際には，自らを示す名称が必要である。このような名称を商号というが，取引の相手方は，商号とその商人の営業上の信用や評判とを結びつけて認識することになる。商号には信用が蓄積されているといえる。そのため，商号を他人が勝手に使用し，その商号と結びついた信用や評判を冒用することがあれば，商人の信用にキズがつくし，取引相手も混乱することだろう。商法および会社法の商号に関する規定は，このような状況を防ぎ，商号を保護する機能を果たしている。かつての商法は，商号の保護を登記商号に限定していたが，その後未登記商号にも保護を拡大し，また，商号以外の名称も，他人の営業であると誤認させる目的で使われる場合には，保護の対象としている。とはいえ，商人の営業や商人が提供する商品やサービスに対する信頼は，商号ばかりでなく，

その商人が使用する図形や記号（商標），商品の名称，あるいは包装等によっても具現される。これらに対する保護は，商標法や不正競争防止法によって図られている。

## *2* 商号の意義

　商号とは，商人がその営業上自己を表示するために用いる名称である。商号は名称であるから，個人の氏名の場合と同様に，呼称でき，文字で表示できるものでなければならない。したがって，図形・記号・模様などは商号にできない。ただし，図形や記号も，特定の商人の営業や商品・サービスのシンボルとして使用される場合があり，商標法や不正競争防止法上の保護の対象になる。

　商号に使用する文字は，かつては日本文字でなければならないとされていた。商業登記実務における制約であって，商法や会社法上，とくにそのような制限があるわけではない。そのため，JR 東日本の商号は，実は，東日本旅客鉄道株式会社であり，NTT ドコモの商号も，かつては株式会社エヌ・ティ・ティ・ドコモであった。しかしながら，日常生活にアルファベットが普及している現状から，商号を日本文字に限定する根拠は乏しいといえた。そのため，2002（平成14）年に商業登記規則等が一部改正され，ローマ字，アラビア数字，コンマ（, ），ハイフン（−），ピリオド（. ）などが商号の登記に使用できることになった。

　商号は商人の名称であるから，ある名称が商号として成立し，保護されるためには，その名称で表される主体が商人として存在すること，すなわち商人資格の取得が必要である（⇨*Column ③*，第2章

**1**①)。商人でない営業者，たとえば協同組合や保険相互会社の用いる名称は商号ではない。

　個人商人（自然人）の場合は，商号と氏名の双方をもつことになる。商号が，営業上自己を表す名称であるといっても，個人商人の場合，営業には常に商号を用いなければならないわけではないし，営業外の活動に商号を用いてはいけないわけでもない。ただ，法律関係を明確にする必要がある場合（戸籍や登記など）には，それぞれを区別して使用することが要求される。これに対して，会社の場合は，商号だけが自己を表す名称である。

　商人のうち，その営業のために使用する財産の価額が法務省令で定める金額（50万円。商則3条2項）を超えない者を小商人という（7条）。2005（平成17）年改正前商法では，商号に関する商法の規定は，小商人には適用されないものとされていた（改正前8条）。これに対して，現行商法7条は，商号に関する規定の一部のみについて小商人に適用しないこととしたため，商号に関する規定の多くは小商人にも適用されることになった。これによって，小商人が自己を表すために用いる名称も商号となった。商号に関して小商人に適用されないのは，①商人は商号を登記できるとする商法11条2項，②登記を商号譲渡の第三者に対する対抗要件とする商法15条2項，ならびに，③営業譲受人が譲渡人の商号を続用する場合でも，営業の譲渡後遅滞なく譲受人が譲渡人の債務を弁済する責任を負わない旨を登記した場合には，譲受人が譲渡人の営業によって生じた債務を弁済する責任を負担すべき旨を定める規定（17条1項）が適用されないとする商法17条2項前段である。したがって，小商人の名称も，商号として商法上一定の保護が与えられるが，小商人は商号を登記することができず，商号の登記に伴う効果は享受できない，

ということになった。なお，会社は，資本金のいかんを問わず小商
人となることはない。会社はその名称を商号とし（会社6条1項），
その設立には登記を必要とするので，小商人制度の対象とはならな
い。

***Column* ⑧ 商号と商標，ドメイン名** ～～～～～～～～～～

　　商号が商人の営業上の名称であるのに対し，商標（trade mark）とは，
商人が自己の取り扱う商品やサービスを他人のものから区別するために
用いる文字や図形・記号等をいい，商標法の定める登録制度（商標登
録）により保護されている。たとえば，大手百貨店三越の商号は，株式
会社三越伊勢丹であり，🌀や**MITSUKOSHI**は商標である。

　　2000（平成12）年12月6日，富山地裁は，大手信販会社ジャックス
が，商標JACCSをインターネット上のドメイン名に使われたとして，
富山市の会社に使用差止めを求めた裁判で，ドメイン名「jaccs.co.jp」
の使用差止めを命じた（判時1734号3頁，判タ1047号297頁）。電子商
取引の普及とともに，ドメイン名をめぐる紛争が増加していたが，この
判決は，ドメイン名が商標法や不正競争防止法の保護の対象となりうる
ことをはじめて明らかにしたものである。その後，2001（平成13）年の
不正競争防止法の一部改正により，ドメイン名の不正使用等が，不正競
争の列挙項目に追加されている（不正競争2条1項19号）。

～～～～～～～～～～～～～～～～～～～～～～～～～～～～～～


# *3* 商号の選定

## ① 商号自由の原則

| 商号自由主義 |
| --- |

　　商法では，商人はその氏，氏名その他の名
称をもってその商号とすることができると

定めている（11条）。つまり，商人は，その氏や氏名を商号にでき
ることはもちろん，氏・氏名や営業の種類・内容とまったく関係の
ない名称を商号とすることもでき，これを「商号自由主義（商号自
由の原則）」という。商号自由主義は，英米法系諸国で採用されてい
る。これに対して，商号が商人の氏名や営業・営業地域などと一致
することを要求する法制を「商号真実主義」といい，フランス法系
諸国で採用されている。ドイツ商法では，商号の選定にあたっては
商号と商人の氏名・営業との一致を要求するが，既存の営業の譲
渡・相続や営業主の氏名の変更があった場合に，従前の商号を続用
することを認めており，「折衷主義」といわれる。ドイツ商法を継
受したわが国の商法が商号自由主義をとるのは，日本旧来の伝統で
ある屋号に関する慣習を考慮したためである。しかしながら，わが
国の商法・会社法においても，商号の選定については，次のような
制限がある。

*Column* ⑨　名は体を表すか

　　商号自由主義をとる英米でも，商号には創業者の名前がしばしば使用
される。創業者が複数いる場合は，マークス・アンド・スペンサー
（Marks & Spencer）と併記したり，ティファニー & Co.（Tiffany &
Co.）と省略したりする。人名を使わない場合は，ゼネラル・モーター
ズ（General Motors：GM）やゼネラル・エレクトリック（General Elec-
tric：GE）と営業を示す。ドイツの商号になると，BMW（Bayerische Mo-
torenwerke AG：バイエルン自動車製作株式会社），AEG（Allgemeine Elek-
tricitäts-Gesellschaft：総合電機製造会社）と，実態を忠実に表現しよう
とする。東京通信工業株式会社がソニー株式会社になったり，荒川長太
郎合名会社が株式会社アラクスになったりする日本は，商号の真実とい
うことについて，かなりおおらかな国であるといえよう。

商号自由主義の例外　まず第1に，会社の商号には，商号中に会社の種類に従い，株式会社，合名会社，合資会社または合同会社の文字を入れなければならない（会社6条2項）。他の種類の会社であると誤認されるおそれのある文字を用いることは禁止される（会社6条3項）。たとえば，合同会社ではない会社がその商号中に，合同会社に相当する英米の会社形態を意味するLLC（Limited Liability Company）の文字を用いる例などが考えられる。取引の相手方が，会社であるかどうか，また社員がどのような責任を負う種類の会社であるかを，認識できるようにするためである。逆に，会社ではない者が，その名称または商号中に会社であると誤認されるおそれのある文字を用いることも，禁止される（会社7条）。会社の営業を会社ではない者が譲り受けた場合も同様である。取引の相手方が，会社ではない者を会社であると誤認するのを防ぐためである。したがって，会社であると混同させるような名称（たとえば，合名商会）の使用も禁止される。

　第2に，銀行業，保険業，信託業など，公共的事業を営む会社は，商号中に，銀行，保険，信託などの文字を使用しなければならず，逆に，これらの事業を営まない者がこれらの文字を商号中に用いることは禁止される（銀行6条1項2項，保険業7条1項2項，信託業14条1項2項。なお，保険会社は，その商号中で生命保険または損害保険の別も示さなければならない）。金融商品取引業者でない者は，金融商品取引業という商号や名称またはこれと紛らわしい商号や名称を用いてはならず（金商31条の3），金融商品取引法の施行の際現に旧証券取引法28条の登録を受けていた者（従来の証券会社）は，商号中に証券の文字を使用しなければならない（金商法2006〔平成18〕年6月14日改正附則25条1項）。また，たとえば，信用金庫，農業協同

組合など，各種の特別法による法人には，その特性を示す特定の名称の使用が独占的に認められており，他の者がこのような名称を用いることは禁止されている（信金6条，農協3条など）。

　第3に，何人も，不正の目的をもって，他の商人（または他の会社）であると誤認されるおそれのある名称または商号を使用してはならない（12条1項，会社8条1項）。これは，他の商人の商号等を冒用し，あたかもその他人が営業主であると誤認させるような商号等を使用することによって，商号や名称を冒用された他人の利益と一般公衆の信頼が侵害されることを防止しようとするものである。

　不正の目的とは，ある名称等を名称または商号に使用することにより，その名称等が表す他人の営業であると一般公衆を誤認させようとする意図をいう。2005（平成17）年改正前商法21条1項は，「他人ノ営業ナリト誤認セシムベキ商号」の不正目的での使用を禁止していたので，他人は商人に限られず，たとえば，商人ではない鈴木イチローさんの氏名を冒用して，鈴木イチローさんの営業であると誤認させるおそれのある商号（株式会社鈴木イチロー野球教室など）を使用することも禁止の対象になった。現行商法12条1項および会社法8条1項は，前述のように，「他の商人」，「他の会社」と限定しているため，法文をみる限り，会社を含めた商人の商号等だけに保護の対象が縮小されたことになる（⇒**5**③）。

　なお，不正競争防止法によっても，後述のように（⇒**5**③），不正競争にあたる商号の使用が禁止されている。

[2]　商　号　の　数

| 商号単一の原則 |

商号単一の原則とは，一個の営業については一個の商号しか使用できないとする原則

である。一個の営業について数個の商号の使用を認めるとすれば，誰と取引しているのかについて誤認を生じやすいし，他人の商号選定の自由を制限することにもなるからである。商号単一の原則は，商法上明文化されてはいないが，判例上確立され（大決大正13年6月13日民集3巻280頁），商業登記の手続もこれにもとづいて行われている（商登28条2項・43条1項3号参照）。この原則は，個人商人（自然人）の場合に実質的な意味をもつもので，個人商人が数個の営業を営むときは，各営業について別個の商号を使用することもできることになる。もちろん，一個の営業を営むときは，一個の商号しか使用できないし，数個の営業を営むときに一個の商号だけを使用することもできる。他方，会社の場合には，商号がその会社の全人格を表すことになるので，数個の事業を営むときも，一個の商号しか使用できない。ただし，個人商人であれ会社であれ，一個の営業または事業について数個の営業所または支店を有する場合に，所定の商号に営業所所在地の名称その他支店であることを示すべき文字を付加して使用すること（たとえば，株式会社有斐閣名古屋支店）は差し支えないとするのが通説的な見解であり，実務もこのように処理されている（昭和54年6月18日民事局第四課長回答・商業登記先例判例百選21）。

# *4* 商号の登記

## ① 商号登記の趣旨と手続

なぜ商号を
登記するのか

商号は，商人の営業上の名称であり，商人
の営業に対する信頼は，その商号に対する
信頼の形で具現することになる。そのため，
自己の商号を他人に使用されると，営業活動の結果として築き上げ
てきた顧客の信用や社会的信頼も，容易に冒用されるおそれがある。
そこで，商人には，他人の使用を排斥するために，特定の商号が自
己のものであることを公示する必要がある。他方，取引相手には，
商号で表される商人がどのような者であるかを知る必要があるし，
第三者である商人が商号を選定する際にも，既に使用されている商
号か否かを確認することは重要である。これらの必要を充たし，関
係者の利害を調整するために，商号を公示する制度として商号の登
記制度が設けられている。しかしながら，後述のように，他人によ
る使用を排斥するという点では，商号を登記したからといって，必
ずしも，登記しない場合と比べて強力な保護が商号に与えられると
いうことにはならない（⇨*Column ⑰*）。

商号登記の手続

商号登記の要否は，個人商人か会社かによ
って異なる。個人商人については，商号を
登記するか否かは自由であり，商号は任意的登記事項である。登記
する場合は，商号登記簿において，営業所ごとに登記し，営業の種
類，営業所，商号使用者の氏名・住所も登記事項とされる（商登28
条）。これに対し，会社の場合，商号は設立登記の際の登記事項に

含まれているので（会社911条3項2号・912条2号・913条2号・914条2号），必ず登記することになる（絶対的登記事項）。登記は，会社の種類により，それぞれの種類の会社登記簿に行われる。

### 2 商号の登記に関する制限

商号の登記は，その商号が他人の既に登記した商号と同一であり，かつ，その営業所（会社にあっては本店）の所在場所が当該他人の商号の登記に係る営業所と同一であるときは，することができない（商登27条）。登記上の目的や実際の業務内容のいかんにかかわらず，同一商号・同一住所の登記を禁止するのは，不動産登記等の場面において，法人がその住所と商号とによって特定されるため，同一商号・同一住所の会社が複数存在することを認めるのは適当でないと考えられたためである。登記実務上も，同一商号・同一住所の会社の存在を認めない旨の取扱いが行われていたところ，2005（平成17）年改正商業登記法において明文化された。

他方，2005（平成17）年改正前商法では，他人が登記した商号については，同一市町村内において同一の営業のために同一の商号を登記することが禁止されており（改正前19条），類似商号規制と呼ばれていた。しかし，類似商号規制による既登記商号の保護効果は，きわめて限定的であり，合理性にも乏しいと考えられたため，2005（平成17）年の商法改正によって廃止された（⇨ *Column* ⑩）。また，改正前商法20条1項は，商号登記をした者は，不正競争の目的で同一または類似の商号を使用する者に対して，差止めおよび損害賠償を請求できる旨を定め，同条2項では，同市町村内において同一の営業のために他人の登記した商号を使用する者は不正競争の目的で使用するものと推定するという推定規定を置いていた。しかし，

類似商号規制が廃止されることにより，改正前商法20条2項の推定規定もその根拠を失うことになると考えられたため，2項の推定規定も廃止され，また，改正前商法20条1項は，改正前商法21条（現行12条，会社8条）および不正競争防止法の規定によって同様の保護を図ることが可能であると考えられたため，併せて削除された。そのため，これに相当する規定は，現在の商法・会社法には設けられていない。

***Column ⑩*** 類似商号規制が撤廃された理由〜〜〜〜〜〜〜〜

　類似商号規制は，同一市町村内において同一の目的で既登記商号と同一または類似の商号が登記されるのを防ぐ効果しかなく，確かに効果はかなり限定的であった。では合理性に乏しいと考えられたのは，なぜであろうか。

　第1に，類似商号規制は，実際にどのような営業をしているかにかかわらず，「目的」の記載が同一であることを基準とする事前規制となっていたため，「目的」の記載さえ異なれば，既登記商号と同一・類似の商号であっても登記をすることができ，さらに，個人商人の商号は登記が任意であるので，個人商人が同一市町村内において同一目的で同一商号を使うことを排除できなかった。第2に，類似商号の規制範囲は，同一市町村内に限られており，企業の活動地域が広域化している現在では，保護の効果が薄れていた。また，企業の活動地域の広狭とは関係なく，市町村合併が行われたり，市町村合併を経て政令指定都市になったりすることで，規制範囲が変化した。第3に，類似商号規制の弊害として，①会社を設立しようとする際，使用しようとする商号が類似商号規制に該当しないか調査しなければならず，会社の迅速な設立手続を妨げること，②類似商号規制に該当しないように，実務上，定款の事業目的を必要以上に細分化して記載する傾向がみられたため，登記の際に定款の目的事項の審査を厳格化せざるをえなくなり，そのため，新規の事業に用いられる用語が事業目的として認められにくくなっているといわれてい

たこと，③既存会社が既に「目的」記載の活動をやめてしまっていても，一律に類似商号規制がはたらいてしまうため，逆に，商号権を売って利益をあげる，いわゆる商号屋に活動の余地を与えてしまうこと，等が指摘されていた。類似商号規制の廃止によってこれらの問題が解消したことから，商号登記や会社の設立登記に伴う手続的負担が軽減され，その分，創業が容易になった。

# *5* 商 号 権

## ① 商号権の意義

　商号権とは，登記の有無にかかわらず，商人がその商号について有する権利であり，商号使用権と商号専用権からなる。商号使用権とは，他人の妨害を受けずに商号を使用する権利であり，商号専用権とは，他人が不正の目的で営業主体を誤認させるような商号や名称を使用することを排斥する権利である。いずれの商号権についても，登記があるか否かは問題にならない。

　商号権には，知的財産権の一種として財産権的性質が認められるが，人格権としての性質もあると解するか否かについて，見解の対立がある。かつては，氏名権の一種として人格権的性質をもつと解する見解があり，現在でも，商号権の侵害に対する救済として信用回復に必要な措置が認められることから，人格権的性質を併せもつと解する説がある。

## ② 商号使用権

　商人には，登記の有無にかかわらず，他人の妨害を受けずに商号を使用する権利（商号使用権）が認められ，他人の商号専用権によって排斥されない限り，自由に商号を使用することが可能である。たとえ，他人が同一の商号を登記した後でも，不正の目的がない限り，当該商号を使用し続けることができる（12条1項，会社8条1項参照）。不正競争防止法は，原則として不正の目的の有無にかかわらず，周知性・著名性のある商号を保護の対象としているが，他人の商号が広く認識されまたは著名となる前から，不正の目的なしに，これと同一または類似の商号を使用する行為については，不正競争の定義から除外するものとされており（不正競争19条1項3号4号），この限りで商号使用権が認められる。商号使用権の侵害は，不法行為として損害賠償の対象になる（民709条）。

## ③ 商号専用権

**商法上の保護**　商法12条および会社法8条は，不正の目的をもって，他の商人（または会社）であると誤認されるおそれのある名称または商号を使用することを禁止し，登記の有無にかかわらず，このような名称または商号の使用を排斥しうることを規定している。禁止の対象は「何人も」とされ，商人（または会社）に限られない。また，使用される名称または商号は，知名度の高いものや周知性のあるものであることを要しない。この禁止に違反する名称または商号の使用によって，営業上の利益を侵害されまたは侵害されるおそれのある商人（または会社）は，その営業上の利益を侵害する者または侵害するおそれのある者に対

して，侵害の停止または予防を請求することができる（12条2項，会社8条2項）。

<hr>

**不正の目的**

「不正の目的」とは，自己の営業（または事業）その他の活動を，ある名称または商号を使用することにより，その名称・商号が表す他の商人の営業または他の会社の事業であると一般公衆を誤認させようとする意図をいう，と解釈するのが通説である。このような誤認を生じさせて，自己の企業活動を有利に展開しようとする意思で足りるとする説もある。一般公衆を「誤認させようとする意図」は，既存の名称や商号との関係で，既存の営業主体（または事業主体）であると誤認されるおそれのある名称や商号を使用する場合には，認められやすいことになるものと思われる。

他方，裁判例には，会社法8条にいう「不正の目的」について，「他の会社の営業と誤認させる目的，他の会社と不正に競争する目的，他の会社を害する目的など，特定の目的のみに限定されるものではないが，不正な活動を行う積極的な意思を有することを要する」と解釈するものがある（知財高判平成19年6月13日判時2036号117頁・百選10）。学説にも，この判決と同様に，不正な活動をする積極的な意思と解する説が現れている。これらの裁判例や学説によれば，「不正の目的」は，従来の通説的な理解よりも限定されて解釈されることになる。

<hr>

**禁止の対象**

禁止の対象は，法文上，「他の商人」または「他の会社」であると誤認されるおそれのある名称・商号の使用である。したがって，前述のように（⇒**3**①），商人ではない個人の氏名を冒用して，その個人の営業であると誤認されるおそれのある名称や商号を使用することは，同条

の禁止の対象にはならないように受け取られる。この点については，このように氏・氏名等の冒用が禁止の対象から除外されたのは，規制の趣旨が商人・会社の用いる商号の保護を目的とするものとして体系上整理されたためである，と解釈するのが多数説である。商法・会社法は商人の商事（1条1項）や会社の設立・組織・運営および管理（会社1条）に関して規定する法律であることが明確にされたことに合わせて，商法12条・会社法8条の保護の客体や差止請求の主体も商人・会社に限定された，と考える見解である。これに対して，現行商法・会社法は，商人でない者の氏名を冒用することをも禁止する2005（平成17）年改正前商法21条の機能に変更を加えるものではないと考えて，商人ではない者の氏名等を冒用して営業主体を誤認させる行為も商法12条および会社法8条によって禁止されると解すべきであろうとする見解もある。この場合には，「他の商人」（または「他の会社」）であるとの「誤認」の中に，商人ではない個人が，実際には事業・営業などしていないのに，事業・営業を開始して商人になった（あるいは会社を設立した），と誤認させることも含む，と解することになろう。

　多数説の考え方をとりうるか否かは，法規定の整序ということよりも，非商人である個人の氏名等の冒用に対する保護が，他の法律等によって十分提供されうるか否かにかかっていると考えられる。現状では，著名人の氏名等を名称・商号として使用し，著名人と誤認され，著名人の人格権・パブリシティー権が侵害されるおそれのある場合も，12条2項（会社8条2項）の保護範囲に含まれると解してよいとする見解も有力である。

　また，改正前商法21条が，禁止の対象を，他人の営業であると誤認させる「商号」の使用としていたのに対して，商法12条およ

び会社法 8 条は，誤認されるおそれのある「名称又は商号」の使用を対象としている。このことから，商法 12 条および会社法 8 条は，不正使用者が，他の会社や商人の商号ばかりでなく，他の会社や商人の商標等を，自己の商号・名称として使用することをも禁止するものであると解する学説もある。このような解釈によれば，商法 12 条や会社法 8 条の趣旨は，他の会社や商人の有するブランド価値を広く不正競争から保護することとなり，次に述べる不正競争防止法と同一の法体系を構成すると解されることになる。とはいえ，商法 12 条や会社法 8 条によって禁止される行為は，不正競争防止法とは異なり，他の商人（または会社）であると誤認されるおそれのある「名称又は商号」の使用であり，その範囲内のものに限られる（商法 12 条 2 項に基づき，名称使用の差止めを認める裁判例として，東京地判平成 27 年 11 月 20 日 LEX/DB25447614）。

　ちなみに，改正前商法 21 条は，不正の目的で他人の営業であると誤認させる商号が使用され，それによって利益を害されるおそれのある者に，差止請求を認め，損害賠償の請求も妨げない，と定めていた。商法 12 条および会社法 8 条には，損害賠償請求への言及がなくなったが，もちろん，損害賠償請求を否定する趣旨ではない。

*Column ⑪* 　登記商号と未登記商号の保護の相違 ～～～～～

　かつては，商号専用権は，もっぱら登記商号について認められていたが，1934（昭和 9）年に制定された不正競争防止法や 1938（昭和 13）年の商法改正の結果，未登記の商号にも商号専用権が認められるようになった。そのため，商号専用権との関連で商号を登記するメリットは，2005（平成 17）年改正前商法 20 条 2 項の推定規定を利用できる点，つまり，同市町村内で同一の営業について同一の商号を使用する者に対して使用差止等を請求する際に，不正競争の目的の立証責任を請求者側が負わなくてもよい点に限られてしまった。ところがその後，1950（昭和

25）年の不正競争防止法の改正によって，同法による保護を受けるについて，不正競争の目的を立証する必要がなくなったので，推定規定が意味をもつ領域，つまり登記商号のメリットは，周知性や著名性のない登記商号へとさらに縮減することになった。現行商法・会社法は，前述のように推定規定も含めて改正前商法20条を削除したので，登記の有無による商号専用権の保護の相違は，法制上，完全に消滅した。

---

**不正競争防止
法による保護**

不正競争防止法は，1993（平成5）年に全面改正され，人の業務に係る氏名，商号，商標，標章，商品の容器・包装など，人の商品または営業を表示するものを「商品等表示」と呼んで，これらを包括的に保護の対象とした。同法によれば，第1に，他人の商品等表示として需要者の間に広く認識されているものと同一または類似の商品等表示を使用する等して，他人の商品や営業と混同を生じさせる行為，第2に，他人の著名な商品等表示と同一または類似のものを自己の商品等表示として使用する行為等が，不正競争とされる（不正競争2条1項1号2号）。したがって，他人の商号として需要者の間に広く認識されている商号（これを「周知性の要件」ともいう）と同一または類似の商号を使用して，他人の営業と混同を生じさせる行為は，不正競争になるし，これを商号以外に使用する行為も，不正競争に該当する。著名な商号の場合には，それと同一または類似の商号を使用する行為自体が不正競争となる。そして，不正競争によって営業上の利益を侵害されまたは侵害されるおそれのある者は，その侵害の停止または予防を請求すること（差止請求）ができるとともに，故意または過失により不正競争を行って他人の営業上の利益を侵害した者に対して，損害賠償の請求もできるとしている

（同3条1項・4条）。損害賠償以外に，営業上の信用を回復するために必要な措置を請求することも可能である（同14条）。

このように，不正競争防止法は，商法と比較して，商号専用権に手厚い保護を提供している。「不正の目的」という主観的要件は不要であるし，損害賠償については損害額の推定規定があり（不正競争5条），損害計算のための鑑定に関する規定や裁判所による相当な損害額の認定に関する規定（同8条・9条）も設けられている。しかも保護の対象は，商号や名称としての使用に限られない。もちろん，不正競争防止法によって差止請求をするためには，周知性のある商号等について他人の営業と混同を生じさせていることや，著名な商号等であること，営業上の利益の侵害やそのおそれがあること，また損害賠償を請求するには，これらに加えて，侵害者に故意・過失があることが必要である。とはいえ，商号専用権の侵害が実際に問題となる状況では，これらの要件は比較的容易に充たされることであろう。

## *6* 商号の譲渡・相続

### 1 商号の譲渡

商号の譲渡性
とその制限

商号は，商人（企業）の営業上の信用を体現するので，それに対応して財産的価値をもち，譲渡の対象にもなる。商号の譲渡とは，商号の法律的な保護との関連では商号権の譲渡である。

しかしながら，商人の営業と切り離して商号だけが譲渡されるとすれば，その商号が表す営業主の同一性について，取引相手や一般

公衆に誤解や混乱を生じるおそれがある。そこで商法は，商号の譲渡に，次のような制限を加えている。すなわち，商号は，①営業とともに譲渡する場合か，②営業を廃止する場合に限って，譲渡することができる（15条1項）。①は全営業の譲渡を意味し，営業の一部譲渡の場合は認められない。営業の一部が商号とともに譲渡されるとすれば，譲受人が譲受商号を使って営む営業と譲渡人が継続する残りの部分の営業との間で，混同・誤認を生じるおそれが高まるからである。

**商号の譲渡手続**　商号の譲渡は，当事者間の意思表示（契約）によって行われるが，登記商号については，第三者対抗要件として譲渡の登記が必要である（15条2項）。ここでいう対抗要件としての登記は，商号の二重譲渡のような場合に意味をもつ。これに対し，未登記商号については，とくに第三者対抗要件は要求されていない。未登記商号の譲受人は，商号権の保護に関する規定に従って，一般的に保護されることになる。なお，登記の有無にかかわらず，商号の譲渡人は，当然，不正の目的をもって譲渡商号と同一または類似の商号を使用することはできないし（12条，会社8条），営業とともに商号を譲渡した場合には競業避止義務を負う（16条1項。なお，商号を続用する営業譲受人の責任について，⇨第2章**2**②③）。

## ② 商号の相続

商号は，個人商人の場合，相続の対象になる。既登記商号が相続された場合には，相続人による変更登記が必要である（商登30条3項・32条）。

## *7* 商号の変更・廃止

　商号の変更は，商号の選定に関する商号自由の原則（⇨*3*①）の範囲内であれば，自由に行うことができる。商人が商号を廃止することも自由である。商人が，従来用いていた商号を変更し，または商号の使用を廃止した場合には，従来の商号についての商号権は失われる。

　商号を登記している場合，登記商号を変更し，または廃止したときは，遅滞なくその旨の登記（商号の変更の登記，商号の廃止の登記）をしなければならない（10条，商登29条2項）。商号の登記において登記すべき事項とされる商号以外の事項（営業の種類，営業所，商号使用者の氏名および住所。商登28条2項）に変更を生じた場合も，それぞれの変更登記が必要である（商登29条2項。なお，商号登記に係る営業所を他の登記所の管轄区域内に移転した場合について，同条1項）。登記商号に関しては，商号を廃止した場合，商号を変更した場合，または，商号登記に係る営業所を移転した場合に，当該商号の登記をした者が，それぞれの廃止の登記，変更の登記，または，移転の登記をしないときは，当該商号の登記に係る営業所（会社にあっては，本店）の所在場所において同一の商号を使用しようとする者は，登記所に対し，当該商号の登記の抹消を申請することができる（商登33条1項1号3号4号）。商号の登記をした者が正当な事由なく2年間当該商号を使用せず，商号廃止の登記もしないときも，同様である（同項2号）。

# 第4章 | 支配人その他の商業使用人

## *1* 商業使用人

### 1 総　説

企業と補助者の必要性　　企業の規模が拡大すると，営業主である個人商人や会社経営者は，営業活動のすべてを自ら遂行することは不可能になる。また，かりに可能であっても，かえって企業活動の迅速かつ合理的な進展を阻害するおそれもある。そこで，商人は，その営業活動に必要な労力の補充を他人に求めざるをえない。企業活動，とりわけ企業取引活動は，その性質上個性が稀薄であるから，他人を利用して，補助してもらうことが容易である。営業の人的施設というべき商人の補助者の制度は，この要請に応じるものにほかならない。

商人の営業上の活動を補助する者には，特
定の商人に従属してその企業組織内部でこ
れを補助する者（企業内補助者）と，自ら
も独立の商人として他の商人の企業活動を企業組織の外部で補助す
る者（企業外補助者）とがある。

企業内補助者に属するのは，商業使用人であり，これについて本
章では取り扱っていくことにする。企業外補助者に属するのは，代
理商，仲立人，問屋（⇨第15章），運送取扱人などがある。後者を
講学上は「補助商」と呼んでいる。この補助商のうち，仲立人，問
屋，運送取扱人は不特定多数の商人を補助するのに対して，代理商
は，特定の商人のためにのみ営業を補助するものである。この点で，
代理商は，特定の商人に従属してこれを補助する商業使用人に類似
している。そこで，商法は，補助商のうち仲立人，問屋，運送取扱
人については商行為編に規定を設けているのに対して，代理商につ
いては，商業使用人とともに商法総則に規定を設けている。

**2** 商業使用人の意義

商業使用人とは，一定の商人に従属して，
商人の営業活動を補助する者のうちで，営
業上の代理権を有する者をいう。

商法は，商業使用人と題する章の中に，支配人などの使用人につ
いて規定を設けているが，その大部分は，営業上の代理権に関する
ものである。使用関係に関する規定は商法23条のみにすぎない。
したがって，商業使用人に関する商法の規定は，実質的には「商業
代理人」に関するものといって差し支えない。

なお，商業使用人によって代理される商人を営業主といい，営業

上の代理権を商業代理権という。

◆**商人への従属性**　商業使用人は，特定の商人（営業主）に従属する営業の補助者である。営業主は，個人商人であっても，会社であっても構わない（会社の使用人については，会社法10条ないし15条で規定されている）。営業主は小商人であってもよいが，支配人の制度は小商人には認められない。というのも，小商人には商業登記に関する規定が適用されないからである（7条。22条参照）。

　商業使用人が特定の商人に従属するとは，その商人の指揮・命令に服することを意味する。この場合，営業主との間に雇用関係が必要か否かについては争いがある。多数説は，雇用関係のない家族などが営業を補助しても商業使用人ではないと主張する。これに対しては，雇用関係は必ずしも必要ではなく，委任関係が存在すれば，家族や友人であっても商法にいう商業使用人と解して差し支えないという有力な見解もある。

　商法は，営業主の営業を対外的に補助する者を相手に取引する者を保護するために補助者の代理権を問題にしているのであって，営業主と補助者との内部関係にまで立ち入って法律関係を一般的に定めようとはしていない。この点から，雇用関係を必要としない説が妥当である。もっとも，多数説にあっても，善意の第三者を保護するために，商業使用人に関する規定を類推適用すべきであるとされているから，実質的な結論に大きな違いは生じないであろう。

　商業使用人は，特定の商人に従属する営業の補助者であるから，法定代理人として営業を行う者は，商業使用人ではない。また，株式会社の代表取締役のように会社の機関として事業を行う者も，（商業）使用人ではない。代理商も特定の商人のために継続的に営業を補助する者ではあるが，独立の商人であり営業主との間に従属関係がないので，商業使用人ではない。

**営業上の代理権**

商業使用人は，営業主のために商業代理権を有していることが必要である。したがっ

て，営業主との間に従属関係を有する営業の補助者であっても，商業代理権を有しない者は，商業使用人とはいえない。このような者には，たとえば，純内部的な勤務に服する技術者，簿記係，現金出納係，運転手などのような事実上の補助者が含まれる。

　これに対しては，対外的な代理権を有するか否かを問題とせず，商業上の労務に従事する者を広く商業使用人として把握すべきであるとの見解もある。しかしながら，商業代理権を有しない商業使用人を認めたところで，商業使用人に関する商法の規定は，すべて代理権を有する商業使用人に関するものである。商法総則の適用に関する限り，商業代理権を有しない者を商業使用人とする実益は存在しない。

　商法は，商業使用人の代理権を基礎として，これを，①支配人，②ある種類または特定の事項の委任を受けた使用人，③物品の販売等を目的とする店舗の使用人に分けて規定している（21条・25条・26条）。いずれも営業主により営業に関する代理権を与えられたか，少なくとも法によって代理権を擬制された者であって，まったく代理権を有しない使用人は，商法の規定する商業使用人には該当しない。

# *2* 支配人

## ① 支配人の意義

> 支配人とは

　支配人の定義については，学説上争いがある。通説は，支配人とは，営業主に代わって営業主の営業に関する一切の裁判上または裁判外の行為をなす権

限を有する商業使用人のことであると説く（「実質説」ともいう）。これに対して，少数説によれば，支配人とは，営業所（本店または支店）の営業の主任者である商業使用人を意味する（「形式説」ともいう）。

　少数説は通説に対して，次のような強烈な批判を浴びせる。すなわち，通説によると，支配人の代理権の範囲を定型化して（21条1項），これと取引する第三者がいちいちその代理権の有無と範囲について探究することを要せず，単に支配人であることを確かめるのみで安心して取引できるようにしようとする支配人制度の趣旨が没却される。さらに，選任にあたって包括的な代理権に多少でも制限を加えると，その制限は支配人の代理権の制限ではなく，そもそも支配人の選任がなかったことになってしまい，支配人の代理権の範囲を法定してこれに制限を加えても善意の第三者に対抗することができないとする規定（21条1項3項）は，無意味になってしまうとする。以上の理由から，支配人であるかどうかは，営業主から与えられた代理権の内容によって定まるとする通説は採用しえないと主張されている。

　これに対しては，通説の側も，商法上の商業使用人の種類に着眼して，誰がどの種類の商業使用人であるかは，営業主から与えられた代理権の範囲の広狭の程度によって区別されていることを強調する。ある種類または特定の事項の委任を受けた使用人（25条）は，部分的包括代理権を有するという点で他の使用人と区別されるのであり，これと「同一平面において同一の標準で区別」する必要があるから，支配人は，支配権という一営業所の営業に関する包括的代理権を有する点で，他の使用人と区別するのが正当であると反論する。

近時は，少数説の方がむしろ有力になっているように思える。商法21条1項は，支配人が何かを所与としてその権限の範囲を定めたものであり，その規定に依拠して支配人とは何かを探るのは，循環した論理であるといってもよいであろう。通説によれば，支配人という地位を前提として商法21条所定の範囲の代理権が認められるのではなくて，反対に，所定の範囲の代理権が与えられることによってはじめて支配人という地位を生じるのである。少数説は，この点で，代表取締役などと同様に（会社349条4項5項），一定の地位を前提として，その地位にある者について，法の規定によって営業に関する一切の裁判上および裁判外の行為をなす代理権が与えられていると理解すべきであるとする。

　さらに，支配人とその他の商業使用人とを「同一平面において同一の標準で区別」することができることにつき，大きな実益があるとは考えられないし，むしろ次元の異なるものが支配人であって，それゆえに商法も他の商業使用人と別個の条文で異なった取扱いをしているとみるべきであろう。少数説を支持すべきである。なお，少数説に立つ場合には，「営業所」の意義が重要になってくるが，この点については後述する（⇨第8章 **2** ②）。

| 支配人の意義と表見<br>支配人の成立範囲 |
| :---: |

伝統的な通説の立場からは，少数説によると表見支配人（⇨第8章）に関する商法24条の適用される場合が，実際上きわめて稀になってしまい，同条が設けられている意義が大きく損なわれるのではないかとの批判がなされうる。

　もっとも，このような批判に対しては，十分な反論がなされているように思われる。すなわち，商法24条の適用場面が著しく減少するには違いがないが，これによって取引の相手方の保護が欠ける

わけではなく，かえってその保護が厚くなるのであるから，同条が適用されるべき場合が少なくなることを問題とする必要はない。さらに，実際には商人の営業所の営業の主任者でない者であっても，そのことを示すべき名称を付された者が裁判外の行為について支配人と同一の権限を有するものとされること（24条）との対比からは，実際に営業の主任者という地位にある者が，支配人として，裁判外の行為はもとより裁判上の行為についても権限を有することは，むしろ当然のこととして判断してもよいと主張する。

　なお，この問題は，表見支配人が成立するためには，その者が置かれている場所が商法上の意義における営業所の実質を備えている必要があるか否かという論争にも関係する。少数説の立場をとったとしても，上述の実質を備えている必要はないという見解に立つならば，商法24条を存置しておく意義が乏しいという批判は，これを回避することが一層容易になる。

### *Column* ⑫　保険会社における支配人

　ある生命保険相互会社の大阪中央支社長が個人的な目的のために約束手形を振り出した事件で，表見支配人（⇒第8章）が成立するかが争われ，その前提として，同支社が2005（平成17）年改正前商法42条にいう「支店」（現行24条では「営業所」）に該当するかが問題となった。最高裁は，商法上の営業所としての実質を備えているもののみを指称すると解して，単に名称や設備などの点から営業所らしい外観を呈するにすぎない場所は支店とはならないとした。本件でも，同支社は，新規保険契約の募集と第1回保険料徴収の取次ぎがその業務のすべてであって，会社の基本的事業行為である保険業務を独立してなす権限を有していないとされ，商法上の支店ではないと判示された（最判昭和37年5月1日民集16巻5号1031頁・百選23）。生命保険相互会社においては，契約締結は本社が集中管理しており，支社はその媒介しか行わないのが一般的

である。

　このように保険会社については，支配人の認定につきかなり特殊な面
が存在する。ただ，通常の会社にあっても，支店長という名称が付与さ
れているからといって，当然に支配人であるということにはならず，ケー
ス・バイ・ケースで検討せざるをえない。

## ②　支配人の選任と終任

> **支配人の選任**

支配人を選任するのは，営業主である商人
である。営業の許可を得た未成年者も自ら
支配人を選任することができる。ここでいう代理人は法定代理人に
限られないが，支配人は当然には支配人を選任する権限を有しない。
特別の授権が必要となるが，このことは，支配人は他の使用人を選
任することができると定めている商法 21 条 2 項の反対解釈として
導かれる。

　株式会社（監査役会設置会社）においては，取締役会の決議にもと
づき，代表取締役が支配人の選任と解任を行う（会社 362 条 4 項 3
号）。慎重な手続を経させる趣旨であるが，持分会社（合名会社，合
資会社および合同会社）についても，同等以上に厳格な手続が要求さ
れている（同 591 条 2 項）。もっとも，これは会社の内部的な制約に
すぎないから，上述の手続に違反しても，選任行為そのものの効力
には関係がないとの見解もある。しかしながら，選任行為を無効と
解しても，表見支配人（⇨第 8 章）に関する会社法 13 条や不実の登
記の効力に関する会社法 908 条 2 項（⇨第 9 章）によって取引の相
手方を保護することが可能であることから，効力を否定して構わな
いという見解が有力である。

支配人は自然人でなければならないが，その資格には別段の定めはない。制限行為能力者でも差し支えないが，行為能力の制限を理由として取り消すことはできない（民102条）。ただ，株式会社の監査役は，会社または子会社の支配人を兼ねることができない（会社335条2項）。監査役の監査機関としての性質と両立しないからである。

| 支配人の終任 |

営業主と支配人との間の法律関係は，代理権の授与を伴う雇用関係または委任関係であるから，支配人は，代理権の消滅または雇用関係もしくは委任関係の終了によって，終任となる。

民法所定の委任による代理権の消滅事由についてみると，①支配人の死亡，破産または後見開始（民111条1項2号），②営業主または支配人からの解除（同111条2項→同651条），③営業主または支配人の破産（同111条2項→同653条2号），④委任期間の満了（同111条2項）があり，これらは支配人の終任事由である。なお，民法では本人の死亡も代理権の消滅原因となっているが（同111条1項1号），営業主の死亡は支配人の代理権の消滅原因とはならない。なぜなら，支配人の代理権は，「商行為の委任による代理権」であり，本人の死亡によっては消滅しないからである（506条）。これは，このような代理権は，本人よりも営業に直結していることと，取引の安全や迅速主義などに鑑みて，民法に対する例外を認めたものである。この場合には，支配人は当然に営業主の相続人の支配人となる。

雇用関係の消滅原因についてみると，⑤期間の満了（民629条1項参照），⑥営業主または支配人からの解約申入れ（同626条・627条・628条），⑦営業主が破産した場合の支配人または破産管財人からの

解約申入れ（同 631 条）があり，これらは支配人の終任につながる。

　以上とは別に，支配人は商人の営業を前提とする存在であるから，営業の廃止や会社の解散もまた，終任事由になるとするのが通説である。もっとも，営業廃止や解散に伴う後始末の必要性や，会社の継続（会社 642 条 1 項・473 条）との関係から，再検討すべきであるとの見解もある。営業譲渡については，考え方が分かれているが，終任事由になるという見解が以前は強かった。もっとも，営業譲渡は営業の人的および物的組織をそのまま移転するものであることを理由に，原則として，譲渡人と支配人との間の関係は営業譲受人に承継されると解する立場も有力になってきており，現時点での通説であるといってよかろう。もっとも，終任事由とならないという見解に立っても，営業譲渡に際して，①営業譲渡の当事者間の意思表示で支配人関係を譲渡の対象から除外することができるし，②支配人の側からもその任務を終えることは自由であると解されているから（根拠となる規定は論者によって異なり，民法 651 条 1 項をかかげる者もあれば，民法 627 条と民法 628 条をかかげる者もある），両説の差は見かけほどは大きくない。

　◆雇用関係の存否と支配人の終任事由　本文では，支配人と営業主との間に雇用関係は必要でないとの立場から，支配人の終任事由について概説した。両者の関係が委任で成り立っている場合もありうるから，委任の終了事由が支配人の終任事由につながるのも自然である。

　ところが，支配人と営業主との間に雇用関係が必要であるとする多数説によっても，委任の終了事由に関する規定を適用ないしは類推適用するのが一般的である。なぜ本適用できるのか不思議にも思われるが，雇用関係の中に委任関係も内包されていると考えられているのであろう。

## ③　支配人の代理権

代理権の内容

　支配人は，営業主に代わって営業に関する一切の裁判上または裁判外の行為をなす権限を有し，これに制限を加えても善意の第三者には対抗することができない（21条1項3項）。すなわち，支配人の代理権は，営業の全般に及ぶ包括的な権限で，しかも法律によってその範囲が客観的に定められていて，営業主といえども任意にこれを伸縮しえないのが特色である（代理権の包括性と定型性）。これによって，取引の相手方は，いちいち代理権の有無や範囲を調査することなく，単に支配人であることを確かめるだけで安心して取引することができる。

　営業に関する裁判外の行為とは，営業の目的である行為だけでなく，営業のためにする行為をも含む。そして，営業主の営業に関する行為かどうかは，もっぱら行為の客観的性質からみて，当該営業に関するものと認められるか否かによって決定される（最判昭和54年5月1日判時931号112頁・百選25）。

　商法は，支配人が支配人以外の使用人を選任または解任することができると規定しているが（21条2項），これは営業に関する行為に属することはもちろんであり，この規定はむしろ，支配人が支配人を選任する権限がないとする点に意味がある（同条項の反対解釈）。

　支配人の代理権は営業主の営業に関する行為に限られるから，①婚姻や養子縁組などの身分上の行為はもとより，②何らかの営業に関する行為ではあっても，当該営業主の営業に関しない行為も，支配人の権限には属しない。また，③営業に関する行為は，営業自体の存在を前提とするものと解すべきであるから，廃業や営業の譲渡などについては，支配人の権限は及ばない。

営業に関する裁判上の行為に関しては、営業主の訴訟代理人になることができ（民訴54条1項），弁護士を営業主の訴訟代理人として選任することもできる。

<br>

| 支配人の権限濫用 |

行為の客観的性質からみて営業に関する行為と判断される限り，実際上は支配人が自己または第三者の利益を図る目的であった場合においても（民107条参照），少なくとも相手方が善意（無重過失）であるときは，その行為は営業主について効力を生じると考えられている。たとえば，支配人が自分の遊興費にあてるために手形を振り出したような場合である。理論構成に関して，心裡留保に関する民法93条を類推適用すべきとする見解や（最判昭和42年4月20日民集21巻3号697頁参照），悪意の相手方が権利を主張することは権利濫用ないし信義則違反であるから許されないと構成する見解（前掲最判昭和42年4月20日での大隅健一郎裁判官の意見）が対立している。理論構成によっては，相手方が保護されるための要件が異なる可能性がある（善意か善意無重過失か善意無過失か）。同様の問題は，株式会社における代表取締役の権限濫用の場合にも生じ，議論はむしろそちらの方で盛んであり一層洗練されている。

<br>

| 代理権の制限 |

支配人の代理権の内容は，上述のように法定されており，営業主が代理権に制限を加えても，その制限をもって善意の第三者に対抗することができない（21条3項）。善意であっても，重過失のある第三者は保護されないと解されている。支配人であることの立証責任は相手方にあり，代理権の制限についての立証責任は営業主の側にある。

なお，代理権の制限は，当事者間においては効力を有する。これに違反した支配人は営業主に対して損害賠償の責任を免れることは

できないし，違反したことは支配人の解任事由にもなる。

## ④ 支配人の義務

営業避止義務 支配人と営業主との間の権利および義務は，雇用契約または委任契約（⇨②）に関する規定によって定められる。ただ，商法は，支配人が絶大な代理権を有し，営業の機密にも通じ営業主との間には高度の信頼関係が基盤にあることから，営業主のための勤務に専心させるための特別の不作為義務を課している。それが営業避止義務であり，支配人は，営業主の許可がなければ，自ら営業を行うこと，自己または第三者のために営業主の営業の部類に属する取引をすること，他の商人または会社もしくは外国会社の使用人となること，会社の取締役，執行役または業務執行社員となることができない（23条1項）。これにより，支配人は精力の分散を避け，営業主の営業のために全力を尽くすことが要求される（精力集中義務）。

競業避止義務 営業が禁止されている以上は当然のことともいえるが，支配人は，営業主の許可がなければ，自己または第三者のために営業主の営業の部類に属する取引を行ってはならない（23条1項2号）。これを（狭義の）競業避止義務といい，支配人が営業主の営業について知りえた機密を利用して，営業主の得意先を奪うなど，営業主の利益を犠牲にして，自己または第三者の利益を図ることを防止しようとするものである。

同じような義務は，代理商（28条1項1号），持分会社の業務執行社員（会社594条1項1号），株式会社の取締役（同356条1項1号）などにも課されている。

競業取引とは，営業主の事業と同種または類似の商品や役務を対

象とする取引で営業主と競争を生じるものである。具体的には，営業主が現に行っているか行う準備をしている事業と市場において取引先が競合し，営業主と支配人との間に利益の衝突を生じる可能性のある取引を意味する。

| 義務違反の効果 | 支配人が上述の営業避止義務や競業避止義務に違反した場合にも，当該取引や取締役 |

などへの就任が無効となることはない。ただ，債務不履行の問題を生じ，営業主に対する損害賠償責任が発生するほか，支配人の解任事由にもなる。

# *3* その他の商業使用人

## ① ある種類または特定の事項の委任を受けた使用人

| 部長，課長 | 商法は，支配人とは区別して，ある種類または特定の事項の委任を受けた使用人について規定を設けている。役職名では，部長，課長，係長などがこれ |

に該当することが多いであろう。具体的には，販売，仕入れ，資金の貸付けまたは借入れなどについて，ある程度包括的な代理権を付与された使用人のことである。ある種類または特定の事項の委任を受けた使用人であるためには，ある事項の法律行為をなすことの委任があったことが必要であり，契約の勧誘や条件の交渉などの事実行為を任されていただけでは足りないと解されている。

| 代理権の範囲および制限 | このような使用人は，その事項に関して一切の裁判外の行為をなす権限を有すると扱われる（25条1項）。営業全般についてで |

ない点で支配人と異なるが，その範囲については，包括的な代理権を有するのである。たとえば，販売係長は，売買契約を締結することはもとより，商品や代金の授受，代金の減額，代金の支払猶予をなす権限を有する。もっとも，営業全般に関するものではないために，代理権の範囲を判定することは困難である場合がある（最判昭和51年6月30日判時836号105頁参照）。

そのような権限に対して加えた制限は，これをもって善意の第三者に対抗することができない（25条2項）。

## ② 物品販売等店舗の使用人

代理権の擬制　　　　物品の販売等を目的とする店舗の使用人は，現実に代理権が付与されているかどうかにかかわらず，その店舗にある物品の販売等に関する権限を有するものとみなされる（26条本文）。このような擬制を認めないとすると，顧客との交渉により価格を決定するような場合において，営業主から特別な代理権を与えられていない使用人が，権限なく販売したような場合においては，相手方の保護が必要となるからである。

この擬制は，店舗にある物品の現実の販売等に関して適用があり，販売契約等はその店舗内において行われる必要がある。店舗内に存在しない物品に関する販売契約や店舗外で行われる販売契約については適用されない（福岡高判昭和25年3月20日下民集1巻3号371頁）。店舗内での契約である限り，物品の販売だけではなく，物品の貸借を目的をする行為や両替についても，この規定が適用される。

なお，物品販売等店舗の使用人の代理権を擬制するのは，相手方の保護にその目的があるから，相手方が代理権の不存在につき悪意または重過失である場合には，このような擬制ははたらかず，営業

主は売買契約の効果が自分に帰属しないことを相手方に対して対抗することができる（26条但書）。「表見販売代理人制度」とでもいうべきものである。

# 第5章 商業登記

## *1* 企業の情報開示としての商業登記制度

企業の基本的情報開示

「商人」階層が登場し始めた時代，それは当時の社会において明らかに特殊な集団を形成していた。普通そうした集団では，たとえばイタリアの商人団体に代表されるように構成員の名簿が作成され，これによって各商人の組織への帰属が明らかになった。具体的にいえば，この名簿は，各種の商事取引上の取決めに誰が拘束されるか，商事裁判所に出訴する資格を誰がもつか，ひいては商人の特権的な利益を誰が享受できるのかを確認するために役立ったのである。商業登記のルーツを探れば，1つにはこうした商人団体名簿にいきつくともいわれている。

現在，商法・会社法は多くの事柄を商業登記事項と定めている。多岐にわたる商業登記事項の中には，独特の効果を有するものもあ

る。たとえば，よく知られているところでは，会社の設立登記は会社という存在そのものを成立させる要件となる（会社49条。創設的効力といわれる）。それ以外にも，商号の譲渡は登記をしない限り第三者にこれを対抗することができず（15条2項。補完的効力），あるいは持分会社社員の退社の登記は一定の期間を経た後この者の責任を免ずることになる（会社612条。免責的効力）。

　しかしこれらの特別な効果をもつ登記も含めて，現代の商業登記本来の役割を一口でいえば，それは，商事取引の世界において企業の重要な基礎事項を対外的にアピールすることにある。つまり，近代的商業登記制度の存在意義は，企業と利害関係を結ぼうとする相手に対し，企業が自らの基盤についての情報を提供することにこそ求められる。その意味で商業登記は，企業内容の最もベーシックな「開示（ディスクロージャー）」として機能している。この点，商人組織構成員相互の利便を図ることを主眼に置くかつての団体名簿とは明らかに異なり，近代的商業登記は，企業がこれから関係を形成していくべき「取引相手」をもう一方の主役に据えた制度なのである。

　もちろん，取引を行う際に前提となるさまざまな事情を当事者が知っておくことは，私的取引関係の基本法となる民法の分野でも重要であろう。しかし，商事取引においては，その規模や反復継続性などの点からみて，民法的取引とは比較にならないほど大きな成果がもたらされる。前提事情によって左右される影響もそれだけ大きい。しかも，あらかじめ特定された相手とのみ取引を結んでいたのでは，企業はそもそも事業の拡大を望むことができない。自ずと商事取引は，不特定の相手（場合によっては一般大衆）を誘引して展開されることも多くなる。これらの理由から，登記をもって企業の基本事情を誰に対しても明示しておく要請は，とくに商事取引につい

て一層強く求められる（それに応じる形で，商登 10 条および 11 条によれば，商業登記は原則として誰でもその内容を知ることができるようになっている）。

*Column* ⑬　「開示」と「公示」

　「開示」と「公示」がどのように異なるかは必ずしも明確ではない。一般に，開示は金融商品取引法上のディスクロージャーの意味で用いられることが多い。それらは通常法的ペナルティーによって強制される。それに対して登記による公示は，直接的な制裁によって強制されるわけではなく，それを行わない者が私法上の不利益を被るというサンクションによって励行される。そうした違いが本質的なものかどうかはわからないが，やはり両者にはニュアンスの相違がありそうである。

**不動産登記との相違**　商事取引において商業登記の果たすべきこうした役割は，たとえば不動産登記と比較するとその特徴を理解しやすい。商業登記も不動産登記も，広く法律関係の安全・安定を図る制度である点では共通する。ただ，その目的を達成する手法において両者には顕著な相違がみられる。

　不動産登記の本質は，権利の状態の表示である。物権は排他性をもち，権利の状態が矛盾することは理論的にありえない。しかし，実際には権利が観念的なものである以上，これを目に見えるものとしない限り権利自体を確認することができず，その排他性も脅かされる。そのためある時点での静的な権利の状態そのものを表示し，それと相容れない変動を防止する。いうなれば物権に視認性を付与する表示形式の 1 つが登記である。その意味で，登記は権利そのものと不可分の構造を有している。

　それに対して商業登記は事実の表示である。つまりこれから形成される法律関係の前提たる事実を明確にしておくための情報提供な

のである。商事取引は民法が予定した取引とは比較にならないほど変動が激しい。そのような中，ある時点の権利の状態を登記にとどめおくことは困難でありかつ無益である。むしろ前提たる事実に堅固な法的基盤を与えることによって，それら事実を基礎として行われる取引の活性化を促す方が得策であろう。取引に入ろうとする者が登記情報を得る意味は，権利状態を知ることではなく，相手方当事者としての企業の基礎事実を知ることにより「その企業と取引を行うに値するか」という広い意味での信用を確認する点にある。

### 商業登記の課題

ところで，商業登記を企業情報の最もベーシックな開示と捉える場合，そこには2つの問題がつきまとう。

第1は，開示されるべき情報の程度・量の調整である。対象範囲を画定する難しさは，あらゆる種類の企業情報開示に共通する。企業の側にしてみれば営業の秘密がまさに利益に直結することも多く，いかなる情報でも直ちに積極的に公開できるわけではない。だからといってまったく開示をしなければ，企業に関わりをもつさまざまな人々の信用を失ってしまうことになろう。また，企業と関わりをもつ者の側からすると，できるだけ広範囲の企業情報を知ることができれば企業の信用を判断する材料に事欠かない。とはいえ，目下の利害に関係しないような情報まで開示されても，かえって煩わしいだけである。そのような状況の下，企業と利害関係人との双方のニーズをにらみ開示すべき企業情報の範囲・内容を決定する作業は，どうしても，高度に政策的な色彩を帯びざるをえない。

さらに，商業登記は，たとえば金融商品取引法の開示がもっぱら投資家に向けて発信されているのとは対照的に，開示の「名宛人」を固定することを許されない。すなわち，金融商品取引法上の開示

が目的を特化させているのに対し，商業登記による開示はより一般的な目的のために行われる。このことから，商業登記ではさまざまな利害関係人に最大公約数的な情報を提供することが要請される。それだけになお，企業に関わるあまたの事実の中からこうした共通の基礎情報を絞り込まなければならない点で，商業登記の対象範囲の限定はより難しい作業となる。

*Column* ⑭　絶対的登記事項・相対的登記事項

　商業登記の対象事項を決めるにあたり，商法は，企業の側が必ず登記しなければならない事項（絶対的登記事項）に加え，登記することができるが実際に登記するかどうかは企業の任意に委ねられている事項（相対的登記事項）を分けている。これによって，商事取引の前提事実の中でも重要性の程度に強弱をつけ，登記対象事項の絞り込みに弾力をもたせようとした。たとえば企業の代表格である株式会社について，会社法911条3項が設立に際して登記すべき事項を列挙しているのは，法が絶対的登記を要求している好例である。それに対して，個人商人の商号は，条文の文理上は（商11条2項）登記が強制されるわけではないから，相対的登記対象にすぎない。とはいえ，登記しない場合にはそれなりのデメリットを免れないから（上の商号の例でいえば，たとえば別の企業に同じ商号を使われてしまう〔商登27条参照〕），結果的に企業の側は相対的登記事項でも登記「すべき」方向に追い込まれる。しかもいったん登記した相対的登記対象については，その変更・消滅に絶対的登記が要求されることになる。その意味では，絶対的登記事項と相対的登記事項の区別をそれほど重視する必要はなかろう。

　第2は，開示へのアクセスの利便である。商法が商業登記制度によって，企業のベーシック情報の開示を公的なものと定めたところから，開示の方法もまた公的に限定されたものにならざるをえない。商業登記対象事項を掲載した9種類（商号，未成年者，後見人，支配

人，株式会社，合名会社，合資会社，合同会社および外国会社の各登記簿）の商業登記簿が登記所に備え置かれる。

　かつて登記を見たい者は，登記簿を備え置く地方の法務局に直接出向き当該登記を閲覧するしか方法がなかった。そのため登記へのアクセスは，お世辞にも容易とはいえなかった。民事取引よりも格段に頻繁かつ迅速性を要する商取引を行う前提として，商業登記は適切な公示手段といえるかどうかが疑問視されていた。しかし現在では，まず，法務局の登記事務のコンピュータ化が進み，登記内容が磁気ディスクに保存されるようになった。それにより，書面の原簿検索・閲覧という手間を経ずに「登記事項要約書」の交付が迅速に行えるようになった（なお，それに伴い書面の登記原簿は原則として閉鎖されている）。さらに，民事法務協会（一財）の提供する登記情報提供サービスによって，コンピュータ化された登記情報については，一般のパソコンからも登記情報の確認ができるようになっている（証明については別途手続が必要）。企業のシステムや取引自体の複雑化により，公示すべき企業情報もますます多様化することが予想される。その点からすれば，インターネットを介したパソコンによる確認は，登記情報を求める者が，居ながらにして膨大な情報を効率的に処理できる方策である。こうした効率化がすべての商業登記について徹底すれば，登記へのアクセスが抜本的に改善され，それに本来の「公的」開示制度としての威信を取り戻すことが可能となろう。

# *2* 商業登記の効力

## ① 総　説

商業登記制度の特徴<br>
——9条1項と2項

商業登記の効力に触れようとする際，とくに不動産登記のそれとの対比において注意しなければならない特徴が2つある。

まず，不動産登記の効力を規定する条文が民法177条だけであるのに対し，商業登記制度の全体を俯瞰すると，商法9条1項と同条2項の2つの条文が，それぞれ明確な役割分担を果たしながら商業登記制度の存在意義をより強いものにしていることがわかる（なお，会社908条1項と同条2項についても以下の叙述が同様にあてはまる）。

一方で商法9条1項は，民法177条と同様に登記の公示力を規定する。すなわち同項は，事実が現実に存在することを前提として，その存在を登記によりアピールした場合としない場合との効果の相違を明らかにする役割を担う。登記の公信力，つまり実際には法的事実が形成されなかったにもかかわらず，それが存在するかのごとき登記があれば登記の表示を基礎として法律関係が確定されるという効果は，9条1項を論じる限りでは問題とならない。

ところが他方，後に本書の別章で詳述するように（⇨第9章），商業登記では商法9条2項が「不実の事項」の登記の効果を正面から取り上げている。この規定が厳密な意味での公信力を肯定するか否かには争いがあるものの，これによって商業登記には，不動産登記とは異なり登記事実が現実には存在しない場合を想定した効果が認められている。このため商業登記は，活発に行われる取引関係に不

動産登記よりも一歩踏み込んだ法的安定性を提供できるつくりになっている。

商業登記の<br>公示力の特徴

次に，商業登記の公示力に限って不動産登記のそれと比較しても，「対抗することができない」という共通した表現をとっているにもかかわらず，民法177条と商法9条1項の効果には大きな相違がある。

不動産登記は，物権変動の最終的な主張手段を登記に一元化しようとする試みである。したがって，物権変動の生じたことを第三者が登記以外の手段で知ったとしても，登記がない限りこの「悪意者」に対してさえ物権の変動を対抗することができない。要するに，原則として第三者の善意・悪意にかかわりなく（いわゆる背信的悪意者は除く），登記前＝対抗不可，登記後＝対抗可という割り切った図式が成り立っている。

それに対して，商業登記の対象は権利状態そのものではなく取引の前提事実にすぎないから，その主張方法は何も登記だけに限られるわけではない。そのため，第三者の善意・悪意が登記による公示と絡み合ってくる。9条1項の表現によれば，登記の後でなければ「善意の第三者」に事実を対抗できない。これを反対に解釈すれば，登記をしていない段階でも，登記以外の手段で事実を知った悪意の第三者にはそれを対抗できることになる。その結果，商業登記の公示の効果については，登記の前後と第三者の善意・悪意を組み合わせてその効果を説明づける必要が生じ，不動産登記とは大きく異なる解釈論が展開されるに至っている。

9条1項の効果

それでは，9条1項の定める商業登記の公示力は，どのような趣旨に理解すべきなの

**9条1項の効果——登記を行う企業の側が事実を対抗できるかという観点から**

|  | 事実の登記前 | 事実の登記後 |
|---|---|---|
| 相手方は善意 | ×（対抗不可） | ○<br>（正当事由を有する者×） |
| 相手方は悪意 | ○（対抗可） | ○ |

だろうか。

　同条が定める効果そのものを確認しておけば，次のとおりである。すなわち，上にみたように商業登記に特有な善意・悪意による分類を掛け合わせると，9条1項前段では，登記前の善意者，登記前の悪意者，登記後の善意者，および登記後の悪意者と，都合4類型の第三者が想定されていることになる。加えて，同項後段で，「正当な事由」をもつ登記後の善意者の存在が予定される。これらのうち，発生した事実を対抗されるのは，登記前の悪意者，登記後の善意者および登記後の悪意者であり，対抗を受けないのは，登記前の善意者と正当な事由をもつ登記後の善意者となる。

　実は，9条1項の定める効果をみるだけでも，既にこうした「整理」が必要となる。ましてそれぞれの効果の理論的根拠を探ろうとすれば，追い打ちをかけて混乱を来すことになりかねない。そこで，9条1項の解釈論を展開するに先立ち，商業登記の具体例を設定しておくことによって後述する理論展開の理解を容易にすることが便宜であろう。

　たとえば，株式会社の代表取締役の会社代表権は，会社と取引関係に入る者にとって自らの取引が有効に成立するかどうかを決定づ

ける重要な前提事実となる。そのため株式会社登記簿には，登記した各社ごとに「役員に関する事項」が設けられ，代表取締役の住所・氏名が公示される（会社911条3項14号）。代表権に関する実際の紛争の多くは，代表取締役がその地位を退き会社を代表できなくなった場合に生じる。この代表権の喪失は，既に登記された事項の変更・消滅に該当し，あらためてこれを「遅滞なく」登記しなければならない（同909条）。この例で，既に辞任した元代表取締役が会社を「代表して」第三者と取引に入る場合をシミュレートしながら，9条1項をどのように解釈すべきかを明らかにしていくことにしよう。

## ② 伝統的解釈——悪意擬制説

登記前の第三者
——消極的公示力

伝統的立場からは，登記すべき事実がいまだ登記されていない段階の9条1項の効果は，ある1つの命題をよりどころにして説明づけられてきた。すなわち，「法律的事実は，それを知っている者に対しては主張できるが，知らない者に対しては主張することができない」とする命題である。一見する限りでは，この命題は当然のことを端的に表現しているだけのようにも思える。しかし後に説明するように，9条1項に関する新たな解釈はこの前提命題そのものへの強い不信感を原点として展開されていることに十分留意しておく必要があろう。

　ともあれ，命題そのものの妥当性に関しては後述するとして，とりあえずこれに従うと先の事例で登記前の状況は次のように説明づけられる。

　会社が元代表取締役の代表権喪失（退任の事実）を登記していな

**株式会社登記簿の「役員に関する事項」の記載**

| 東京都○○区□□ 1-2-3 | 平成 30 年 6 月 29 日　就任 |
|---|---|
| 代表取締役　大塚　英明 | 平成 30 年 7 月 4 日　登記 |
| 東京都○○区□□ 1-2-3 | 令和 元 年 8 月 5 日　解任 |
| 代表取締役　大塚　英明 | 令和 元 年 8 月 7 日　登記 |

＊解任，辞任または死亡によって代表権を失う際には登記が「抹消」される（下線が付される）。

| 取締役　川島　いづみ | 平成 30 年 6 月 29 日　就任 |
|---|---|
|  | 平成 30 年 7 月 4 日　登記 |
| 取締役　川島　いづみ | 令和 2 年 6 月 29 日　重任 |
|  | 令和 2 年 7 月 4 日　登記 |

＊取締役の重任など「変更」の際にも登記事項に下線が付される。

い間は，何人たりとも物理的に存在しない登記事項を見ることは不可能である。したがって，代表権喪失の事実を知る者が存在するとしても，その者は登記によって悪意者となったわけではない。会社の内部事情に属する退任の事実を，何らかの特別なルート（たとえば会社の現役員と知り合いだったなど）によっていわば「たまたま」知ったにすぎない。もっとも既に述べたとおり，商業登記は不動産登記と異なり，事実の確認手段を画一的に登記に一本化しようとする制度ではない。登記が存在しない段階でそれ以外の方法で事実を知るに至った取引相手に対しても，会社は代表権の不存在ひいては取引の無効を主張することができる。

　それ以外の（おそらくほとんどの）者は，すべて代表権喪失の事実を知らない善意者である（くどいようだが，この場合，かりに会社登記「簿」を見たとしても，代表権喪失という「事実」の登記は影も形もない。そのため，登記簿など見ようとしなかった者はもちろんのこと，さらに登

記内容を知ろうと労を費やした者も事実を知りえない善意者である）。この「知らない者」には，上にみた命題がストレートに適用される。つまり，会社は善意の取引相手に対し代表権喪失の事実を対抗できない。その結果，相手方はあたかも代表権ある取締役と取引を締結したかのごとく，その取引の利益を享受することができる。

◆登記の効力？　このような登記前の悪意者・善意者に対する未登記事実の対抗の可否は，一般に商業登記の「消極的」公示力の効果といわれている。しかし，実のところ伝統的解釈では，登記前の法的状況を決定づけるのは登記そのものではなく，むしろ前述の「命題」である。厳密にいえば登記は何らの作用も果たしていない。その意味で，たとえ「消極的」にせよ，登記の効力という言い方は本来は正確でなかろう。

――――――――
登記後の第三者
――――――――

これに対して，登記すべき事実が登記されると，商業登記は商法 9 条 1 項の規定にもとづき本来の効果を発揮する。この段階で登場する第三者をさらに詳しく分類すると，次のような態様となる。すなわち，㋐代表権喪失の登記がなされたこととは関わりなく，既に代表取締役がその地位を退いていることを知っている者（登記とは無関係の悪意者），㋑登記を見て（登記を「見る」と表現するが，既に述べたとおり現在では原則として登記簿を直接に閲覧することはできなくなってきている。したがって，実際には法務局における登記事項要約書の交付，インターネットでの電磁的記録の確認や記載事項証明書の交付などを指す。以下同じ）代表権喪失の事実を知った悪意者，そして㋒登記を見ておらず，かつ代表権喪失の事実を知らない善意者のいずれかである。

このうち，㋐の第三者は，前項でみた登記前の状況と同様，登記制度の仕組みを使って事実を知ったわけではない。したがって，登記ではなく伝統的立場が依拠する前提命題から，会社はこの者に対

登記後の第三者の類型

| （ア）の第三者 | 特別なルートから取締役の退任という事実を知った | OK! |
| （イ）の第三者 | 登記を見て事実を知った | OK! |
| （ウ）の第三者 | そもそも登記を見ておらず事実を知らない | NO |

し代表権喪失の事実を対抗できる。登記と無関係の悪意者は，結局のところ登記の前後にかかわらず同じ扱いを受ける。(イ)は，登記の仕組みによって事実を知り，それゆえにこそ自らの不利益となる行動，この場合は代表権のない者との取引を避けることができる。つまりこの者こそまさに，法が用意した商業登記制度の「恩恵」に浴した者である。ただ，既に満足を得ているはずのこの者に，それ以上の法的保護を与える必要はない。このため(イ)も 9 条 1 項の解釈に

おいてはとくに注目すべき対象とはならない。

そこで問題は，残る㈡である。

**登記を見ない
「善意者」の扱い**

かりにこの㈡を実際の意識態様どおり「事実を知らない者（善意者）」として扱うなら，前述の前提命題から，会社は，登記前の善意者と同様にこの者に対して代表権喪失の事実を対抗できない。

しかしもしそうだとすると，奇妙なアンバランスが生じる。そもそも取引相手が欲するのは会社との間の有効な取引の成立という結果である。登記を見た者は㈠の悪意者となり，元代表取締役との取引を断念し，現在の会社代表者との間であらためて取引交渉を行わなければならない。ところが，元代表取締役に依然として代表権があると信じている㈡の第三者は，登記を見ないままでいれば「善意者」としての地位を維持できる。そうだとすると実際には代表権のない元代表取締役との取引の利益を享受できる。なまじ登記を確認するという面倒な行動を起こすよりも，登記を見ずに善意者として押し通したほうが，むしろ容易に目的を達成できることになってしまう。

もちろんこのようなアンバランスは本末転倒であろう。これでは，あえて登記を確認しない態度に法的保護が与えられることになってしまう。そうなれば，登記という国家の公的開示制度の存在意義そのものが疑われることにもなりかねない。したがって，結果からすれば，事実を登記した者は㈡の第三者に対してこれを対抗できるとしなければならないはずである。

**積極的公示力
——悪意の擬制**

もっとも，㈡の「善意者」に代表権喪失の事実を対抗できるとすると，「知らない者には主張できない」という前提命題との間

に矛盾が生じる。そこで，登記後の(ウ)への対抗をこの命題と理論的に整合させるために，(ウ)の第三者を法的には悪意者に相当するものとして扱う必要がある。この法的な取扱いに由来して，伝統的な見解は「悪意擬制説」と呼ばれてきた。

　登記の存在意義，とりわけ公的開示制度としてのそれを重視する限り，ある事実をもとに利害関係を形成する人々は，登記を介してその事実を「知るべき」状態に身を置く。公示という制度の本来の意義に重きを置けば置くほど，この「知るべき」の程度は強くなる。悪意擬制説は当初，第三者に登記を「探知する義務」があるという捉え方をするほどであった。もちろん，現在では悪意擬制説の支持論者も，この探知義務が真性の義務でないことを認めている。ここでの「義務」という表現は，登記制度を介して事実を容易に知りうる状態，なおかつ知るべき状態に置かれた者が，知る努力を怠ったがゆえに一定の法的不利益に甘んじなければならないという効果を説明づけるための便宜にすぎない。とはいえ，いずれにせよ悪意擬制説によれば，登記の公示制度としての機能を保障するのは，まさにこの強力な効果なのである。

　こうして，事実が登記された後は(ウ)の善意者は法的には事実を知っていたと同等の評価を受ける。すなわち代表取締役の代表権喪失を登記した会社は，登記を見ずにその事実を知らない者にこれを対抗することができ，取引は有効に成立しない。第三者にとってのこの不利益な扱いは，商業登記をより堅固な制度として定着させるために，9条1項が登記の公示性を強く前面に押し出したことから導かれる当然の効果なのである（登記の積極的公示力）。

悪意擬制説によれば，9条1項前段の「登
記の後でなければ……善意の第三者に対抗
することができない」（すなわち裏を返せば
「登記しさえすれば善意の第三者にも対抗できる」）という部分は，上述
の意味に解釈すればよかった。ところが同項後段には，登記後でも
「正当な事由」によって事実を知らないという，(ウ)のうちでも特別
な事情をもつ第三者が定められている。そして既に①で整理したと
おり，条文の文言に従えばこの善意者は事実を対抗されない。これ
をどのように説明づけるべきだろうか。

　正当な事由は，9条1項が広く人々に課した登記探知の必要性，
すなわち登記を見ないと不利益を被るおそれがあるという仕組みを，
特定の者について免除する効果をもつ。だとすればそれは，それほ
どの特殊事情，すなわち，登記を探知しなかったにもかかわらず悪
意擬制という不利益を被らないことについて「あの事情ならば仕方
がない」と納得させるような原因でない限り衡平感に欠けるであろ
う。あれもこれもと多くの正当事由を認めてしまっては，登記を見
ないと不利益を被るという，第三者に登記探知を促す「おどし」の
効果が薄まってしまうのである。したがって必然的にこの正当事由
は狭く解さなければならず，登記探知を「したくてもできない」と
いう事情に限定されることになる。具体的には，登記簿（電磁的記
録も）が滅失していたり，また全土で災害により交通が途絶してし
まった等の客観的障碍が正当事由として想定される（インターネッ
トでの電磁的記録閲覧については「正当事由」の判断が難しい。ネットが
全域的に接続不能になったとしても，法務局に登記内容証明書の申請を行
う手段は残る。したがって，ネットの全域的不通だけでは正当な事由には
該当しないと考えられる）。それに対して，登記を見るべき者が長期

の不在や病気などで登記を見る機会を逸してしまったことは，あくまで当事者の個別的・主観的事情にすぎない。つまりそれは，登記を見なかったことについて一般的に「仕方がない」と了承できるような事情ではなく，そのため正当事由には含まれないと解されている。

*Column* ⑮　悪意擬制説の論拠

　当初，悪意擬制説は，この「正当」の語こそ登記探知「義務」の法的根拠であるとして，9条1項後段を同項解釈の中心に据えていた。すなわち，(ウ)のうち特殊な事情をもつ者だけが「正当」として選り分けられるのならば，残りは当然に「正当でない」ことになる。この法的不当性は，登記探知義務を怠ったという「義務違反」にもとづく法的評価である。そしてその義務違反のペナルティーとして，たとえ善意であっても法的に保護されず悪意者と同等に分類されるというのである。確かに，9条1項の理論的背景を探るために「正当」という語を1つの手がかりとすることは許されるかもしれない。しかし，悪意擬制という強行な施策は，決して単なる法文の技巧的解釈だけから導き出せるものではない。その意味で，「正当」という語にそれほどこだわる必要はなかろう。

③　悪意擬制説に対する疑問

9条1項と外観理論にもとづく規定

　①の末尾で設定した事例で，会社が代表権喪失を既に登記していたとする。第三者はこの登記を見ておらず，そのために代表権を失った元代表取締役と取引を行った。その際，第三者が表見代理（民112条）を主張するとどうなるだろうか。最高裁昭和49年3月22日判決（民集28巻2号368頁・百選6）は，この場合「もっぱら商法12条〔現行9条1項〕のみが適用され，……登記後は……〔会社

は〕善意の第三者にも〔代表権喪失を〕対抗することができるのであつて，別に民法112条を適用ないし類推適用する余地はない」と判示した。つまり，登記の効果を覆すような外観信頼を認めず，民法112条よりも商法9条1項の適用を優先させたのである。

　ところが，最高裁昭和43年12月24日判決（民集22巻13号3349頁）は，類似のシチュエーションの事案で，たとえ事実（ここでは共同代表の旨）が登記されていても，取引相手が登記された事実を知らず，しかも，会社が実際には代表権をもたない者に「社長と称して行動することを許容しまたは黙認していた」とすれば，取引相手に対し「商法262条〔会社354条〕に基づき……責に任ずる余地がある」と判示している（かつて2005〔平成17〕年改正前商法は代表取締役について「共同代表」，すなわち複数の代表取締役が共同して法律行為を行わない限り有効な代表行為ができないとする制度を置いていた。そしてそれを採用した会社は，必ずその旨の登記をしなければならなかった。したがって，この共同代表の登記後は，そのうちの1人だけが単独で会社代表行為を行ったとしても，会社はその取引の相手方に代表権の欠缺を対抗することができるはずであった。しかし，共同代表取締役のうち1人の者と取引を行った相手方が，完全な代表権が存在すると信じたという事案で，判例は表見代表取締役の規定を援用し取引の効力を認める傾向にあった。現在は，この共同代表という制度そのものが廃止されており，この判決と同じ事案は今後発生することはない。ただし，9条1項の効力と表見法理という対立構図においては，この最判は先例性を失っていない）。

　会社法354条が外観法理に基礎づけられる規定であることは疑うべくもない。だとすれば，後者の43年判決では，外観保護が9条1項よりも優先したことになる。49年最判と43年最判の結論は矛盾しないのだろうか。

悪意擬制説の中には，会社法 354 条のよう
な外観信頼保護規定を 9 条 1 項に対する例
外と位置づけることによって，9 条 1 項と
外観理論の整合を図ろうとする有力な立場がある（例外説）。

　既に述べたとおり，商業登記は不動産取引などとは異なる商事取
引の特質，すなわち大量性・迅速性・反復継続性などを意識してい
たからこそ，ある時点での権利の状態ではなく取引の前提事実を登
記対象としたのである。とはいえ，それでもなお商事取引において
は，ときとして相手方がいちいち登記を調査・確認することさえあ
まりに煩雑すぎて取引の実状にそぐわなくなることがある。そのよ
うな場面では，9 条 1 項も，商事取引における一層高度な動的安定
の要請の前に譲歩させられる。その結果，例外説によれば会社法
354 条で外観信頼を保護される取引相手は，たとえ登記を見ていな
かったとしても悪意を擬制されないことがある。

　もっとも，このような整合策にはかなりの無理がある。この例外
説は，民法的な取引の中で育まれてきた民法 112 条などの表見代理
についてはこの論理を応用しない。民法的取引は，商事取引のよう
に登記を調査する煩雑さが耐え難くなるほどの特質を有しないもの
と考えられるからである。したがって，商法 9 条 1 項は民法上の外
観規定（民 110 条・112 条など）よりは優先し，商法上の外観規定
（24 条，会社 13 条・354 条など）には譲歩することになる。しかし，
前述の 49 年最判にみられるような株式会社の代表権喪失登記は，
そもそも商事取引の場面で問題となっている。つまり，そこではや
はり登記調査が煩に耐え難いほどの状況が現実に生じているはずで
ある。各種の権利外観条項は，民法的取引には民法上のそれ，商事
取引には商法上のそれというように，はじめから適用範囲を色分け

されているわけではない。当然、49年最判のような事案に民法112条による外観保護が主張されることもありうる。それにもかかわらず、根拠規定が民法の条文であるという理由で外観保護を排斥することは、決して合理的であるまい。

*Column* ⑯ 整合性維持の試み——正当事由弾力化説 〜〜〜〜

　下級審判決の中には、「正常に毎日のように手形取引を繰り返していたような場合で、しかも突然代表者の交代の変更登記がなされたというような特段の事由（相手方に改めて登記の調査を要求することが無理な場合等）が存した」ときを、9条1項後段の正当事由に含めようとするものがある（大阪高判昭和52年3月30日下民集28巻1〜4号327頁）。

　この正当事由の緩和論の背景には、商事取引のたびにいちいち登記を確認するという慣行が実際には必ずしも確立してはおらず、登記制度が悪意擬制説の予定するような形で十分に機能しているとは言い難いという現状認識が横たわる。その意味で、この立場も、反復継続性の高い商事取引において会社法354条の優先的適用を認めた例外説と共通の基盤に立脚している。もっとも、信頼すべき外観が存在することを9条1項後段の正当事由に含めると、これを厳格に解するはずの悪意擬制説が実質的に骨抜きになるおそれが強い。

〜〜〜〜〜〜〜〜〜〜〜〜〜〜〜〜〜〜〜〜〜〜〜〜〜〜


## [4]　新たな9条1項解釈——異次元説

登記の公示力の「強さ」

　上の例で、悪意擬制説が9条1項と外観理論との間でジレンマに陥ってしまったのは、登記による積極的公示力をきわめて強い効果と構成し、これを外観保護法理と真っ向から対立させたからである。果たして積極的公示力とは、外観法理と相容れないほど強いものだろうか。

　実際問題として、登記探知の必要性を悪意擬制説ほど強調するこ

とはおよそ現実的でない。取引による法律変動が極端に少なく，かつ地域的にも利害関係人が狭い範囲でしか登場しない世界であればともかく，現代の頻繁かつ広範な商事取引の世界を前提に，取引相手に登記を見るべき必要性が生じるのは，結果的に迅速性という商事取引の本質に著しく反する。

とくに，反復継続的に行われる商事取引では，いったん形成された信頼関係は後に続く取引の事実上の前提となることが多い。たとえば，ある代表取締役との間で長らく取引交渉を行ってきた取引相手は，今後の取引においてもその者が代表者であり続けるという安心感をもつに至る。確かに法律的には，代表権の喪失は会社の内部事項に属し，その登記も会社側が一方的に行って構わない。しかし，円滑な取引関係が維持される限り，相手方が常に登記に気を張りつめていることは稀であろう。そのような中，一方的に「公示」がなされたとしても，相手方はおそらく登記探知の必要性が生じたことさえも知らないまま，元代表取締役と交渉を続けていく。商業登記による公示に，そうした継続的な安心感をしのぐほど強力な効果を付与できるか否かは，現実的視点からはかなり微妙な利益衡量にさらされるはずである。

### 9条1項解釈の再構成 ——「常識」の転換

このように現実的視点に立てば，伝統的な悪意擬制説には大きな疑念を抱かざるをえない。これを背景に，ついには9条1項の解釈論を原点から見直そうとする見解が登場した。この新見解は，悪意擬制説の依拠する前提命題そのものに重大な誤認があるという切り口から，9条1項解釈の大がかりな再構築を展開する。

本来，およそ法律にもとづき発生（または変動）した事実は，原則として何人に対しても，つまり人々の知・不知を問わずその法的

効果の形成を主張できなければならないはずである。「知っている者には主張できるが，知らない者には主張できない」のでは，極端にいえば法の存在意義そのものが揺らぐことになってしまわないだろうか。

ためしに，登記の対象とされていない事項，たとえば「特定の事項の委任を受けた使用人」（25条）を考えてみよう。企業の側は，この種の商業使用人に権限を委ねた事項について，相手方がこの使用人の権限を知ると否とにかかわらず効果を主張することができる。もともと登記は政策的に設けられた開示システムにすぎない。だとすれば，法的なデフォルトは，むしろ登記を捨象した状態，すなわち非登記事項の法律関係に求められるはずである。上にみたとおり，非登記事項については，「いったん成立した法的事実は第三者の主観的態様にかかわりなく主張できる」のが当然の扱いとなっている。したがって，この扱いこそ，登記の要否を問わず商事関係の法律事項全般に共通した前提命題と捉えなければならない。

こうした捉え方は，悪意擬制説の下で長らく「常識」とされてきた法的な価値観そのものを覆す。それだけに強烈なインパクトをもっている。悪意擬制説の「常識」すなわち前提命題は，9条1項の定める効果（99頁表参照）のうち登記前の悪意＝対抗可，善意＝対抗不可という部分に置かれていた。それに対して，新たな「常識」は，善意・悪意を問わず対抗可という登記後の部分を当然の命題に据えることになる。換言すると，この新たな見解によれば，むしろ9条1項について「常識」外の効果を付与されているのは，登記すべき事項の登記「前」の対抗関係なのである。

繰り返すようだが商事取引は，規模・頻度などの側面から経済社会に及ぼす影響が民法的な取引と比べるかに大きい。その場合，法律関係の安定を図るためには，商事取引に関わる多くの前提事実を取引に先だってあらかじめ明確にしておくことが望ましい。この点，登記を商事取引促進のためのベーシックな開示と捉える基本認識においては，新たな見解も，悪意擬制説と何ら相違しない。

　ところが，「およそ法的な事実は何人に対しても主張できる」という前述の原則を貫くと，企業の内部的な事情だけで発生・変動した事実もまた，取引の相手方に無条件に対抗できてしまうことになる。確かに，ささいな法的前提事実であれば，たとえ相手方がそれを知らなかったとしても不利益を被るおそれはめったに生じないであろう。したがって，相手方の善意・悪意によって上の原則をあえて変更する必要はあるまい（非登記事項）。しかし，企業と相手方の取引に重要な影響を及ぼす前提事実，すなわち，その事実があるかないかによって取引そのものの有効な成立に争いが生じてしまうような事実（代表取締役の退任等）については，企業側が内部処理だけで誰にでも対抗できるとすると，相手方に著しい不利益が生じるおそれが強い。そこで法は，企業の側にそれらを開示するようにプレッシャーをかけることにした。つまり，登記により重要事実の開示をしない限り，企業はその事実を主張できないという特例を設定し，実際に発生しさえすれば本来「一人前」であるはずの法律事実を，登記をしない限り「半人前」として扱うことにしたのである。したがって企業は，内部的な事情によって「重要」な法的事実を発生・変動させた場合，登記という手続を経てようやく誰にでもその事実を対抗できるようになる。9条1項は，企業の側にこうした登記の

「励行」を促すための規定なのである。

　そのように解釈すれば，9条1項は登記後の取引相手方に何らかのペナルティーを科そうとするほど「強い」公示力を定めた規定ではない。あえてペナルティーをいうならば，未登記の段階で事実を主張しようとする企業の側が，善意の第三者にそれを対抗できなくなるという点にこそ，同項の科す不利益があるということになる。

　　　　　　　　　　　　　　9条1項の目的を単なる登記励行とする考
**異次元説による9条1**　え方に立てば，商業登記は，外観法理にも
**項と外観規定の関係**　　とづく諸規定と対立するほどの重い効果を
もつことにはならない。外観法理との関係は，次のような3段階の考察をもって容易に解決することができる。

　まず第1段階では，先の例でいえば代表権喪失という事実は，法的に重要な前提事実と判断されたため，登記対象事項とされた。したがって，会社は登記するまではもっぱらそれを知っている第三者にしか事実を主張できない。つまり，いかに会社の内部的手続を経ていても，登記しない限り，会社はその事実を知らない者との関係では元代表取締役が依然として代表権を有することを前提とした法律関係しか主張できない。9条1項の効果により，本来誰にでも対抗できるはずの事実の主張を制限されてしまうのである。だからこそ，会社には早急に代表権喪失の登記を済ますインセンティブが生じる。

　第2段階として，登記を行うことによってようやく会社は，代表権喪失を前提とした法律関係を第三者に主張できるようになる。もっともそれは，登記を見ていない者を一律に悪意者と擬制するほど強力な主張ではない。商業登記の役割は，登記前に不完全な対抗力しか有しなかった登記対象事項を，正常な対抗力をもつまでに復帰

### 異次元説による9条1項の効果の理解

完全な対抗力＝いつでも誰にでも事実を主張することができる
（法の大原則）

不完全な対抗力＝登記がないと善意者に事実を主張できない（9条1項）

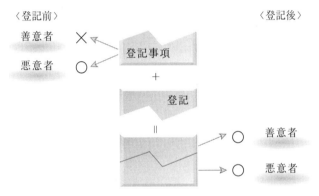

させたことで終わっている。この正常な対抗力とは，代表権喪失の事実を取引相手の善意・悪意に関係なく主張できる効果をいう。もちろん，登記を見ずにしかもその事実を知らない第三者（②でみた登記後の(ウ)にあたる者）に対しても，この主張を行うことはできる。しかしだからといって，その第三者が代表権のない者と取引したことを「知っていたことにされる」（悪意を擬制される）わけではない。たとえ登記を見なかったとしても，第三者がそのようなペナルティーを科される筋合いはない。

　第3段階では，個別の事情にもとづく取引相手の保護が問題とな

る。取引に際しての具体的事情は千差万別であり，場合によっては，相手方が元代表取締役に代表権ありと信じる相当な理由が存在することもある。表見法理がカバーするのは，このような特殊事情の場面である。既に上の第2段階で役割を終えた登記は，この第3段階で表見法理と対立関係に立つことはありえない。すなわち悪意擬制説で生じたジレンマは，異次元説をもってすればそもそも問題になることさえない。表見法理による取引相手の保護は，9条1項の効果の「後」に考察されるべき問題であり，その意味で9条1項と外観信頼保護規定とはまさに「次元を異にする」という表現がとられるのも納得できよう。

| 異次元説の位置づけ | もっとも，異次元説の立場からすると9条1項の文言の中に，説明しきれない部分が |

生じてしまう。登記後こそ正常の対抗力に戻った状態にあると解する以上，そこに特殊な態様の善意者など想定することはできない。既にみたとおり9条1項後段は，悪意擬制説的にいえば正当な事由によって「善意を維持できる」者を定めている。異次元説では同項後段を完全に無意味な規定と構成しなければならないのである。

　その意味で，異次元説は9条1項の立法当時の予想を超える斬新な理解だといえる。そして同項後段の削除を求めることから，この解釈は立法論に属する理論だという批判にさらされている。しかしそのような批判があるからといって事の本質を見失ってはならないであろう。確かに異次元説は，悪意擬制説の下で長らく当然のことと考えられてきた前提命題そのものに鋭いメスを入れ，商業登記制度の新たな位置づけを示唆する。その点，商業登記制度のあり方にまでさかのぼる根本的理論であることは否定できない。しかし異次元説は，決してのんびりとした立法論にとどまるものではない。そ

れは，現代の商事取引の実状を見据えた上で，そこに商業登記制度をどのように適合させるかという問題に真の焦点を合わせた解釈論なのである。そうである以上，9条1項後段の「正当な事由」という文言だけをもってこの商業登記の壮大な見直し論を批判することは，いささか硬直的にすぎるといわざるをえない。

いずれにせよ，悪意擬制説と異次元説の考え方の基本的相違を明確に理解することが，商業登記制度の全体像を把握するためには不可欠の前提であろう。

### *Column* ⑰　後段は本当に必要？

たとえば，「投資事業有限責任組合契約に関する法律」では，「この法律の規定により登記すべき事項は，登記の後でなければ，これをもって善意の第三者に対抗することができない」と規定するだけであり，この文言の後に商法9条1項のような後段を設けていない（同4条1項）。もちろん，この例のみをもって直ちに一般論としての異次元説の正当性を導くことはできないかもしれない。とはいえ，同法の登記事項に関する扱いが商法9条1項にならったものでない点には注目すべきであろう。

# 第6章 商業帳簿

## *1* なぜ商業帳簿をつくるのか

**経営者にとっての必要性**

企業経営者が企業を合理的・効率的に経営するためには，企業活動が生み出す損益を適切に把握することが必要である。すなわち，企業の有する財産の内容を知り，それを使って行われた一定期間の営業活動，より正確にはどの営業活動によって，どれだけの利益があがりあるいは損失が生じたかを，数値として把握することが必要なのである。個人商人であれば，ここにおいて，個人財産と営業用財産との峻別が行われる。簿記の技術は，中世イタリアの商業都市で発達したが，当初はこうした経営管理の必要から，経営者の覚書として，商業帳簿が作成されたと考えられる。とはいえ，これだけならば，経営者の自己管理の1つであって，必ずしも法的規制が介入すべき対象とはいえない。

債権者・出資者に
とっての必要性

しかしながら，このような数値による企業経営の把握は，企業と取引する債権者や企業に出資をする出資者（会社の社員）にとっても，重要である。債権者や出資者は，当該企業と取引すべきか，あるいは出資すべきか否かを判断する際に，商業帳簿を判断の材料として利用できるし，取引や出資の開始後も，企業に貸し付けられた資金や出資された資金が適切に使用されていることを確認するために利用できる。経営者からすれば，これら他人の資金を適切に使用していることを示す管理報告書としての役割を果たすものでもある。そのような機能を担うためには，商業帳簿は，ほかとの比較が可能な客観性のある書類として作成されなければならないし，一定の処理基準に従って作成されなければならない。内容の信頼性を担保するシステムをもつことも必要になる。この一定の基準として形成されてきたものが，会計の技術である。このような必要性の度合いは，企業の責任形態や企業規模によっても異なってくる。商業帳簿に関する詳細な立法が設けられるようになった時期は，有限責任制の会社形態が認められるようになった時代と一致している。

　商法総則は，商人に対して，その営業のために使用する財産について，商業帳簿として会計帳簿と貸借対照表を作成することを要求し（19条2項），その作成に関する規定は法務省令に委ねている。他方，会社法をみると，持分会社（合名会社・合資会社・合同会社）については，会計帳簿に加え，計算書類として貸借対照表その他持分会社の財産の状況を示すために必要かつ適切なものとして法務省令で定めるものの作成が要求され（会社615条1項・617条2項），また，株式会社については，会計帳簿のほか，計算書類として，貸借対照表，損益計算書その他株式会社の財産および損益の状況を示す

ために必要かつ適当なものとして法務省令で定めるものの作成が要求され（会社432条1項・435条1項2項），いずれもその作成の詳細は法務省令の定めに委ねられている。商業帳簿に関する法務省令の規定（商則4条〜8条）よりも，持分会社の会計帳簿や計算書類に関する法務省令の規定の方が詳細であり，株式会社の会計帳簿や計算書類に関する法務省令はさらに詳細である（会社則116条・159条および会社計算第2編第3編）。証券取引所に上場する上場会社や店頭登録会社については，金融商品取引法にもとづいて制定された「財務諸表規則」（財務諸表等の用語，様式及び作成方法に関する規則）等によって，さらに詳細な規制が加えられている。

　内容の信頼性担保については，株式会社の中でも，公開会社（会社2条5号）については，監査役か監査委員会・監査等委員会の設置が要求されるものの（会社327条1項2項），会計専門家である公認会計士や監査法人による監査が強制されるのは，大会社（同2条6号）や上場会社等についてだけである（同328条1項2項，金商193条の2）。会社法上の公開会社ではなく，大会社でもない株式会社については，監査役や監査委員会・監査等委員会の設置も，公認会計士による監査も，法律によって強制されず，任意とされている。持分会社については，会社法上，会計帳簿や計算書類を監査する機関に関する規定は設けられていない。会社以外の商人が作成する商業帳簿についても，同様である。

**トライアングル体制**　商業帳簿は，国が租税を課する際の資料ないし基準にもなる。そのため，課税の対象となる所得を計算する方法としての会計，つまり租税法を基礎とする「税務会計」という会計処理の手法が，商法を基礎とする「商法会計」とは別に存在している。税務会計は，担税力に応じて公平か

つ簡便に租税収入をあげるため，独自の処理方法を開発しており，実務に対して強い影響力をもっている。他方，会計の制度は，社会的必要性がきわめて高いと考えられる上場株式会社等について，2006（平成18）年改正前の証券取引法（現在の金融商品取引法）に基礎を置く，いわゆる「証取法会計」として整備されてきた。企業会計の中心を形成しているのは，この証取法会計である。つまり，会計制度には，「商法会計」のほかに，「証取法会計」と「税務会計」が存在しており，「トライアングル体制」と呼ばれてきた。事柄によっては，この三者の間で会計処理の方法が相互に異なっていたので，三者をどのように調整するかが，会計制度の重要な課題であった。

*Column* ⑱ **商業帳簿に関する規定の位置づけ**

　2005（平成17）年改正前の商法では，商法会計の原則規定として，商法総則に商業帳簿に関する規定が設けられていた。この規定は商人一般を適用の対象とし，当然株式会社その他の会社にも適用された。これに対して，2005（平成17）年に成立した会社法は，従来の商法総則の規定も，会社に関する限りは会社法において規定するという立場をとったため，会社の会計帳簿や計算書類に特有の規定ばかりでなく，会計の原則に関する規定（会社431条・614条）等も，会社法の中に設けられることになった。この結果，2005（平成17）年改正後の商法総則における商業帳簿に関する規定は，会社および外国会社を除く商人にのみ適用されるものとなり，商法会計の原則規定という位置づけは，その限りで失われた。

　もっとも，従来から，商法総則の商業帳簿に関する規定はきわめて基本的なものであって，株式会社の商業帳簿については，商法の株式会社に関する部分や商法施行規則にもっと詳しい規定が置かれていたし，証券取引法の適用を受ける上場会社等は，証券取引法の財務諸表規則等に

もとづいて，会計処理を行う必要があった。後者の点は，証券取引法の名称が金融商品取引法に変更されたことを除けば，現在でも同様である。他方，小規模企業の場合，帳簿作成の際の主要な関心は租税の支払に向けられており，そのため，なかんずく税務会計にもとづいた会計処理が重要である。このように，企業の会計をめぐる状況の中で，商法総則の商業帳簿に関する規定は，従来から必ずしも大きなウェートを占めていたわけではないのである。

# *2* 商業帳簿とは何か

## 1 何が商業帳簿か

　商業帳簿とは，商人が，その営業のために使用する財産について，法務省令で定めるところにより適時に正確に作成することを，商法によって義務づけられている帳簿である（19条2項）。商人は，商法によって，商業帳簿を保存する義務を負い（同条3項），また，裁判所がその提出を命ずることもできるため（同条4項），何が商業帳簿にあたるかは重要な問題である。

　商法総則においては，19条2項かっこ書により，商人に対して，商業帳簿として会計帳簿と貸借対照表の作成が義務づけられている。他方，会社法上の会社に対しては，会社法の規定により，会計帳簿と計算書類の作成が義務づけられており，その計算書類とは，持分会社については貸借対照表その他法務省令で定めるものをいうとされるのに対して（会社617条2項かっこ書），株式会社については，貸借対照表，損益計算書その他法務省令で定めるものをいうとされ

ている（同435条2項かっこ書）。このように，会社法では商業帳簿という用語は，使用されていない。また，商法総則の商業帳簿に関する規定は，会社および外国会社には適用されないことが明示的に規定されている（11条1項かっこ書）。したがって，概念的には，会社および外国会社以外の商人が，商法19条2項によって作成を義務づけられる帳簿を，商業帳簿ということになる。

| 商業帳簿ではないもの | 商業帳簿の上述の意義からして，以下のものも商業帳簿ではない。

①　非商人の帳簿　　商人ではない相互保険会社・各種協同組合・監査法人などが作成する帳簿は，商業帳簿ではない。

②　商人がその営業のために使用する財産について法務省令で定めるところにより作成するものではない帳簿　　仲立人日記帳と呼ばれる仲立人が作成する帳簿（547条）や倉庫営業者が作成する倉荷証券簿（602条）も，法定記載事項を記載する限り，商業帳簿ではない。なお，2005（平成17）年改正前に株式会社・有限会社に作成が要求された営業報告書については，提出義務に関連して後述のような議論があった（⇒②）。

③　商人が任意に作成する帳簿　　支店・営業所別の決算書や月次決算書など，商人が任意に作成するものは商業帳簿ではない。また，小商人には，商業帳簿に関する規定が適用されないので（7条），小商人が帳簿を作成してもそれは商業帳簿ではない。

④　商法以外の法律によって作成が義務づけられるもの　　たとえば，租税法によって作成が義務づけられる確定申告書などは商業帳簿ではない。ただし，この点についても後述のような議論（⇒②）がある。

## ② 商業帳簿に関する通則

商業帳簿の作成義務

商人は，小商人を除いて，商業帳簿（会計帳簿と貸借対照表）を作成すべき義務を負う。商業帳簿は，商人が営業のために使用する財産について，法務省令に定めるところにより，適時に，正確に作成されなければならない（19条2項）。「適時に」とは，会計帳簿は，会計帳簿に記載すべき事象が発生したときに適時に記帳すべきことを指している。税務申告時にまとめて記帳するような，適時性を欠いた記帳を行うべきではないという趣旨の規定である。また，商業帳簿の正確性を確保することも，当然のことではあるが，利害関係人を保護する観点から重要であるので，作成の正確性が明文で求められている。

商業帳簿の保存義務

商人は，商業帳簿およびその営業に関する重要な資料を10年間保存しなければならない（19条3項）。保存期間の起算点は，商業帳簿については，帳簿閉鎖の時，すなわち帳簿の使用を廃止した時からであり，重要な資料については，作成の時または受領の時からである。保存義務が課されるのは，後日紛争が生じた場合の証拠を保全するためであるので，保存が要求される営業に関する重要な資料とは，後日の紛争において証明手段として重要と認められる資料ということになる。具体的には，営業に関して作成または受領した契約書，受領書，領収書，伝票などが挙げられる。

*Column* ⑲　商業帳簿の電子化〜〜〜〜〜〜〜〜〜〜〜

　情報処理技術の飛躍的進展とコンピュータの普及の結果，商業帳簿も，技術的には，マイクロフィルム，フロッピー・ディスク，CD，磁気テープなどの電子媒体によって作成・保存することが可能になった。その

ため，このような電磁的記録による商業帳簿が法律的にも認められるか否かが，問題とされていた。2001（平成13）年11月改正商法は，高度情報化社会の到来に対応して，商業帳簿や会社関係書類の電子化，情報伝達方法の電子化を法律的に認めることとし，必要な規定の改正を行った。これにより，商法上，それまで紙媒体で行われていた情報の作成は，原則としてすべて書面に代えて電磁的記録によって行うこともできることになり，商業帳簿についても，電磁的記録により作成・保存できることになった（商則4条3項。株式会社の計算書類について会社435条3項，持分会社の計算書類について同617条3項，会計帳簿について会社計算4条2項）。

---

**商業帳簿の提出義務**　裁判所は，訴訟当事者の申立てまたは職権によって，訴訟の当事者に商業帳簿またはその一部分の提出を命ずることができる（19条4項）。民事訴訟法220条は，書証一般について文書の所持者の文書提出義務を定めるが，商法19条4項はこの民事訴訟法の特則として，商業帳簿の提出義務を規定している。商業帳簿は，一般に公正妥当と認められる会計の慣行に従い（19条1項），継続的に作成される点から一般的な信頼性が認められるが，その証拠力は一般原則に従い，その記載にもとづく事実認定は裁判所の自由心証主義によって行われる（大判昭和17年9月8日新聞4799号10頁）。

　2005（平成17）年の商法改正および有限会社法廃止前，株式会社・有限会社に作成が要求された営業報告書については（2005〔平成17〕年改正前281条1項3号，旧有43条1項3号），これが商業帳簿にあたるか否か，そして裁判所の提出命令（2005〔平成17〕年改正前35条）の対象に含まれるか否かが問題とされていた。学説には，営業報告書は会社の状況に関する重要な事項を記録した書類にすぎな

いので，商業帳簿ではないと解釈する見解も多かったが，裁判例には，営業報告書も商業帳簿またはこれに準ずるものとして 2005（平成 17）年改正前商法 35 条の対象になるとするものがあった（東京高決昭和 56 年 12 月 7 日下民集 32 巻 9〜12 号 1606 頁）。営業報告書の記載事項には，会社の財産や損益の状況に関する説明が含まれており，商業帳簿に該当しないと言い切ることには疑問があった。

また，他の法律によって作成が義務づけられる帳簿について，2005（平成 17）年改正前商法 35 条に関する裁判例には，証券会社が事件当時の証券取引法および大蔵省令に基づいて作成した有価証券売買日記帳は，会計帳簿であるとしても，提出命令の対象となる商業帳簿ではないとするもの（東京高決昭和 54 年 2 月 15 日下民集 30 巻 1〜4 号 24 頁・百選 22）がある一方で，貸金業の規制等に関する法律（現在の貸金業法）19 条によって，貸金業者が作成・保存すべき業務帳簿は，商法上の会計帳簿に該当し，民事訴訟法 220 条による文書提出義務の対象になるとするもの（札幌簡決平成 10 年 12 月 4 日判タ 1039 号 267 頁）があった。

会社法は，従来の営業報告書に相当する記述的開示書類を，事業報告と呼び，当該株式会社の状況に関する重要な事項等をその内容とするものとして（会社則 118 条），計算書類に含まれないことを明示的に規定するとともに（会社 435 条 2 項），裁判所による提出命令の対象を，会計帳簿，計算書類およびその附属明細書としている（同 434 条・443 条）。これにより，事業報告が会社法上は裁判所の提出命令の対象とならないことが明確となったが，他の法律によって作成が義務づけられる帳簿については，依然として解釈に委ねられている。2005（平成 17）年商法改正後の学説には，他の法律によって作成が義務づけられるか否かにかかわらず，当該書類が，会計帳

簿としての実質と機能を現実に有しているか否かで判断すべきである，と指摘するものがある。

### ③ 商業帳簿の種類

商業帳簿には，会計帳簿と貸借対照表がある（19条2項）。ここでは，この2つについて概観しておくことにする。

| 会計帳簿 |
| --- |

会計帳簿とは，商人がその営業のために使用する財産について，組織的に記録する帳簿であって，2005（平成17）年改正前商法では，開業の時および毎年1回一定の時期における営業上の財産およびその価額，ならびに，取引その他営業上の財産に影響を及ぼすべき事項を整然かつ明瞭に記載または記録すべきことが定められていた（改正前33条1項）。2005（平成17）年改正後の商法および商法施行規則には，会計帳簿の作成時期および記載内容に関する改正前33条1項のような規定は設けられておらず，一般に公正妥当と認められる会計慣行に従い，適時に正確な会計帳簿を作成すべきことが定められているにとどまる（19条1項2項）。いずれにしても，実際にどのような帳簿組織を採用するかは，企業の規模や経営内容によって異なるので，個々の商人の判断に委ねられることになる。

一般的には，基本的な帳簿組織として，複式簿記にもとづいて，日々の取引の記録を日付順に記載した仕訳帳と，仕訳帳に記載された取引を勘定科目別に記録した元帳が作成される。そして，仕訳帳と元帳を補助するために，企業規模や経営内容に応じて，種々の補助簿（仕訳帳の補助簿として現金出納帳，仕入帳，売上帳，受取手形記入帳など，総勘定元帳の補助簿として得意先元帳，仕入先元帳など）が帳簿組織に組み込まれる。日々の取引を網羅的に記載する日記帳は，今

日では，ほとんど利用されていない。

| 貸借対照表 |

貸借対照表とは，一定の時期における商人の財産状況を表示する書類で，総財産を資産の部と負債および資本の部とに分けて記載し，資産の運用形態とその資産を得るための資金調達の形態（負債・資本）とを対照させた一覧表である。商法施行規則は，貸借対照表を資産，負債および純資産の部に区別して表示すべきこと，各部は適当な項目に細分することができ，この場合には，各項目について資産，負債または純資産を示す適当な名称を付すべきことを定めている（商則8条）。1974（昭和49）年改正前の商法においては，まず財産目録を作成し，これにもとづいて貸借対照表を作成すべきものとしていた（棚卸法）が，1974（昭和49）年改正法は，誘導法を採用し，貸借対照表は会計帳簿にもとづいて作成すべきものとした。

商人は，その開業時における貸借対照表，および，各営業年度に係る貸借対照表（会社については成立の日および各事業年度に係る貸借対照表）を作成しなければならない（商則7条1項2項。会社については，会社435条1項2項・617条1項2項）。各営業年度に係る貸借対照表は，当該営業年度の前営業年度の末日の翌日（または開業の日）から当該営業年度の末日までの期間を対象とし，この期間は（営業年度の末日を変更する場合を除いて）1年を超えることができない（商則7条3項）。

貸借対照表に係る事項の金額は，1円単位，千円単位または百万円単位をもって表示するものとされる（商則6条1項。会社について，会社計算57条1項）。また，貸借対照表は，日本語をもって表示するものとされるが，その他の言語をもって表示することが不当でない場合はこの限りではないとされており（商則6条2項。会社について，

会社計算57条2項）, 企業活動のグローバル化に対応している。

# *3* 法規定の沿革

## ① 法規定の整備

　わが国で商業帳簿の制度が一応確立したのは，1899（明治32）年に現行商法が制定された時であるが，当初の規定はきわめて簡単で，不完全なものであった。しかも，当時の商法規定では，毎決算期に企業が保有する財産の明細（財産目録）を，その時点における財産の価値（解体価値）で表示して作成することが要求されており，資産の評価方法については，時価以下主義がとられていた。

　会計規定が整備されたのは，第2次大戦後のことである。まず，1948（昭和23）年に公認会計士法が制定され，翌年，経済安定本部企業会計制度対策調査会によって「企業会計原則」がまとめられた。企業会計原則は，企業会計の実務の中で慣習として発達したもののうちから，一般に公正妥当と認められたところを要約したもので，公認会計士が公認会計士法および証券取引法にもとづき財務諸表を監査する場合に，従わなければならない基準である，とされていた。1950（昭和25）年には，証券取引法の規定にもとづき「財務諸表規則」が制定された。会計法制の整備は，戦後このように，まず上場会社等を対象として進められたのである。

　他方，商法会計についても，1962（昭和37）年の商法改正以降，法規定の整備・拡充が図られた。まず，昭和37年改正商法により，株式会社の資産評価に関して，損益法に則った多くの規定が新設されるとともに，計算書類規則が制定された。しかしこの段階では，

株式会社以外の企業については，商業帳簿等の規制は，依然として未整備なままの状態に置かれていた。これに対して，1974（昭和49）年の商法改正では，株式会社の監査制度が会社の規模別に充実・強化されるとともに，商法総則の商業帳簿に関する規定についても，次のような重要な改正が行われた。第1に，商業帳簿から財産目録（通常財産目録）が削除され，企業の解体価値を重視する考え方から，期間損益計算を重視する考え方への転換が図られた。第2に，貸借対照表は，会計帳簿にもとづいて作成するとする誘導法が導入された。第3に，公正な会計慣行を斟酌すべしとする規定が新設された。そして第4に，資産評価について，一律的な時価以下主義が排除され，資産ごとの評価の基準が法定された。さらに，1981（昭和56）年の商法改正に伴い計算書類規則が改正され，営業報告書と附属明細書の記載事項が法定された。

### 2 財産法から損益法へ（ストックからフローへ）

企業をある一時点で捉えて，その保有する財産の価額を表示しようとすれば，その時点で企業を解体し財産を売却して得られる価額，つまり解体価値で表すことになる。この評価方法を財産法という。財産法では，資産の評価には，時価主義ないし時価以下主義がとられる。財産法は，主として企業の債権者のために，企業が現に保有する純資産額（支払の能力）を示すことを目的としている。

しかしながら，企業は継続して存在するゴーイング・コンサーンであり，将来の利益のために，たとえば原材料の購入等の費用が支出されるので，ある時点での解体価値で企業を表示しても，必ずしもその実態を正しく表したことにはならない。企業の収益状況を正しく把握するためには，費用と収益を対応させる必要がある。この

ような評価方法を損益法という。商法は，1974（昭和49）年の改正により，資産評価の原則を原価主義に改め，期間損益計算を重視する損益法の立場に転換した。一時点における企業の解体価値を表す財産目録を商業帳簿から削除し，これに代えて株式会社・有限会社については，一定期間における収益と費用との差額としての損益を表示する，損益計算書の作成を要求するようになったのも，そのためである。

# *4* 商法の規定と企業会計との関係

## [1] 総　　説

　商法は，1974（昭和49）年の改正法により，株式会社の中の大会社（当時は，資本金5億円以上の株式会社）に対して，会計監査人と呼ばれる会計専門家（公認会計士または監査法人）の監査を強制することとした。大会社の多くは，それまでも上場会社として，証券取引法（証取法）上の会計監査を受けており，商法の改正によって，商法上の計算書類の監査と証取法上の財務諸表の監査を受けなければならないことになった。しかも，監査にあたる会計監査人は，証取法上の監査を行う監査人と，兼任する場合が多いと考えられた。同一の会社について同一の監査人が，商法会計の監査と証取法会計の監査を行うわけであるが，両者の書類の作成基準や監査基準が異なるとすれば，異なる監査意見が表明される可能性も生まれ，大きな混乱を招くおそれがあった。

　そこで，商法上の計算書類と証取法上の財務諸表について，作成と監査の基準を統一すること，つまり商法会計と証取法会計の会計

基準を一元化することが要請された。証取法会計は，企業会計原則を従来から基準とし，そこでは損益法にもとづく会計体系がとられていた。1974（昭和49）年改正商法は，この一元化の要請を受けて，商法の会計規定を財産法から損益法に転換するとともに，商法には基本的な規定を設け，その他のことは公正な会計慣行に委ねることとした。この改正の際に，商法の会計規定全体を規制する包括規定として，公正な会計慣行の斟酌規定が商法に設けられたのは，このような経緯の結果であった。

## 2　商業帳簿と公正な会計慣行

**公正な会計慣行
に従う旨の規定**

2005（平成17）年改正前商法には，商業帳簿の作成に関する規定の解釈については公正な会計慣行を斟酌すべし，と定める規定が設けられていた（改正前32条2項）。ここにいう「商業帳簿の作成に関する規定」とは，改正前商法の商法総則・商法第2編会社・有限会社法・商法施行規則など，商業帳簿に関するすべての法令を指し，また，明文規定のない事項についても，公正な会計慣行を斟酌して商業帳簿を作成しなければならないと考えられていた。「斟酌する」とは，ただ単に参考にするという意味ではなく，公正な会計慣行がある以上，特別の事情がない限り，その会計慣行に従わなければならない，という意味である。

　このことをさらに明確化するため，現行商法は，「商人の会計は，一般に公正妥当と認められる会計の慣行に従うものとする」との規定を設け（19条1項），他方，会社法には，株式会社の会計，および，持分会社の会計について，それぞれ，一般に公正妥当と認められる企業会計の慣行に従うものとする，との規定が設けられた（会

社431条・614条）。このように「斟酌」が「従う」というより強い表現に変更されているが，これは従来の理解を明確に法文化しようとしたためであって，実質的な規定内容の変更ではないと考えられる。また，「規定の解釈については」という表現が「……の会計は」という表現に変わったのも，明文規定のない事項についても，公正な会計慣行に従うべきことを示そうとしたものであって，やはり従来の解釈を具現化したものといえる。これらに対して，商法では「会計の慣行」，会社法では「企業会計の慣行」と表現が使い分けられている点は，公正な会計慣行とは何かに関わる問題である。

## 「公正な会計慣行」とは何か

公正な会計慣行とは，会社を含めた商人の会計について，一般に公正妥当と認められる会計の慣行を指すが，その第1のものは，具体的には，「企業会計原則」であるといえる。企業会計原則は，前述のように，企業会計の実務の中に慣習として発達したもののうちから，一般に公正妥当と認められたところを要約したものであり，1949（昭和24）年に制定された（⇨**3 ①**）。その後も，企業会計原則およびその注解は，企業会計審議会（かつての大蔵大臣の諮問機関。省庁再編後は金融庁長官の諮問機関）の下で，何度か改定が行われてきた。現在は民間の主体である企業会計基準委員会がこれを担当している。

　このような企業会計原則は，比較的大規模な上場株式会社等を念頭に置いて制定されたものであり，その内容は，持分会社や中小規模の会社あるいは個人企業の会計処理には，必ずしも妥当しない場合がある。従来の学説には，2005（平成17）年改正前商法32条2項の公正な会計慣行とは企業会計原則を指すとする説もあったが，通説的には，企業会計原則は公正な会計慣行のすべてではなく，ま

た企業会計原則の定めのすべてが公正な会計慣行と認められるかについても検討の余地がある，と解釈されている。

とりわけ問題となるのは，個人企業や中小会社の会計に関する扱い，金融派生商品など新しい種類の取引で会計慣行が十分に確立していない場合の扱い，そして，会計処理方法が変更される場合の扱いである。個人企業や中小会社の会計については，企業会計原則以外の公正な会計慣行によるべき点が多いといえる。下級審裁判例をみると，有限会社の貸借対照表が問題になった事件において，企業会計原則の全体が公正な会計慣行に含まれるものではない旨の判断が示されている（⇨*Column* ⑳）。

会計慣行の確立していない新種の取引については，企業会計原則において確定的な処理方法が定められておらず，企業会計原則に直接依拠して会計処理をすることができない場合もある。このような場合に関する下級審裁判例には，ヘッジ目的のオプション取引（店頭オプション取引）について，類似の会計問題についての会計基準（債券先物取引の会計処理基準）を類推適用して処理することが許されると判示した例がある（大阪高判平成 16 年 5 月 25 日判時 1863 号 115 頁）。また，旧来，公正な会計慣行とされていた会計処理方法から新たな会計処理へと変わる過渡的な状況において，それまで公正な会計慣行として行われていた税法基準の考え方によって関連ノンバンク等に対する貸出金についての資産査定を行うことも，直ちに違法であったとはいえないと判断する判例（最判平成 20 年 7 月 18 日刑集 62 巻 7 号 2101 号・百選 21）がある。

*Column* ⑳　日本コッパース事件

有限会社 X から任意監査を依頼された監査法人 Y が，X の経理部長 A の不正行為のため実態を反映していない財務諸表について，無限定

適正意見付きの監査報告書を提出し，会社から損害賠償を請求された事件である（東京高判平成7年9月28日判時1552号128頁。原審・東京地判平成3年3月19日判時1381号116頁）。Xには，Aの不正行為（Xの定期預金を担保とする銀行借入れ，定期預金の解約，X名義の手形振出しなど）により6億円余の損害があったが，Yは，監査手続の実施にあたり，定期預金証書等を提出させず，また銀行から残高証明書を入手しなかったため，これを発見できなかった。企業会計原則では，入担（担保差入れ）資産の注記が義務づけられることから，2005（平成17）年改正前商法32条2項の公正な会計慣行が何を指すかが，争点の1つとなった。

東京高裁は，改正前商法32条2項が総則規定として有限会社に適用されると解しても，小株式会社よりもさらに小規模な有限会社について，公開会社に適用される証取法会計向けの企業会計原則の全体が，商法の計算書類規則を超えて，改正前商法32条2項の「公正なる会計慣行」であるということはできず，企業会計原則は有限会社については何ら法的な拘束力を及ぼさないとした。そして計算書類規則では，小株式会社について，貸借対照表への入担の注記を免除し，附属明細書への記載を義務づけているが，附属明細書は本件では監査対象とされていなかったことなどから，Xの請求を棄却した。

中小企業の会計については，公正な会計慣行を明らかにするための作業が進められている。2002（平成14）年以来，中小企業庁の「中小企業の会計に関する研究会」，日本税理士会連合会，および，日本公認会計士協会が，それぞれに，中小会社の会計のあり方に関する報告書や指針を相次いで公表したため，それらを統合するべきであるとの指摘が多方面でなされた。2005（平成17）年6月に成立した会社法が，会計参与を導入したこととも相まって，同年8月には，日本税理士会連合会，日本公認会計士協会，日本商工会議所および企業会計基準委員会が主体となり，それまでに公表した報告書

等を統合して,「中小企業の会計に関する指針」が定められた。この会計に関する指針は,証券取引法（2006〔平成18〕年改正後は金融商品取引法）の適用を受ける上場株式会社等と会社法上の会計監査人監査を強制される大会社を除く株式会社を適用対象とするものであるが,有限会社（2005〔平成17〕年に有限会社法が廃止された以後は,特例有限会社）や合名会社・合資会社・合同会社についても,この指針によることが推奨された。「中小企業の会計に関する指針」は,取引実態に合わせたより利用しやすいものとするために,その後も継続的に見直し作業が行われ,改正を繰り返して現在に至っており,中小企業の会計の質的向上に貢献している。

　また,2012（平成24）年には,中小企業庁等で作る検討会が,より簡易な「中小企業の会計に関する基本要領」を作成・公表している。

## 5 資産・負債の評価等

<br>

**資産の評価方法**　　会計帳簿には,商人の有する資産の価値が,数値として記載されることになる。そのため,資産の価値を数値にして表す作業,つまり資産の評価が必要になる。資産の評価方法には,大別すれば,その資産を取得した時の価額や製作した時の価額（原価）をつける方法（原価主義）と,現時点での価値である時価をつける方法（時価主義）とがある。時価は,その時々で変動し,原価を上回ったり下回ったりするので,原価と時価のいずれか低い方の価額をつけるという方法（低価法・低価主義）もある。低価法は,資産を手堅く評価することになるが,たとえば,原価と比べて時価が著しく高くなったときでも,原価をつけ

ておけばよいので，帳簿価額に表れない膨大な含み益が発生し，含み益に頼った経営をして，経営責任があいまいになる事態も招きかねない。

　商法施行規則は，商人の会計帳簿に計上すべき資産については，商法施行規則または商法以外の法令に別段の定めがある場合を除いて，取得価額（取得原価）を付さなければならないとして，原価主義を原則としている。ただし，取得価額を付すことが適切ではない資産については，営業年度の末日における時価または適正な価格を付すことも許容している（商則5条1項）。

　これに対して，取得価額を付すことが認められない場合として，まず第1に，次の資産については，営業年度の末日（営業年度の末日以外の日において評価すべき場合にあっては，その日）において，下記それぞれの価格を付すべき場合には，その価格を付さなければならないとされる。①営業年度の末日における時価がその時の取得価額より著しく低い資産（当該資産の時価がその時の取得価額まで回復すると認められるものを除く）について，営業年度の末日における時価，および，②営業年度の末日において予測することができない減損が生じた資産または減損損失を認識すべき資産について，その時の取得価額から相当の減額をした額，である（商則5条3項）。第2に，償却すべき資産については，営業年度の末日（営業年度の末日以外の日において評価すべき場合にあっては，その日）において，相当の償却をしなければならない（同条2項）。つまり，固定資産について，年月の経過や不慮の事故によって価値が減少する分を減価償却したり減額したりすることが必要とされている。また，債権については，債権金額を付すことが原則であるが（金銭債権における額面主義），取立不能のおそれのある債権については，営業年度の末日においてそ

の時に取り立てることができないと見込まれる額を控除しなければ
ならない（同条4項）。

| 負債の評価 | 商人の会計帳簿に計上すべき負債について |

は，商法施行規則または商法以外の法令に
別段の定めがある場合を除き，債務額を付すことが原則とされる。
ただし，債務額を付すことが適切でない負債については，時価また
は適正な価格を付すことができるとされる（商則5条5項）。

| のれん | のれんとは，商人が営業によって得る無形 |

の経済的利益であり，得意先関係・仕入先
関係・営業上の名声・信用・営業上の秘訣などがその内容であると
される。老舗ともいう。のれんは，商人については，有償で譲り受
けた場合に限り，資産または負債として計上することができるとさ
れている（商則5条6項）。他方，会社については，吸収型再編，新
設型再編または事業の譲受けをする場合に，適正な額ののれんを資
産または負債として計上することができるとされている（会社計算
11条）。

*Column* ㉑　グローバル・スタンダードと企業会計

　1980年代後半から，経済の国際化が進展し，大企業が欧米の資本市
場で資金を調達することも多くなっていた。企業の財務内容も，国際的
に比較可能な形で開示することが求められており，国際的な会計基準，
つまり企業会計におけるグローバル・スタンダードの設定が，現実化し
てきた。実際に，グローバル・スタンダードをリードしているのは，米
英型の基準であったので，わが国の会計基準も，国際的な調整に合わせ
て，段階的に米英型に近づいてきた。米英型の基準が従来のわが国の企
業会計と異なっていた点としては，①企業に連結決算（連結財務諸表の
開示）を求めること，②会計上の損益計算と税務上の課税所得計算との
間の時期的ズレを調整する税効果会計を採用していること，③株式や債

券も含めた金融資産が時価で評価されることが挙げられる。企業は、投資目的で株式や社債を保有したり、金利や為替の変動に対処するため、金利や為替等に関連する取引（金融デリバティブ取引）を積極的に行っており、これらについては、時価で評価した情報が開示されることが、投資家にとっても有用である。

証取法会計については、企業会計審議会によって、①連結財務諸表による開示は 2000（平成 12）年 3 月決算期から、②税効果会計は同年 3 月期から、③金融商品の時価会計は 2001（平成 13）年 3 月期から、段階的にそれぞれ導入された。他方、商法の規定をみると、②・③については、計算書類規則の改正と資産評価に関する商法規定の改正が 1999（平成 11）年に行われたが、①に関しては、商法の計算規定は企業単体での情報開示を要求し、親子会社の定義にも違いを生じていた。そこで、2002（平成 14）年改正商法（商法特例法）は、商法特例法上の大会社（当分の間、有価証券報告書提出会社に限定）に対して、法務省令で定める連結計算書類の作成を要求することとし、連結計算書類制度を導入した。その後、2005（平成 17）年に成立した会社法は、大会社である有価証券報告書提出会社について、連結計算書類の作成を要求し（会社 444 条 3 項）、また親会社・子会社の概念については、対象となる範囲を株式会社に限定せず、その判断要件に議決権の過半数という形式基準に加えて、実質的な支配基準（実質基準）を導入することにより、従来存在していたズレを解消している（会社 2 条 3 号 4 号）。

なお、2010（平成 22）年 3 月期から、一定の上場会社に対して国際財務報告基準（International Financial Reporting Standards : IFRS）を任意に採用すること（任意適用）が認められ、その後、金融庁が内閣府令を改正して、IFRS の任意適用が可能な企業を拡大させた結果、IFRS によって財務書類を作成する企業が増加した。2023 年 6 月末の時点で、東京証券取引所の上場会社において、IFRS 適用済会社は 254 社、IFRS 適用決定会社は 14 社であると公表されている。

第 **3** 編

# 外観主義による
# 企業活動の促進

## ① 外観主義の意義

**趣　旨**

外観主義とは，不実の外観が存在している場合に，一定の要件の下で，その外観を信頼した第三者を保護しようとする考え方である。その第三者との関係では，あたかも不実の外観が真実であるかのように取り扱われることになる。商法には，後で概観するように，外観主義にもとづく規定が数多く設けられている。これら外観主義にもとづく規定を，外観信頼保護規定と呼ぶこともある。

取引にあたって，外観と真相とが齟齬している場合に，あくまで真実に従って法律効果を定めるものとするならば，当事者はことの真相を究めた上でなければ取引をできないことになってしまう。これでは，反復的および集団的に行われる企業活動の円滑な発展は期待できない。このような場合には，外観に優位を認めて，それに対する信頼を保護することが，取引の安全を確保することにつながる。外観主義は，民法においても存在する考え方であるが，企業活動の反復性と集団性に鑑みて，商法においては，その考えがより広く用いられている。

**他の国の状況**

外観主義は，わが国に固有の制度ではなく，ドイツ法における権利外観法理（Rechts-scheintheorie）や英米法における表示による禁反言の法理（estoppel by representation）と，同一の趣旨によるものである。

ドイツ法における外観法理は，一定の外見的事実を信頼して法律行為をなした者は，その信頼を保護されるべきであるとする思想で

あり，取引安全保護の要請を基礎としている。したがって，外見的事実がその信頼を保護することにより不利益を受ける者の故意または過失によって生じた場合のみに限らず，取引安全の保護のために，外観の信頼を保護する結果として関係者に危険を負わせるすべての場合を，外観法理によって説明することができる。

これに対して，英米法における禁反言の法理は，自己の表示により相手方にある事実の存在することを信じさせ，相手方がその表示を信じて行動したときは，表示者はその事実の存在を否定することができないとするものであって，倫理的色彩が強い法理であるとされる。

以上のような2つの法理は，立論の基礎が異なってはいるが，実際上の運用では著しい差異はなくなっている。

② 要件と効果

要　件

外観と真相とが異なっている場合に，外観が尊重されるための要件としては，次の3つの側面から分析するのが一般的である。

第1は，不実の外観の存在である。外観が真実であるならば，そもそも外観法理の活用は必要ではないから，要件というよりも，むしろ当然の前提である。

第2は，不実の外観の出現について，外観主義の適用によって不利益を被ることになる者が一定程度関与していることが必要である。そのような者が自ら積極的に不実の外観を作出していた場合には，外観主義による第三者の保護がなされることにつき問題はない。これとは異なり，不実の外観が何らかの理由で存在する事例で，それを黙認した場合や放置しただけの場合には，争いがありうるところ

である。要は，不実の外観を真実と取り扱ってよいだけの帰責性が存在するかどうかの判断に関わってくる。

　第3は，不実の外観を，保護されるべき者が信頼したことである。外観が不実であることを知っている者を保護する必要はない。保護要件として，善意であることが必要であることは争いないが，善意であることにつき無過失であることが必要か，無重過失であることが必要かなどについては，個々の規定で検討を要するであろう。

効　　果

外観主義が適用されるための要件が充たされると，不実の外観を信頼した者は保護される。すなわち，そのような外観の出現について帰責性がある者は，それが不実であることを相手方または第三者に対して主張することができなくなる。それらの者の間では，不実の外観があたかも真実であったかのように取り扱われることになるのである。

民法上の外観
主義との違い

外観主義は何も商法の規定に関するものばかりではない。民法上も，種々の外観主義が取り入れられている。

　商法上の外観主義を民法上のそれと比較すると，前者は，一層定式化されていることが特徴として挙げられよう。後述するように，商法上の外観主義は，いくつもの類型に分けて，商法の各所で定められている。

　さらに，簡易迅速を旨とする商法の立場からは，第三者の保護要件を緩和する傾向にある。たとえば，民法上の各種の表見代理（民109条・110条・112条）においては，第三者が保護されるためには，最低限，善意無過失であることが必要である。これに対して，商法上の表見支配人（24条）では，善意であることにつき無過失であることまでは必要とされていない。

商法や会社法においては，外観主義を背景

商法上の外観主義の例

とする規定は，枚挙にいとまがないほどである。たとえば，不実の登記による責任（9条2項），名板貸しの責任（14条），包括的代理権の制度（会社11条・349条4項・599条4項），表見支配人の権限（24条），社員であると誤認させる行為をした者の責任（会社589条），退社登記前の会社債務に対する退社員の責任（同612条1項），擬似発起人の責任（同103条4項），表見代表取締役の行為にもとづく会社の責任（同354条），自己の氏名または商号の使用を許諾した匿名組合員の責任（537条）など，商法のほとんど全面にわたって見出される。

　本編では，このうち，とりわけ商法総則に関する規定について，個別に概説していくことにする。なお，営業譲渡人から商号を続用する場合における譲受人の責任（17条，会社22条1項）は，一般的には外観主義にもとづく規定であるとされているが，異なって理解すべきであることは既に述べたとおりである（⇨第2章 *2* ③）。

# 第7章 名板貸し

## *1* 名板貸しの意義と規制

### ① 規制の趣旨と概要

　元来「名板貸し」とは，ある者（名板貸人）が，自己の「氏，氏名または商号」を使用して営業をなすことを他人（名板借人）に許諾することをいう。名板貸しという言葉は，取引所の取引員が，免許業者であることを示す名板を取引員ではない者に貸して仲買営業をさせることを，名板貸しと呼んだことに由来するようである。このように，名板借人は，名板貸人の氏名や商号を借りることで，名板貸人の信用や営業のための資格などを，自己の営業に利用することができた。商法上，商号は営業とともにでなければ譲渡することができないとされているが（15条1項），商号の貸借は禁止されていない。商号の真実に対する要請と商号のもつ価値の利用に対する要請とを調整した結果であるといえよう。

しかしながら，名板貸しが行われると，取引の相手方が取引当事者を誤認するおそれが生じる。そこで，商法14条は，自己の商号を使用して営業または事業を行うことを他人に許諾した商人に，当該商人が当該営業を行うものと誤認して当該他人と取引した者に対して，当該他人と連帯して当該取引によって生じた債務を弁済する責任を負わせている。また，会社法総則においても，会社法9条が，自己の商号を使用して事業または営業を行うことを他人に許諾した会社は，当該会社が当該事業を行うものと誤認して当該他人と取引した者に対し，当該他人と連帯してその取引によって生じた債務を弁済する責任を負うと定めている。このように，名板貸人が名板借人と連帯して，当該取引によって生じた債務の弁済責任を負担するところに，名板貸し責任の特徴がある。民法上の表見理論では，このように連帯債務を負担させる効果は生じないからである。

## ② 沿　革

かつては名板貸しを直接規制する法文が存在しなかったため，判例は，民法109条や自称社員の責任を定めた2005（平成17）年改正前（以下，単に改正前）商法83条（会社589条）の規定の趣旨から，同様の責任を認めていたが，1938（昭和13）年の商法改正によって，改正前商法23条に，自己の氏，氏名または商号を使用して営業をなすことを他人に許諾した者（名板貸人）の責任が明文化された。この規定は，ドイツ法における権利外観法理や英米法における表示による禁反言の法理と同一の趣旨にもとづき，外観を信頼した第三者を保護する規定であり，商法上の外観主義の一例である。

改正前商法23条は，2005（平成17）年の会社法の成立とそれに伴う商法の改正によって，商人が自己の商号の使用を他人に許諾す

る場合についての商法 14 条へと改正され，他方，会社法にも，会社が自己の商号の使用を他人に許諾する場合についての会社法 9 条が設けられた。これに伴い，いずれの条文においても，改正前商法23 条において「自己の氏，氏名または」とされていた部分が削除された。会社については商号以外に自己を表す名称が存在しないので，当然の改正といえるが，商法 14 条が「自己の氏，氏名または」という部分を削除したことをどう考えるかは，解釈の問題になる。

　改正前商法 23 条の適用範囲については，これをあくまでも営業（または事業）上の名義貸与に限定して解釈するか，それとも同条を名義貸与者の責任に関する原則規定と位置づけて，広く人が他人の氏名・商号等を借りて経済的取引をする場合にも類推適用すべきであると解釈するかについて，**2** にみるような見解の対立があったからである。前者の見解によれば，営業上の名義貸与以外の場合は一般の表見法理の適用問題となるので，名板貸しにおけるような連帯債務を認めることは難しくなろう。2005（平成 17）年の商法改正は，これまでのこうした議論にも影響を与えることになった。

## *2* 名義貸与者（名板貸人）の責任の要件

### 1 総　　説

　名義貸与者の責任が発生するためには，ある者（名板貸人）が，自己の商号を使用して営業または事業をなすことを他人（名板借人）に許諾したこと，そして第三者が，名板借人が営業主であると誤認して名板借人と取引をしたことが必要である。この場合，名板借人が名板貸人の商号を使用して営業していることが，真実と異なる外

観の存在（第1の要件）であり，名板貸人が自己の商号を使用して営業をなすことを許諾したことが，不実の外観出現に対する名板貸人の帰責性（第2の要件）にあたり，第三者が名板貸人を営業主と誤認して名板借人と取引したことが，第三者の外観に対する信頼（第3の要件）となる。以下，これら3つの要件について，判例を交えながら若干詳しく検討してみるが，実際にはこれら3要件は，必ずしも明確に区分できるものではなく，相互に関連して現れるものである。

### ② 真実と異なる外観の存在

名板貸人の責任が発生するには，第1に，他人が名板貸人の商号を使用して営業または事業をすること，が必要である。改正前商法23条では，名板貸人の「氏，氏名または商号」を使用して営業することが，同条の適用対象である外観とされていたので，名板貸人は商人である必要はなく，商人ではない個人の氏，氏名や法人の名称を使用する場合でもこれに該当し，官庁や公共企業体の名称，財団法人等の名称についても，名板貸しが成立しえた（⇨*Column*㉒）。2005（平成17）年改正後は，かかる場合に商法14条が類推適用されるか否かの問題になる。14条の類推適用が認められないとすれば，その場合の善意の第三者の保護は，民法109条か715条によって図られることになろうが，商法14条の保護と比べると保護の程度は後退することになる。

なお，一般社団法人及び一般財団法人に関する法律8条には，一般社団法人・一般財団法人の名板貸しに関する規定が設けられている。

**自己の「商号」** ここにいう「商号」には，名板貸人の商号をそのまま使用する場合ばかりでなく，商号に若干の語を付加して使用する場合も含むと解される。実際にも，名板貸人の商号に支店・出張所など自己の営業の一部であることを示す名称を付加して使用を許諾する例が多い。裁判例には，株式会社山本組が他人に「山本組京都出張所」という商号で営業することを許諾した事例（京都地判昭和25年6月21日下民集1巻6号958頁）や，株式会社小林百貨店が，自己の店内で「小林百貨店書籍部」ないし「株式会社小林百貨店書籍部」という商号で書籍の販売をすることを他人に許諾した事例（東京地判昭和27年3月10日下民集3巻3号335頁）がみられる。③の名板貸人の帰責性とも関係するが，他人が名板貸人の従前の商号を使用する場合にも，名板貸しの成立が認められてきた。

なお，学説には，「使用して事業又は営業を行うこと」という法文の文言から，名板借人が，名板貸人の商号を自己の商号として使用する場合ばかりでなく，自己の事業もしくは営業または商品等を表示する，商号以外の名称として使用する場合にも，本条の適用を認めるべきであるとする見解がある。

## ③ 名義貸与者（名板貸人）の帰責性

名板貸人の責任が生じるためには，第2に，名板貸人の帰責性，すなわち，名板貸人が自己の商号を使用して営業をなすことを他人に許諾し，不実の外観の出現に責任があることが必要である。

**「使用許諾」の方法** 名板貸人による商号の使用許諾には，明示的な許諾はもちろん，場合によっては黙示の許諾も含まれる。ただし，他人が自己の商号を使用して営業して

いることを知りながらこれを放置しているというだけで，常に黙示の使用許諾があったとされるわけではない。商号自由主義の下では，自己の商号を他人が商号として使用していることを知ったとしても，当然にその使用を阻止すべき義務が生じるわけではないからである。

　判例をみると，営業主が自己の事務所や土地建物の一部を他人に使用させ，営業主の商号や看板も用いて，営業主と同種の営業をなすことを許したり，了知していた事例（最判昭和 33 年 2 月 21 日民集 12 巻 2 号 282 頁，最判昭和 34 年 6 月 11 日民集 13 巻 6 号 692 頁），営業廃止後，旧営業主が，それまで経営していた工場を，従来の状態のままでその工場の旧責任者に賃貸したり，従業員の一部も引き継がせて他人に使用させたりしたところ，従前の商号（既存の看板）等も使用した事例（最判昭和 42 年 2 月 9 日判時 483 号 60 頁，広島高松江支判昭和 39 年 7 月 29 日高民集 17 巻 5 号 331 頁）などにおいて，これらの事情を知りながらこれを放置した名板貸人に，黙示の使用許諾が認められている。このように判例は，営業に関連する設備等の使用許諾の事実から，名義使用についても黙示の許諾があったと解釈してきたようである。

　これに対して学説は，改正前商法 23 条の立法趣旨を基礎として，もう少し一般的な基準で同条の適用または類推適用を認めている。すなわち，他人による自己の商号の使用を放置することが，第三者による営業主の誤認可能性との関連において，社会通念上許されないと考えられるような特別の事情がある場合に，黙示の許諾がある，あるいは使用許諾と法的に同視しうる帰責性がある，と解釈するのである。このような事情がある場合，商号を使用された者には，第三者の誤認を防止する作為義務が認められ，これを怠ることが帰責事由となる。

なお，上述の判例・裁判例にあるように，営業廃止後，旧営業主の商号等も使用して従業員等が営業を開始した，といった事例では，旧営業主は既に「商人」ではないので，商法14条には文言上当てはまらなくなり，14条が類推適用されることになる。

| 「使用許諾」の範囲

**(1)　営業外での使用（名板借人の商人性）**

　名板貸しは，自己の商号を使用して「営業または事業」をなすことを他人に許諾することであるので，営業・事業をなすための使用と厳格に解すれば，名板借人は商人でなければならないことになり，学説の中にはこのように解する見解もある。しかしながら，外観信頼を保護する商法14条の立法趣旨からすれば，名板貸人の責任を名板借人が商人である場合に限定する積極的な理由は乏しく，名板借人が商人ではない場合にも本条の類推適用が認められると解されてきた（多数説）。判例も，「東京地方裁判所厚生部」事件（⇨*Column* ㉒）においてこの結論を肯定している。

*Column* ㉒　「東京地方裁判所厚生部」事件〜〜〜〜〜〜〜〜〜〜〜〜

　最高裁昭和35年10月21日判決（民集14巻12号2661頁）は，東京地方裁判所の職員が，同裁判所の承諾の下に，職員の福利厚生を図るため，「東京地方裁判所厚生部」という名称で裁判所庁舎の一部を使用して第三者と取引をしていた事案で，現職の職員が事務をとり，発注書などの文書には同裁判所の用紙および庁印が使用されていた。同「厚生部」に対する売掛代金の回収を得られなかったXは，東京地方裁判所に対して名板貸人としての責任を追及した。原審は，国の機関である官庁について，その職員のための生活物資の購入が官庁自身の事務であることは通常ありえないとの理由で，Xを敗訴させた。これに対し最高裁は，原審を破棄し，上述のような「厚生部」は東京地方裁判所の一部局としての表示力を有するものと認めるのが相当であり，東京地方裁判所は「厚生部」のする取引が自己の取引であるかのようにみえる外形を

作り出したものと認めるべきで，Xが善意無過失であれば，同裁判所は本件取引につき責任を負うべきものと解する，と判示した。

(2) 許諾の制限を超えた使用　　名板貸人が，取引の相手方や取引の種類等を制限して使用許諾を与えた場合に，名板借人がその制限を超えて取引をしても，客観的にみてその取引が使用を許諾された名称によって表示される営業または事業に含まれると認められる限り，名板貸人の責任が肯定される。学説には，許諾の制限は内部的な問題であり，そのような制限があっても名板貸人が営業主であるという外観が存在するところから，名板貸人の責任を肯定する見解が多いが，商法14条が使用許諾を帰責事由として責任を負わせる規定であることを重視して，制限を超えた使用については黙示の許諾の問題に還元され，黙示の許諾が認められる場合には責任が肯定されるとする見解も有力である。

(3) 営業の同種性　　(2)に述べた点にも関連するが，判例は，名板貸人が商人である限り，その責任が肯定されるためには，特段の事情がある場合を除いて，名板貸人の営業・事業と名板借人の営業・事業とが同種であることを要求する（最判昭和36年12月5日民集15巻11号2652頁，最判昭和43年6月13日民集22巻6号1171頁・百選13。特段の事情を認める例として，前掲最判昭和43年6月13日，東京地判平成29年5月29日判タ1458号234頁）。自己の商号を使用して営業をなすことを許諾した者は，その者の営業の範囲内の行為についてのみ商法14条の責任を負うものと解するのが相当とするのである。

これに対して従来の学説は，営業・事業の種類の同一性の有無は，許諾の範囲および取引の相手方の誤認の有無を判断する際に考慮さ

れるべき事由の1つにすぎず，名板貸人が商人である場合に限って
とくにこのような制限を付すべき合理的な理由はないと反対してい
た。この反対は2005（平成17）年改正によって根拠を失ったが，業
種の境界があいまいになり，常に他の種類の営業・事業へ進出する
可能性がある現代の営業実態からすれば，営業・事業の同種性を要
求することには，妥当性の点で疑問があろう。

**手形行為につい
ての使用許諾**

名板貸しが行われた営業・事業に関連して
手形振出しなどの手形行為がなされた場合
に，その手形行為に商法14条・会社法9
条が適用されることには，学説・判例とも異論がない。これに対し
て，他人の手形行為についてのみ自己の名義の使用を許諾した場合
に14条が適用されるか否かについては，見解が分かれている（会
社法9条についても同様である）。

　最高裁は，第1に，単に手形行為をすることは14条にいう営
業・事業に含まれないこと，第2に，ある者が名義使用を許諾した
者の名義で手形上に記名・捺印しても，その者自身としての手形行
為が成立する余地はなく，したがってその者は手形上の債務を負担
することはないのであるから，名義人がその者と連帯して手形上の
債務を負担することもありえないことを理由に，手形行為のみにつ
いて名義使用を許諾した者に14条を適用することを否定した（最
判昭和42年6月6日判時487号56頁）。

　学説には上述の第1の理由に賛成するものが多く，14条の直接
適用を認める見解は少数であるが，多数説は，14条の類推適用を
肯定する。ある者が他人名義を借りて経済的取引をする場合に広く
14条を類推適用しようとする立場である。ただ，その場合でも，
手形行為に固有の問題として，1つの署名には1つの手形債務しか

成立しえないことと14条の連帯責任との関係や手形行為の文言性を，何らかの理由づけで克服することが必要になろう。学説の中には，商法14条によるのではなく，名義使用の許諾があれば代行方式による手形行為であるとし，あるいは民法の表見代理規定や表見法理一般によって名義貸与者の責任を認めるべきであるとする見解も存在する。いずれにしても，名義人の責任を肯定する点では，学説は一致している。前掲最高裁昭和42年6月6日判決以後の下級審裁判例にも，14条の類推適用を認めるものがある（大阪高判昭和44年10月28日下民集20巻9＝10号773頁，福岡高判昭和55年5月29日判時987号105頁等）。

　なお，最高裁昭和55年7月15日判決（判時982号144頁・百選11）は，名板借人が商号の使用許諾を受けた営業自体は行わずに，貸与を受けた名義で手形を振り出した事案において，14条の類推適用を肯定している。このように判例は，14条を営業について名義を貸与した者の責任規定と位置づけながらも，類推によりその適用範囲を若干拡大してきている。

　**◆民法の表見責任と商法14条・会社法9条の相違**　民法109条の表見代理（表示による表見代理）では，第三者に対して他人に代理権を与えた旨を表示した者が，その代理権の範囲で他人（無権代理人）が第三者となした行為について，本人として責任を負う。つまり，代理権授与の表示による責任を，その表示をした者が負担するのである。この責任負担の構造は，民法のその他の表見責任でも同様である。これに対して，商法14条・会社法9条では，実質的営業主である名板借人が，営業主として当然に責任を負うのに加えて，名板貸人も名称使用の許諾にもとづき連帯して責任を負担するという連帯責任の構造になっている。手形行為の場合，名板貸人の名称が表示された手形を取得した者は，それを名板貸人の手形行為と認識しているので，その信頼を保護するとすれば，

そこに名板貸人の手形行為を認めなければならないはずであって，名板借人と名板貸人の両者の手形行為として連帯責任を導くことは困難にならざるをえない。

```
┌─────────────┐
│  外観作出に  │
│  関する帰責性 │
└─────────────┘
```

判例には，明示的にも黙示的にも名義使用を許諾したとはいい難い事案において，スーパーマーケット内に出店したテナント店について，店舗の構造や営業方法による外観作出という点で，営業主（スーパーマーケット）に名義使用の許諾と同視できる程度の帰責性があると認められる場合に，改正前商法23条の類推適用を認めたもの（⇨*Column* ㉓）がある。同様に，ホテル内に出店したマッサージ店（ホテルとは別の営業主体）において，施術を受けた者が後遺障害を負ったことについて，当該マッサージ店の営業主体がホテルであるかのような誤認を利用客に生じさせる外観があったとして，会社法9条の類推適用によりホテルの損害賠償責任を認めた裁判例（大阪高判平成28年10月13日金判1512号8頁）もある。

***Column* ㉓ 忠実屋事件**〜〜〜〜〜〜〜〜〜〜〜〜〜〜〜

　最高裁平成7年11月30日判決（民集49巻9号2972頁・百選14）は，スーパーマーケットに出店しているテナントと買物客との取引に関して，改正前商法23条の類推適用によりスーパーマーケットの経営会社が名板貸人と同様の責任を負うとされた事案である。Xは，神奈川県座間市にあるスーパーマーケットYの店内でペットショップを営んでいたテナント店Aから，手乗りインコを購入した。ところが，このインコがオウム病クラミジアを保有していたことから，Xの家族がオウム病性肺炎にかかり，Xの母親が死亡したため，Xらは，Yに損害賠償を請求した。原審はYの責任を否定したが，最高裁は，Yの直営店とテナント店Aとの営業主体の区別が外観上明らかになっているとはいいえないと判断し，「一般の買物客がAの経営するペットショップの営業

主体は Y であると誤認するのもやむを得ないような外観が存在したというべきである。そして，Y は，……右外観を作出し，又はその作出に関与していたのであるから，Y は，商法 23 条〔現行 14 条〕の類推適用により，買物客と A との取引に関して名板貸人と同様の責任を負わなければならない」と判示した。

なお，名板貸人が名板貸しを撤回した場合でも，名義貸与によって作出された外観が基本部分において残存していれば，名板貸人の責任を認めることができる。裁判例には，自己の商号（Y 会社）の使用を許諾した名板貸人が，後にこれを撤回して，名板借人 A に対し，Y 会社取締役と名乗ることを禁止して，営業所にあった名刺・ゴム印等を没収し，3 か月後には営業所から立ち退かせたが，その後も同じビル内に A の荷物を置くことを認め，A が Y 会社名義で営業を継続することを黙認していたという事案において，名板貸人の責任を認めたものがある（東京地判平成 7 年 4 月 28 日判時 1559 号 135 頁）。前述の名義使用について黙示の許諾があったと解釈される状況と，軌を一にするものとも考えられる。

## 4　相手方の誤認

名板貸人の責任が生じるためには，第 3 に，取引の相手方が営業主を名板貸人であると誤認したことが必要である。したがって，相手方に誤認のなかった場合（悪意の場合）に名板貸人の責任が生じないことは明らかであるが，善意の相手方がどこまで保護されるかについては見解の対立がある。

相手方の主観的要件　学説の中には，外観作出責任に重点を置いて相手方は過失の有無を問わず重過失があ

っても善意であれば保護されるとする見解（善意重過失保護説）や，民法109条の表見代理と同様に解釈して相手方に無過失を要求する見解（善意無過失保護説）もある。しかしながら，通説・判例（最判昭和41年1月27日民集20巻1号111頁・百選12）は，重大な過失は悪意と同様に扱われるとして，悪意および重大な過失のある第三者に対しては名板貸人は責任を負わないと解しており，これによれば善意・無重過失の相手方が保護の対象となる（善意軽過失保護説）。商法14条・会社法9条は，企業活動における権利・義務の帰属主体に関する外観保護規定であり，企業と取引する者が企業の内部関係を調査することなく一定の外観を信頼して取引する場合を相当程度に保護するものであるから，相手方に軽過失があっても保護の対象とされるべきであろう。他方で，相手方保護の必要性は，外観の信頼性や外観作出の帰責性との相関関係において判断されるべきで，具体的状況によっては，善意であるというだけで保護することが合理的でない場合も考えられよう。このような理解からしても，通説・判例の見解が妥当であると思われる。

　なお，相手方の悪意・重過失の立証責任は，名板貸人にある（前掲最判昭和43年6月13日）。


# *3* 名板貸人の責任の範囲


　名板貸人は，名板借人と相手方との取引によって生じた債務につき名板借人と連帯して弁済責任を負担する（不真正連帯債務）。取引の相手方は，選択により，名板借人と名板貸人のいずれに対しても弁済請求をすることができる。

| 責任を生じる<br>取引の範囲 | 名板貸人は，許諾した営業・事業の範囲内にあると認められる「取引によって生じた債務」について，商法14条・会社法9条 |

の責任を負う。「取引によって生じた債務」には，債務不履行にもとづく損害賠償債務や，売買契約解除による手付金返還債務などの原状回復義務も含まれるが（最判昭和30年9月9日民集9巻10号1247頁），不法行為による債務など取引関係以外の債務は，原則として含まれない。

最高裁昭和52年12月23日判決（民集31巻7号1570頁）は，名義貸与を受けた者が交通事故その他の事実行為たる不法行為に起因して負担するに至った損害賠償債務について，交通事故その他の不法行為が名義貸与者と同種の営業活動を行うについて惹起されたものであっても，改正前商法23条にいう債務にはあたらないし，示談契約にもとづく損害賠償債務も同様に同条にいう債務にはあたらないとしている。取引行為ではないし，営業主体の誤認にもあたらないからである。これに対し，取引の外形をもつ不法行為，たとえば，名板借人の詐欺的取引行為により発生した損害賠償債務については，取引主体の誤認の問題になるので，同条の取引に含まれる（最判昭和58年1月25日判時1072号144頁）。

第8章 | *表見支配人*

## *1* 意　義

　表見支配人とは，支配人ではないのに営業所（本店または支店）の営業の主任者たることを示すべき名称を付した使用人をいう。

　このような使用人は，たとえその名称が支配人であるかのように付されていても，包括的な代理権（21条1項参照）を有しないのが原則である。この原則に対する例外を定めているのが，商法24条である。

　ある者が支配人であるか否かは，営業主によって営業所の営業の主任者として選任されたか否かの事実によって定まる（⇨第4章 *2* ①）。どのような名称が付されているかは問題とならない。したがって，支店長や営業所長などの名称を有する使用人であっても，実際に営業主が営業所の営業の主任者として選任していない限り，支配人ではない。

しかしながら，営業本部長，支店長などの本店または支店の営業の主任者であることを示すべき名称を付した使用人は，一見，その営業所における営業の主任者であると考えられるのが普通である。このような信頼を保護するためには，民法の表見代理に関する規定（民109条・110条・112条）によることも考えられるが，反復継続的で集団的な取引の円滑化と安全性確保のためには不十分である。

そこで，商法では，そのような使用人については，裁判外の行為について支配人と同一の権限を有するものとみなしている（24条）。商法24条が設けられた理由は，具体的な事例を契機としていたとされる。すなわち，第三者が，銀行の支店長であるから当然支配人であろうと思って取引をし，その支店長が手形の割引をしたところ，銀行の方では支配人ではないから手形割引の権限はもたないとして義務を負担することを否認したという事例があった。そこで，いやしくも支店長であれば，支配人と同一の権限をもっているとみなしてもよいではないか，ということになったとされる。

表見支配人の制度は，外観法理または禁反言の法理を基礎に設けられたものであり，商法の外観主義の発現にほかならない。

## *2* 商法 24 条の要件

### 1 総　　説

商法24条が適用されるためには，①支配権のない使用人に商人の営業所の営業の主任者であることを示す名称が付されていること（不実の外観の存在），②営業主がそのような名称を付したこと（営業主の帰責性），③相手方がそのような外観を信頼したこと（外観への

信頼）が必要である。

支配人の意義に関
する議論との関わり

商法24条の適用範囲は，支配人の意義に
関する争いにも関係してくる（⇨第4章 **2**
①）。

　すなわち，営業主から支配人として包括的代理権を与えられた使
用人が支配人であるとする通説によれば，営業所の営業の主任者た
ることを示すべき名称を付されているものの，支配人としての包括
的代理権を与えられていない使用人が表見支配人であると解される
ことになる。したがって，営業主から現実に与えられた代理権の内
容に少しでも制限が課されていれば，商法24条が適用されること
になるはずであるから，同条の適用範囲は相当に広いということに
なろう。

　これに対して，営業所の営業の主任者である使用人が支配人であ
るとする少数説によれば，営業所の営業の主任者ではないのに，そ
の営業の主任者であることを示すべき名称を付された使用人が表見
支配人であると解することになる。つまり，少数説によれば，表見
支配人が成立する場合が狭められることになるわけである。

　両説の適用範囲についての違いは以上のようなものであるが，取
引の相手方の保護という観点からは，実際上の違いを生じることは
ほとんどないと考えてよかろう。通説が少数説を超えて表見支配人
を認める部分については，少数説は正規の支配人として認める範囲
を広げているにすぎないからである。商法24条の適用範囲が狭い
からといって，取引の相手方の保護が欠けるわけではない。

　なお，表見支配人の成立範囲は，商法24条にいう営業所として
の実質を備えているべきかという問題に関係しており，そのような
必要がないという見解によるならば，少数説に立っても，表見支配

人制度の適用範囲が著しく狭くなるわけではないことは既に述べた
とおりである（⇨第4章 **2** ①）。

2  営　業　所

本店または支店と
商法上の営業所

　　商法24条にいう営業所が，商法上の意義
における営業所の実質を備えていることが
必要かについては争いがある。

　この点につき，判例は，営業所としての実質を備えていることが
必要であるという立場をとっている（最判昭和37年5月1日民集16
巻5号1031頁・百選23）。この考えを支持する見解は，表見支配人の
制度が，本店や支店には営業の主任者を欠くことができないことか
ら，支店等の営業の主任者としての外観を有する場合についての取
引の安全の保護のために設けられていると主張している。これが学
説上も多数説であり，営業所の実質がない場合には，民法の表見代
理の規定（民109条等）による保護で満足すべきであるとする。な
お，営業所の実質を備えていない支店などであっても，これが営業
所として登記されているときには，商法9条2項の適用を介して，
表見支配人制度を利用することができる（最判昭和43年10月17日民
集22巻10号2204頁）。

　上述の見解に対して，少数説は，多数説によると外観に対する信
頼の保護という商法24条の立法目的が十分には達成できないと批
判する。というのも，相手方は商法上の営業所としての実質を備え
ているか否かを調査しなければ安心して取引ができないが，この調
査は必ずしも容易ではないからである。そこで，本店または支店の
外観や表示を信頼した相手方も，営業の主任者であるという外観や
表示を信頼した者と同様に保護するのが妥当であるとする。

少数説の主張ももっともではあるが，前述のように，多数説によっても，民法上の表見代理に関する規定や商法9条2項の適用によって，実際上はそう大きな違いは生じないであろう。相手方の調査という点では，商法9条2項を活用すれば，相手方としては取引しようとする支店などが営業所として登記されているかを確認しておけば十分であり（商登28条参照），これはさほど困難な作業ではない。実質的にみてさほど大きな差異がないとすれば，法文上「営業所」と限定されていること，同条はその沿革上支店の実体の存することを前提としていることをも考慮すると，商法24条を自然に解釈する多数説に従うべきであることになろう。

### 営業所とは何か

支配人を商人の営業所の営業の主任者である商業使用人を意味すると解すると，そこでいう営業所とは何かが重要となってくる。ある場所が営業所か否かは実質的に事実問題として決せられるので，支配人概念についての少数説といえども，単純な形式的基準によって支配人にあたるか否かを決定することはできない。

　営業所とは，商人の営業活動の中心である場所をいう。営業活動の中心であるとは，営業活動の指揮がそこから出され，しかも，その結果がそこに統一される場所である。単に内部的に営業活動を総括する場所であるだけでは足りず，外部的にも営業活動の中心として表れなければならない。必ずしも営業上の主要な活動がなされるわけではない売店や駅などはもちろん，単に事実行為がなされる工場や倉庫などは，それだけで営業所と認められるわけではない。

　営業の目的である行為がそこで締結される必要があるかについては若干の争いもある。営業所においては，営業の目的である取引も行われることが実際上は多いであろうが，そのような取引が営業上

の主要な活動と必ずしも一致するわけではない。この点から，営業の目的である取引がその場所でなされることは必要でないと考えられている。

営業所にあたるかどうかは，以上の基準によって，客観的に判断されるべきものであって，商人の主観的意図や付された名称は決め手にはならない。

◆**本店と支店**　商人が一個の営業について数個の営業所を有する場合に，全営業を統括する営業所を本店といい，それ以外の営業所を支店という。支店も，上述の意味での営業所であることが前提であり，企業を全体としてみた場合に，本店に従属しているにすぎない。

商法上の営業所は，その現実の名称が何であれ，本店であるか，そうでなければ支店であるかのいずれかである。出張所という名称であっても，営業所の実体があるものは，商法上の営業所としての支店である。これに対して，本店や支店における営業の組織ないし活動の構成部分であるにすぎない出張所のように，営業所としての実体を有しないものは，商法上の営業所ではない。

◆**営業所に認められる効果**　営業所については，次のような効果が結びついている。自然人の場合の住所に認められる法律効果とおおよそ同様であり，個人商人にあっては，営業所が住所と異なる場合に実益が存在する。

営業所は，①商行為によって生じた債務の履行場所となり（516条），②裁判管轄を決定し（民訴4条4項5号・5条5号等），③商業登記の管轄を決定し（8条，商登28条），④民事訴訟法上の書類送達の場所となる（民訴103条1項）。

## ③　営業の主任者であることを示す名称

営業の主任者であることを示す名称として，具体的にどのような

ものが該当するかは，一般の取引通念に従って，個別的に判断するほかない。

支店長の名称が表見支配人の名称の代表的なものとしてこれに該当することは問題ない。このほかにも，営業本部長，店長，営業所長，事務所長などが，その例にあたる。これに対して，支店長代理，次長，支店庶務係長などは，用語そのものから上席者がいることが明らかであるから，営業の主任者であることを示す名称ではない。

問題が起こりやすいのは，出張所長とか生命保険会社の支社長とかの場合である。ただ，この場合には，むしろ当該出張所や支社が商法上の営業所に該当するかどうかという形で問題が生じるとみるべきであろう。

## ④ 名称の付与

表見支配人が成立するためには，営業主がそのような名称を使用人に付与したことが必要である。名称の付与については，黙示的な付与も含まれる。使用人が営業の主任者たる名称を用いている事実を知りながら特別の措置を講じなければ，黙示的な名称の付与があったものと認められる。名板貸しの場合（⇨第7章）とは異なって，営業主には，使用人がそのような名称を使用していることを放置してはならないという社会的作為義務が認められるからである。

## ⑤ 相手方の信頼

相手方が悪意である場合には，表見支配人の制度によって，相手方が保護されることはない（24条但書）。ここでいう「悪意」とは，当該使用人が支配人でないと知っていることを意味するというのが通説である。その使用人が当該取引につき代理権を有しないと知っ

ていることを意味するのではない。支配人という包括的な代理権を
有する使用人について定型的な外観保護を図ろうとするのが，表見
支配人の趣旨だからである。

相手方が善意である限り，その者に過失があっても営業主は責任
を免れない。ただし，相手方に重過失がある場合には，悪意である
場合と同視され，相手方は表見支配人制度による保護を受けること
ができない。

# **3** 擬制される権限の範囲

商法 24 条適用の効果

表見支配人は，裁判上の行為を除き，支配
人と同一の権限を有するものとみなされる
(24 条本文)。したがって，その者が置かれた営業所の営業に関する
一切の裁判外の行為につき代理権を有する (21 条 1 項)。裁判上の
行為が除外されているのは，支配権があると信じて取引を行った相
手方を保護するという趣旨になじまないからである。

営業に関する行為には，営業の目的である行為のほか，営業のた
め必要な行為も含まれる。表見支配人の行為の客観的な種類や性質
によって，一般的にみて営業主の営業のために必要な行為であると
考えられるとき，代理権があるとみなされる。そのためには，取引
の性質だけではなく，取引の数量や金額も考慮して，当該営業所の
営業に必要か否かが客観的に判断される。

*Column* ㉔ 銀行の支店長が靴下を 5000 ダース買い入れた事例

とある銀行の支店長が，不良貸付けの回収を目的として（代金債務と
貸付債権の相殺を目論んだのであろう），職員の厚生にも資するために，

貸付先から，靴下を 5000 ダース買い入れたという事件が実際にあった。最高裁は，本文で述べたような基準を示した上で，本件売買は営業に関しない権限外の行為であると判断した（最判昭和 32 年 3 月 5 日民集 11 巻 3 号 395 頁）。

# 第9章 | 商業登記と外観主義

## *1* 商法9条2項の法意

公示力と公信力

　一般に，登記に公示力が備わることに疑いはない。公示力とは，権利や法律的な事実を「宣言」し，その権利関係自体あるいはその事実にもとづく法律関係を確定する効果をいう。登記とは，本来このような役割を果たすためにこそ設けられたシステムである。商業登記においても，既に第5章でみたとおり，商法9条1項が公示力を法文上明言している。ここであらためて確認しておきたいのは，この公示力が，権利・法的事実の実際の発生・変動を絶対の前提としている点である。つまり，もし権利・事実そのものが生じていないとすれば，公示力を論じる限り，いかなる登記が存在しようとも登記に見合う効果が発生することはないはずである。

　ところが，商法9条2項（なお，以下の叙述は会社908条2項につい

ても同じ）によると，存在しない事実（「不実の事項」）を登記した場合に，その不実登記を作出した者は，当該事実が存在しないということ（「不実であること」）を主張できない（「対抗することができない」）。その結果，不実の登記にもとづく法律関係を信じた者の側は，登記に記載されたところを基礎として形成される法的効果を享受できる。かりに同条が，実際には存在しない事実を登記に表してしまうと登記どおりの法的効果が認められるという趣旨ならば，商業登記には公示力に加え，さらに強力な効果，すなわち公信力が備わっていることになる。

外観法理とし
ての9条2項

もっとも，同項が登記と異なる真実の主張を制限しているのは，「故意又は過失」によって不実登記を作出した者に限られる。たとえば登記官吏の手違いによって真実とは異なる登記がなされてしまった場合には，やはり登記よりも真実が優先するのである。その点からすれば，少なくとも，いかなる場合も登記の表記だけを基準に客観的に法律関係を確定していく意味での強力な公信力は予定されていない。9条2項は不実の登記の作出者側に故意・過失という主観的要因が備わることを適用要件とし，さらにそれに呼応するように，第三者の側にも善意という主観要素を求めている。こうした帰責と信頼は，禁反言ないし権利外観法理による法律関係の調整において常套的に使われる組合せである。そこで，商業登記に公信力という強い法的効果が備わるとすることに慎重な立場からは，同項はあくまでそうした法理の1つの表れと理解されている。

*Column* ㉕　9条2項の保護範囲〜〜〜〜〜〜〜〜〜〜〜〜〜〜〜〜〜

　9条2項を権利外観によって説明づけようとする場合，保護対象とすべき第三者の範囲はどこまで拡がるだろうか。9条2項の外観信頼は登

記という「外観」から導き出されるものだから、厳密にいえば保護の対象となる第三者は、真実と異なる登記を実際に見た（「見る」につき102頁参照）上でそれを信頼した者でなければならないはずである。ところが、日常の継続的商事取引などでは取引相手に商業登記の確認を期待することが難しいこともままある。その場合は、取引相手は不実の登記の現出すら知らないままに、それまでの事実的関係が変化していないと信じて取引を続ける。取引相手は登記ではなくさまざまな取引環境に信頼の基礎を置いているわけである。たとえば株式会社が、既に退任した代表取締役の抹消登記を怠っていたとする。後述するように（⇨**2**②）、退任代表取締役があたかも現任の代表者のような登記を残しているという意味で、これも9条2項ないし会社法908条2項の適用場面である。たいていの場合、取引相手は退任代表取締役が退任したという事実さえ知らないであろうから、そもそも登記を見るはずもない。もし相手方が退任した代表取締役と取引を継続しているとすれば、退任取締役がそれまで使用していた会社印を保有し会社もそれを黙認している等の事情があるからであろう。理論にこだわれば、そこには登記以外の部分で外観法理が作用する余地はあるが（民109条・110条・112条、商24条あるいは会社354条・421条等）、登記の表記による外観信頼は存在しない。

このような登記以外の取引環境への信頼も、不実の登記がなされている限り9条2項の保護対象として取り込もうとすれば、この条文の保護範囲は一回り大きくなることになる。

---

**不実の登記と登記官の審査権限**　もともと商業登記は、真実を公示することを目的とするものである。登記が真実と異なる状態は、極力避けなければならない。原則として商業登記は当事者の請求ないし申請にもとづいて行われる（商8条、商登14条）。申請当事者の営業所の所在地を管轄する法務局で、そこに勤務する法務事務官（登記官）がこの申請を受理す

る（商登4条）。もしこの申請の段階で不実の登記を登記官が受理しないことにすれば，登記と真実の食い違いは減少するはずである。このような不実登記防止のための防波堤としての役割を登記官に期待できるのだろうか。

商業登記法24条10号は，登記官の登記申請却下事由として登記事項に無効・取消しの原因があるときを挙げている。文字どおり読めば，この却下を行うためには登記官による登記申請事項の実質的な評価が不可欠である。また，かつて非訟事件手続法151条は，「登記所ハ登記ノ申請カ商法，有限会社法……ニ適セサルトキハ……却下スヘシ」と定め，商業登記の申請について登記官の広い適法性に関する裁量の余地を認めていた（もっともこの規定は1963〔昭和38〕年に商業登記法が制定されたことに伴い削除された）。これらのことから，登記官には実質的審査権が備わり，不実の登記申請がなされた場合にはこれを却下することができるとする解釈も成り立つ。

ところが登記官の実質的審査権は，審査「義務」と裏腹の関係にある。もし実質的審査義務まで負うならば，不実の登記がなされてしまった場合，登記官の審査義務懈怠が問われる危険性がある。それは記録官にすぎない登記官吏には酷な結果であろう。

そこで現在では，一般に登記官は形式的審査権限・義務しか有しないと解されている。確かに，かりに，9条2項に絶対的公信力（不実登記の作出者の故意・過失を問わない）が認められるとすれば，登記官が申請段階から細心の注意を払って，極力，登記と真実の不一致を回避すべきことにもなろう。そのために登記官に実質的審査権限を行使させるという構図も成り立つかもしれない。しかし，既に述べたように，9条2項が定めるのは権利外観にもとづく善意者保護政策である。商業登記と真実とが合致することは望ましいにせ

よ，それが食い違った場合の処理は，外観法理特有の当事者間の利益衡量に委ねられている。登記の作出に故意・過失がある者の責任を明確にするためには，登記官の実質的審査義務ひいてはそれを怠った場合の責任などが介在しては，ことが複雑になるばかりである。むしろ登記官は形式的審査によって機械的に登記申請を処理することが望ましい。商登 24 条もまた，申請却下事由を限定列挙し，登記官に加重な負担を課してはいないと読むべきであろう（10 号については，客観的に無効・取消しが明らかな場合と解釈するほかない）。登記官は，たとえ申請登記が真実と異なっていることに強い疑いをもったときでさえ，形式的な審査のみを行うことをむしろ要請されているのである。

## *2* 不実の取締役登記

### ① 就任登記のない取締役

取締役就任登記と
登記簿上の取締役

実際に，商業登記の表示が現実の法律状態と食い違う「不実の登記」の例は多い。中でも取締役の登記は，第 5 章で述べたような 9 条 1 項の適用場面のみならず，同条 2 項に関しても深刻な法律問題を引き起こす。取締役に関する真実と登記の食い違いは，まず，就任手続が履践されていないにもかかわらず，取締役としての登記が行われてしまう場合に生じる。実は，わが国の株式会社の実態からしてこの例は日常茶飯に存在する。

本来，取締役は創立総会または株主総会の適正な決議によって選任しなければならない（会社 88 条・329 条）。したがって，取締役の

登記はその決議にもとづいてしか行えないはずである。ところが，わが国では零細規模の企業が株式会社としての形態をとることが著しく多い。この個人企業の法人成りの風潮は，株式会社制度の病理的特徴としてよく指摘されるところである。そうした会社では株主総会が開催されることはまずない。それにもかかわらず，実質的企業主が取締役を仕立て上げて，その登記を申請する。登記官が形式的審査権しか有しない現行登記実務では，その申請が適切な株主総会決議にもとづくものかどうかを確かめることは不可能である。その結果，適正な選任手続を欠く「取締役」が登記されてしまうことになる。

◆事実上の取締役　このような登記簿上のみの取締役は「表見的取締役」と呼ばれることが多い。「表見的取締役」と次にみる「名目的取締役」は，「事実上の取締役」という範疇で括ることもできる。ただそれぞれの呼称は，論者によってニュアンスが相違することもあるので，注意しなければならない。なお本書では，意味を正確に伝えるために，適正な選任手続を経ないで登記された取締役を「登記簿上の取締役」と呼ぶことにする。

> 会社法429条と名目的取締役・登記簿上の取締役

ところで，会社法の領域で，このような法人成り企業の取締役がクローズ・アップされるのは，会社法429条にもとづく責任追及事案である。概してこの種の企業は財産的基盤が脆弱であり，事業に行き詰まることが多い。その結果，取引相手は売掛金や手形金を回収できなくなる。その際，取締役の個人的資産をもってその埋合せに充てるための手段が，第三者（取引相手）に許される429条の責任追及である。

　通常この責任追及のターゲットとなるのは，いうまでもなく，当

該企業の経営を掌握している実質的な企業主である。事実上の個人企業主は，有限責任を利用するために法人成りをする場合が多い。それゆえにこそ，会社法の分野では法人成りが望ましくない現象と捉えられるのである。有限責任の濫用の弊害を防止するためにも，取締役となっている実質的企業主への責任追及は当然であろう。

　もっとも，一般に判例はそれ以外にも会社法429条の責任主体をいわゆる「名目的取締役」にまで拡張して，さらに第三者の保護を強化する傾向にある。名目的取締役とは，一応の適正な手続を経て選任されていることを前提に，それにもかかわらず経営に無関心で業務執行に関わっていない者を指す。この名目的取締役が同条の責任を負う根拠は，取締役に就任したにもかかわらずその職務を怠ること（多くの場合，実質的企業主の行動に対する監視義務違反）に求められる。つまり，責任を負う前提として，名目的取締役が法的に取締役としての職務を行うことのできる立場にある点が重要である。

> **◆会社法と名目的取締役**　2005（平成17）年改正前商法の下では株式会社には絶対に3名以上の取締役からなる取締役会を置かなければならなかったため，個人企業の法人成りについては，員数揃えのために無理矢理取締役に「就任」させられる者が多かった。現行会社法の下では，株式会社（とくに株式を公開していない会社）については，必ずしも取締役会を設けなくてもよいから，ある意味，この名目的取締役を減らす方向に改正が進んだともいえる。

　興味深いことに，会社法429条の責任は前述した登記簿上の取締役に対して会社債権者によって追及される場合がある。しかし，厳密には，登記簿上の取締役は名目的取締役と異なる。登記簿上の取締役は選任手続さえ踏まれておらず，妙な言い方になるが，真実は「取締役」ではない。いかに取締役登記がなされていたとしても，

絶対的公信力のないわが国の登記制度の下で，登記のみから選任手続の欠缺という致命的瑕疵が治癒されるはずもない。だとすれば，登記簿上の取締役はそもそも取締役としての職務を果たすことができない。もちろん，職務のない者に取締役としての義務違反を問うことはできないから，名目的取締役についてその会社法429条の責任を根拠づけていた義務懈怠の構成は，登記簿上の取締役には理論上適用できないはずである。

| 昭和47年最高裁判決 |

最高裁昭和47年6月15日判決（民集26巻5号984頁・百選8）は，登記簿上の取締役に対する会社法429条（当時は商法266条ノ3）の責任追及事案を扱ったリーディング・ケースである。ここでは，実質的経営者の懇請に負けて代表取締役になることを承諾した者が，会社の経営破綻の後に会社債権者から債権相当額の賠償を請求された。この会社では，実質的経営者は営業部長の名の下に会社運営を掌握しており，登記簿上の「代表取締役」が実際に会社業務に携わったことはない。もちろん，この者を取締役に選任すべき創立総会・株主総会は開催されていなかった。

最高裁はこの手続上の瑕疵を明確に認識し，この者は「取締役としての権利を有し，義務を負うことがな」く，「会社の取締役として登記されていても，本来は，商法266条ノ3〔会社429条〕……にいう取締役には当たらない」と判断した。すなわち，上にみた登記簿上の取締役の理論的な特徴がはっきりと指摘されているのである。

ところが，判決はさらに次のように続ける。「不実の登記事項が株式会社の取締役への就任であり，かつ，その就任の登記につき取締役とされた本人が承諾を与えたのであれば，同人もまた不実の登記の出現に加功した」ものとみなされる。そして，「取締役として

就任の登記をされた当該本人も，同人に故意または過失があるかぎり，当該登記事項の不実なことをもって善意の第三者に対抗することができ」ない。結局のところ9条2項をよりどころにこの登記簿上の代表取締役にも会社法429条の責任が生じるものとされた。

　この最判は，法理論上は取締役としての職務のない者について，職務懈怠責任を認定するための一種の詭弁として9条2項を援用している。それによって発生する登記簿上の取締役の責任は，実際には決して，取締役としての職務懈怠に起因する責任ではない。それは，登記が真実と異なることを「対抗することができない」ために発生する特殊な責任と構成せざるをえない。

### *Column* ㉖　登記申請権者と責任の所在

　本来，取締役登記の申請権は会社に属する。したがって，9条2項によって登記が事実と異なることの対抗を制限されるのは，会社のはずである。この点を捉え，そもそも取締役という個人は9条2項の適用対象から外れるとする見解もある。しかし一般には，同条が当事者の帰責と信頼を要件とする外観法理であるところから，不実の登記の出現に加担した者すべてについて9条2項を適用する余地があると解されている。47年最判も取締役個人が不実の登記に「加功」したという表現をもって，9条2項の適用対象を拡げているのである。

法人成り企業における取締役の実態

確かにもっぱら理論的な側面からみれば，上の47年最判は矛盾しているようにも思える。とはいえ，実際問題としては，この判決の結論にさほど違和感は覚えない。

　判決で優先されたのは，法人成り企業における現実のバランス感覚であったと考えることができる。理論的には名目的か登記簿上かで取締役の責任根拠は明暗を分けるはずである。しかし，もともと

この種の零細企業の取締役には，かつて 2005（平成 17）年改正前商法の要求した取締役員数をクリアするために，不本意ながら取締役に就任している者が多かった。しかも法人成り企業では，そもそも株式会社の機構的要請が忠実に守られているとは考えにくい。実質的企業主の恣意に委ねられた会社運営の下，株主総会が開催されることはめったにないし，たとえ開催されたとしても実質の伴わないことが常である。そうした状況の下では，選任手続があったことにされるかどうかは，もはや実質的企業主の小手先の操作によるといっても過言ではない。したがって，現実の零細企業において登記簿上の取締役と名目的取締役との間に実態的相違があるかどうかは大いに疑問である。

このようにみれば，47 年最判の結論にはそれなりの現実的合理性を見出すことができる。

### ② 退任登記未了の取締役の責任

───────────
退任取締役の地位
───────────

こうして 9 条 2 項は，会社法 429 条の責任追及を補完する形で用いられることになった。そのバリエーションとしてさらに注目されたのは，取締役の退任登記がいまだなされていない場合の責任である。

退任登記未了の取締役の事案は，① でみた就任登記のそれより多少複雑化する。もっとも，そのポイントを押さえれば，事の本質は就任登記の場面と異ならないことがわかる。すなわち，会社と委任関係にある取締役は，会社（具体的には代表取締役）に対する意思表示のみによっていつでも辞任することができる（辞任の効果は意思表示の時点に生じる）。辞任取締役は取締役ではないため会社の業務に関わることができず，職務行為と認められる行為を行わないのが

むしろ当然である。たとえ，抹消登記（101頁の登記簿の例参照）がなされず取締役としての登記が残っているからといって，この者に職務懈怠の責任を問うことはできないのである。

実は，このパターンの事案は，前掲47年最判に先立つ昭和37年に，既に最高裁で取り上げられたことがあった。最高裁昭和37年8月28日判決（裁判集民62号273頁）は上の筋論を重視し，退任したが取締役の抹消登記が済んでいなかった元取締役に対しては，会社法429条の責任を追及することができないと判示した。

*Column* ㉗　退任後の業務執行

　37年判決は，「その退任の登記……前，なお積極的に取締役としての対外的または内部的な行為を敢えてした場合においては，その行為により損害を被った善意の第三者は，登記……がないためにその退任を自己に対抗しえないことを理由に，右行為を取締役の職務の執行とみなし，商法266条ノ3〔会社429条〕の規定によりその損害の賠償を求めることはこれを容認しなければならない」と付言している。すなわち，退任後も取締役として振る舞っている者については，その行為にもとづいて会社法429条の責任を課す。もっともこの責任は，どちらかといえば取締役としての職務懈怠にもとづく責任の派生型であり，登記のみによって認定されるわけではない。

---

取締役の退任
登記と9条2項

しかし，昭和62年4月16日判決（判時1248号127頁・会社百選68）で，最高裁は37年判決の筋論よりも47年判決の実際的解決を優先させて，退任登記未了の取締役についても会社法429条の責任を追及できる道筋を開いた。

この事案では，ある零細株式会社の代表取締役の懇請に応じて取締役（および監査役）の地位についた4名の者が，会社の破綻後，

取引先から会社法 429 条にもとづき売掛金相当額の損害賠償の支払を求められた。しかしその取締役らは，会社の資金繰りが悪化し，次第にその事業が行き詰まってきたことを知った段階で，実質的企業主であった代表取締役に辞任を申し出ている。代表取締役はこれに応じたものの，当時は事業の建て直しのことで手一杯という状況で，その退任登記を行う余裕がなかった。この売掛金債権は，辞任したはずの取締役の登記が残存する間になされた取引に由来するものである。

　まずこの判決は，「株式会社の取締役を辞任した者は，辞任したにもかかわらずなお積極的に取締役として対外的又は内部的な行為をあえてした場合を除いては，辞任登記が未了であることによりその者が取締役であると信じて当該株式会社と取引した第三者に対しても，商法 266 条ノ 3〔会社 429 条〕……に基づく損害賠償責任を負わないものというべきである」という。この部分に限ってみれば，上に述べた 37 年最判の確認にすぎない。

　ところがこの最判は，「取締役を辞任した者が，登記申請権者である当該株式会社の代表者に対し……不実の登記を残存させることにつき明示的に承諾を与えていたなどの特段の事情が存在する場合には……取締役を辞任した者は，同法 14 条〔現行 9 条 2 項，会社 908 条 2 項〕の類推適用により，善意の第三者に対して……取締役でないことをもって対抗することができない結果，同法 266 条ノ 3〔会社 429 条〕……にいう取締役として所定の責任を免れることはできない」とつづける。この部分はまさしく 47 年最判の骨子の焼き直しである。

| 62 年最判の評価 | 　62 年最判の巧みな点は，47 年最判にいう「承諾」を「明示的承諾」に入れ替え，さ |

らにそうした登記残置への積極的関与が「特段の」事情であると表現したことであろう。これにより9条2項で求められるべき不実登記作出への関与という帰責性は47年最判よりは限定され，認められにくくなっている。現に62年最判の事案でも，4名の元取締役・元監査役は再三代表取締役に登記抹消をするように申し入れていたことから，不実登記の残存について荷担してはいなかったと認定され，結局のところ会社法429条にもとづく責任を回避できたのである。

　辞任を申し出た取締役については，「取締役の地位から離れたい」という意思を積極的に表明しているのだから，就任登記の場合よりは会社法429条の責任の認定において慎重を期すべきであろう。その意味では62年最判のバランス感覚は優れているかもしれない。しかしいかにバランスを図ろうとも，9条2項の不実登記作出の帰責は，理論上はどうしても会社法429条の責任の根拠とできるものではない。62年最判の根本的理論構成から47年最判と同様の詭弁性を払拭できないのはこのためである。

### *Column* ㉘　9条1項か9条2項か

　そもそも9条1項は，登記すべき事実の変動が発生したにもかかわらずそれが登記されない場合の対処規定である。これに対して9条2項は，登記すべき事実の変動が存在しないにもかかわらずそれが登記されてしまった場合の規定である。一般的には両項はこのように区別されている。ところが，退任登記未了の事案は，新事実（辞任）の発生を基準に捉えるかあるいは旧登記（取締役在任という登記）を基準に捉えるかによって，それに対する見方が変わる可能性がある。すなわち，会社内部事項として取締役の辞任が生じたのにそれをまだ登記していないとみれば，登記がされるまでは，9条1項によって第三者にその事実を対抗することはできない。それに対して，もはや取締役でないのに取締役としての

不実の登記がなされているとみれば，9条2項が適用されることになる。実際にこの場面で両項の適用を考察した判決も存在する。学説上は，9条2項に故意・過失という主観的要件が定められている以上，両項の適用場面は厳格に区別すべきであるという考え方も多い（もっとも，退任登記未了の取締役にどちらを適用すべきかについては見解が分かれる）。

第**4**編

# 企業活動の特色と
# 商行為法

　商行為法の特色を考えるにあたって，その適用の対象となる企業活動そのものの特色を把握しておくことが重要であろう。企業活動の特色としてはいくつもの点を挙げることができようが，ここでは，商行為法の内容に対して影響を与えているものに限って説明することにする。

```
企業活動の営利性
```
　第1に，企業活動の本質は，営利性にある。たとえば，企業が当事者となる売買においては，安く購入した物品を高く売却し，これによって利潤を得ることが目的となっている。このように，企業は，計画的で継続的な意図をもって営利行為を実現しようとするのである。企業活動は本来すべて営利の目的に向かって方向づけられているのであって，一般私法上の行為がたとえ実際には営利の目的をもってなされるとしても，それが個別的で偶然的であるのと異なっている。

　そこで，商法は，企業活動は一般的に有償的なものと認めて，報酬請求権などを定めている。たとえば，商人が営業の範囲内において他人のためにある行為をなしたときは当然に報酬請求権を有し（512条），また商人間で消費貸借をしたときは当然に法定利息の請求権を有する（513条1項）。

```
商行為法の任意法規性
```
　第2に，企業活動は最も冷静に利害を打算して行動する経済人の行為である。したがって，そのような行為については，法の後見的な働きは必要ではなく，むしろ当事者が自由意思をもって定めるところに任せるのが適当である。このことは，次に述べる企業取引の簡易迅速な締結のためにも必要である。今日では私法一般の原則となっている契約自由

の原則は，まず企業取引の領域において発達した。このような原則から，企業取引に関する商法の規定の多くは，別段の定めがない場合に適用される任意規定（デフォルト・ルール）であるものが多い。任意規定であることを明文で定めている例も少なくない（521条・544条・553条）。また，商行為によって生じた債権を担保するための質権につき流質契約の禁止が解かれているのも（515条），このような事情にもとづいている。

簡易迅速主義
と商行為法

第3に，企業が営利の目的を実現するためには，企業活動が反復的で集団的に行われる必要がある。これを可能にしようとするならば，企業取引の簡易迅速な締結と履行が不可欠である（簡易迅速主義）。商法の領域においては，簡易迅速主義の要求に応じるための種々の法則や制度が形成されている。たとえば，商行為編総則の規定では，商行為の代理（504条），契約の申込みの効力（508条），契約の申込みを受けた商人の諾否通知義務（509条）などがそれである。商事売買に関する規定でも，売主の供託権および自助売却権（524条），定期売買の履行遅滞解除（525条），買主の目的物の検査通知義務（526条）などの規定が存在している。

---

## *1* 商法の適用範囲

> どのような場合に
> 商法が適用されるか

商行為も法律行為であるから，法律行為に関する民法の一般原則が適用されるはずである。ところが，商取引には営利性や簡易迅速性などが要求されるから，商法は民法の特則を定めている場合が少なくない。

商法が適用されるか否かを画する概念は，「商人」と「商行為」という2つの概念である。これらの概念を利用しつつ商法の規定を分類すると，①当事者が商人であるか否かに関係なく商行為であれば適用されるもの，②当事者の一方が商人である場合に適用されるもの，③当事者の双方が商人である場合に限って適用されるものがある。

これらの特則の中には，民法上も解釈によって同一の結果を導く

べき場合もあるなど，「民法の商化」という現象が散見される。この現象は，平成29（2017）年の民法（債権関係）改正を通じて進みつつあり，民法自体がビジネスローとしての性格を強めているなかで，民法と商法の違いはかつてより小さくなってきている。商法に置かれていた規定が民法に取り込まれ，それに伴い商法の規定が削除されることは（商法の規定の「一般法化」），結果的に商法の空洞化を生じさせているようにみえるかもしれない。しかし，商行為の営利性，迅速性，取引の安全性，契約自由などの要請から，民法の特則としてのルールの必要性は失われていない。

### *Column* ㉙　「民法の商化」の例——対話者間の申込みに関する商法規定の削除

　「民法の商化」の一例として挙げられるのが，対話者間の申込みに関する商法規定の削除である。2017（平成29）年民法改正以前，商人である対話者の間において，契約の申込みを受けた者が直ちに承諾をしなかったときは，その申込みはその効力を失うことが定められていた（改正前商507条）。これに対し，民法においては，承諾期間の定めのない対話者間の申込みの効力についての規定は置かれていなかった。この点については，改正前民法521条を反対解釈して，承諾期間の定めのない対話者間の申込みは，いつでも撤回できるし，申込みは撤回されるまでは効力を有すると解する見解もあった。このような見方によれば，改正前商法507条は，商取引の迅速性という要請にもとづいて，民法の特則を定めたものと解されることになる。以前の商法学者の見解はこのようなものであった。しかし，その後，民法の解釈上も，特別の事情がない限り，直ちに承諾をしなければ申込みの効力は失われると解するのが一般的となった。商取引の迅速性の要請に基づく特則は，民法上の取引にも当てはまると解されたのである。対話者間における申込者の通常の意思を踏まえれば，後日改めて諾否の返事をするといったような特段の事情がない限りは，民法上の契約であっても，その対話の終了によって申込

みは承諾適格を失うと考えられることを理由に，承諾の期間を定めない
でした申込みについて，対話が継続している間に申込者が承諾の通知を
受けなかったときは，その申込みが効力を失うことが2017（平成29）
年の民法改正により新たに定められた（民525条3項。ただし，申込者が
対話終了後もその申込みが効力を失わない旨を表示したときはこの限りでな
い）。これに伴い，改正前商法507条の規定は削除された。商法の原則
が民法の商化によって民法の原則となったのである。

以下では，どのような場合に商法と民法の各規定が適用されるか
に注意しつつ，商行為編総則中の規定を，その趣旨や内容に応じて
順次考察していくことにしよう。

## *2* 企業活動の営利性にもとづく規定

報酬請求権 　商人は営利を目的として活動する者であるから，商人の行為は通常は営利の目的のた
めになされたものと考えられる。そこで，商法512条は，商人がそ
の営業の範囲内において他人のために行為をしたときは，相当な報
酬を請求することができるとしている。

民法では，委任，準委任，寄託，事務管理などによって他人のた
めにある行為をしても，費用の償還を請求することができるが（民
650条1項・656条・665条・702条1項3項），特約がなければ報酬を
請求することはできない（同648条1項）。商法は，この点で，原則
と例外を転換したのである。

民法においては，金銭の消費貸借をしても，特約がなされない限り，借主は貸主に対して利息を支払う義務はない（民589条）。これに対して，商人は営利を目的として活動する者であって，商人が無利息の金銭消費貸借をすることは通常予想されない。そこで，商法513条1項は，商人間において金銭の消費貸借をしたときは，貸主は法定利息を請求することができることとしている。

この規定は，商人間の金銭消費貸借を対象とするものであるが，商人の営業に関するか否かを問わないで適用されるのは広すぎるとの批判もある。これに対しては，商人は営業外で借りた金銭も直ちに営業に流用することができるし，当事者は特約によって任意の条件を定めることができるから，あえてこのような制限を加える必要はないと反論されている。立替金の利息請求権に関する同じ条文の第2項が明文で「営業の範囲内において」と定めていることとの対比から，営業に関するか否かを問わないことについて疑問はないようにもみえるが，争いは依然として残っており，むしろ営業に関することが必要と考える見解の方が多数説である。

立法論的に問題となるのは，むしろ適用範囲が狭いのではないかという点である。それは，商法513条1項が商人間についての規定となっている点であり，商法512条や商法513条2項との均衡からは，貸主が商人でありさえすれば，その営利的性格により借主が商人か否かにかかわらず利息請求権を認めるべきであると批判されている。

商人がその営業の範囲内において他人のために金銭の立替えをしたときは，その立替えの日以後の法定利息を請求することができる（513条2項）。金銭

の立替えには，金銭の消費貸借以外で，他人のために金銭の出捐をなす場合が広く含まれる。

民法でも，受任者が委任事務処理のため必要と認められる費用を支出したときは，委任者に対してその費用のほか，支出日以後の利息の支払を請求できることになっている（民650条1項）。ところが，事務管理の場合には有益な費用を支出した場合に，その費用だけ償還請求をすることができるにすぎず（同702条1項），利息を請求することはできない。そこで，商法513条2項の特則は，事務管理の場合に実益があると説かれている。

*Column* ㉚　法定利率の統一化 ～～～～～～～～～～

2017（平成29）年の民法（債権関係）改正以前，民事法定利率（改正前民404条・年5分）と商事法定利率（改正前商514条・年6分）は異なっていた。企業取引においては資金の需要が多く，資金は効率よく利用されるのが通常であることを受けた違いである。より具体的には，商事法定利率が民事法定利率よりも高く設定されているのは，①商人が債務者の立場にあるときは，営利を目的とする商人は非商人よりも金銭を有利に運用することができる地位にあることと，②商人が債権者の立場にあるときは，他で運用したならば非商人よりも有利に運用できたはずであることに求められていた。もっとも，改正前商法514条は，商人のなす商行為に限らず，商行為一般について規定しているので，この点は商行為一般の営利性ということで説明せざるをえなかった。2017（平成29）年の民法改正により，民事法定利率について従来の年5%から3%への法定利率の変更および固定利率から3年ごとに見直しがなされる変動利率が採用されたことに伴い，商事法定利率に関する規定が削除された。変動利率の導入は，法定利率と市中金利が大きく乖離する事態を防ぐことを目的とするものであり，法定利率を法改正によらずに変動させる仕組みが創設されている。

～～～～～～～～～～～～～～～～～～～～

# *3* 商行為の代理と委任

## ① 代理の方式

| |
|---|
| **非顕名の代理** |

民法は代理の方式について，顕名主義をとっている。すなわち，代理人によってなされた法律行為の効果が本人に帰属するためには，代理人がその代理権の範囲内で，しかも本人のためにすることを示して意思表示をすることを要する（民99条1項）。代理人が本人のためにすることを示さないでした意思表示は，たとえ代理人が代理意思を有していても，原則として，代理人自身のために行ったものとみなされる（同100条本文）。ただし，相手方がその意思表示が本人のためになされたことを知り，または知ることができたときは，本人に対して法律行為の効果が帰属する（同条但書）。

これに対して，商法では，商行為の代理人が本人のためにすることを示さないでこれをした場合であっても，その行為は本人に対して効力を生ずるのが原則である（504条本文）。ただし，相手方が本人のためにすることを知らなかったときには，代理人に対して履行の請求をすることが妨げられない（同条但書）。このように商法504条本文は，民法の顕名主義の例外を定めたものである。商行為においては，①本人の名をいちいち顕名することは煩雑であり，②相手方も本人を知りうることが多く，③本人が誰かということに重点が置かれないことが多いことが，この規定の立法趣旨であると説明されている。しかしながら，顕名主義の例外を無制限に認めると，法律行為の効果が帰属するのは代理人であると考えていた相手方の期

待を害することがある（本人の資力に不安がある場合など）。そこで，同条但書は，代理行為の相手方を，善意の場合に限って保護しようとしたのである。

商法 504 条本文の理解 以上のように商法 504 条を理解するのが，最高裁の見解である（最大判昭和 43 年 4 月 24 日民集 22 巻 4 号 1043 頁・百選 30）。同条本文の理解については，学説上もこれを支持するのが多数説である。ただし，学説の中には，商法 504 条は民法 99 条の例外を定めるものではなく，民法 100 条の特則にすぎないと理解する，少数ながら有力な見解もある。

　つまり，民法 100 条では，代理人が顕名しなかった場合に代理人に効果が帰属するのが原則であり，ただ本人または代理人の側で相手方が代理行為であったことにつき悪意または有過失であったことを証明すれば，代理の効果が認められる。これに対して，商法 504 条では，原則として顕名されなければ代理の効果が発生しないことは同じであるが，相手方が代理であることについて善意かつ無過失であったことを証明しなければ代理の効果は否定されない。以上のように，商法 504 条は民法 100 条の証明責任を転換したものであると解するのである。

　少数説は，まったく顕名されていないのに，法律関係が本人と相手方との間に帰属することを原則と考えることは，きわめて妥当性を欠くという。しかしながら，少数説に対しては，商法 504 条の文言とは離れる解釈であるとの批判がなされている。同条但書は，代理人に対して請求することを妨げないとしており，本人にも請求できることになるから，少数説のような理解は困難である。

商法504条但書の
解釈をめぐる争い

商法504条本文について多数説および判例の見解をとった場合でも，同条但書が適用される場合において，相手方・本人間の法律関係と相手方・代理人間の法律関係との相互関係をどのように解するかについては争いがある。

前述の最高裁昭和43年4月24日判決は，相手方においていずれか一方の法律関係を選択することができ，一方を主張したときにはもはや他方を主張することはできないとする。

これに対して，学説では，法律関係は併存し，相手方に対して本人と代理人が負う債務は，不真正連帯債務になると解するのが伝統的な多数説であった。この説は，規定の文言には忠実ではあるが，契約関係は本人と相手方との間に成立するので，相手方がそれを知らずに代理人に債務の履行をしてしまった場合に不当な結果が生じると批判された。しかしながら，この点については，相手方に過失がなければ，取引上の社会通念に照らして，債権の受領権者としての外観を有する者（準占有者ともいう）に対する弁済であるとして，相手方はその債務を免れることができる（民478条）。

もっとも，このような考えをとると，相手方は本人と代理人の両方に対して債権者としての地位に立つことになるから，もともと代理人の資力しかあてにしていない相手方を有利に取り扱いすぎるとの批判も生じる。この点を強調すれば，判例のようにいずれか一方を当事者として選択しうると解する見解が力を有することになるのであり，利益衡量としては，この方が適切であるという見解が今日では有力である。

なお，判例の立場に与する場合には，本人が相手方に対して債務の履行を求める訴えを提起して，その訴訟の継続中に，相手方が代

理人を債権者として選択したときに，代理人の債権につき時効中断（2017〔平成29〕年民法改正後は完成猶予）の効力が生じるかが問題となる。この点，最高裁は，上記訴訟が継続している間は，代理人の債権につき催告に準じた時効中断の効力が認められるとする（最判昭和48年10月30日民集27巻9号1258頁・百選31）。理由はいくつか挙げられているが，理論的には，「相手方の選択以前には本人の債権と代理人の債権が併存していると解されるが，両者は別個独立の債権というより，後者が選択されれば前者はその主張ができなくなるという関係において単に権利の帰属者の点においてのみ択一的な債権として併存しているにすぎず，債権の実体は単一であるとみることができる」からであると説かれている。

　この判決の結論は妥当であるとしても，理由づけについては，相当に無理をした解釈といわざるをえない。このような難解な問題を生じさせないためにも，相手方が代理人との間の法律関係を主張した場合にも，本人の相手方に対する請求権は消滅せず，ただ相手方は本人の請求に対して，代理人に対して対抗できたはずの抗弁（更改，免除，相殺，支払猶予など）を提出できると解すべきであろう。

### *Column* ㉛　商法504条の存在価値

　本文で述べたように，商法504条は多くの複雑な問題を引き起こしているが，立法論的には同条を削除すべきであるというのが支配的な考え方である。

　理由は種々挙げられているが，主な根拠は次のようなものである。①商取引では相手方は誰でもよいという同条の前提が，そもそもあらゆる取引分野で成り立ちうるか疑問である。②民法100条だけで十分である。③本人のための絶対的商行為にも適用される点が不当である。

　もっとも，同条本文を，英米法の undisclosed principal（隠れた本人）の法理と同様，本人のためにすることを示さずに行為する代理人は，

相手方に対して自己の信用を過大にみせがちであるから，相手方を保護するために本人に責任を帰属させる趣旨のものであると解すると，立法論としても合理的理由が存在する規定であるとの見方もある。

## 2 代理権の消滅事由

**本人の死亡と
代理権の消滅**

民法は，本人が死亡すれば，代理権もまた消滅するとしている（民111条1項1号）。代理すべき主体が消滅してしまった以上は，そのように考えるほかないともいえる。

これに対して，商法は，商行為の委任による代理権は，本人の死亡によっては消滅しないと規定している（506条）。代理人は，本人の死亡によって，当然に相続人の代理人となり，相続人によって新たに授権行為がなされる必要はない。このような規定が設けられているのは，次のような理由による。

営業主である商人が死亡しても，これによって営業が当然に廃止されるわけではない。ここでもし民法の原則が適用されると，商業使用人や代理商の代理権がすべて消滅し，相続人が新たに代理権を授与するまでは営業活動が中断することになり，企業取引にとって最も重要な活動の機敏さが著しく害される。このような事情が，非商人たる本人とは異なって存する。

さらには，取引の相手方の利益からの分析も可能である。商人の代理人は永続的な企業組織の一環をなしており，取引の相手方はいかなる営業と取引関係に入るのかを重視するが，営業主である商人が誰かを必ずしも重視するわけではない。第三者にとって必ずしも直ちに判明できない商人の死亡により代理人の権限が当然に消滅す

ることになれば，取引の安全が著しく害されることになる。

「商行為の委任による代理権」の意義　商法506条の趣旨が上述の点にあるとすると，「商行為の委任による代理権」の意義については，次のように考えるべきことになる。

つまり，代理権を授与する行為たる委任自体が委任者にとって商行為である場合，すなわち，商行為である授権行為により生じた代理権と解すべきである。このように考えるのが，判例であり（大判昭和13年8月1日民集17巻1597頁），学説上も通説である。

もっとも，これに対しては，委任契約の目的である行為が商行為である場合，すなわち，商行為の代理をなす権限をいうと解する少数説もある。

### ③　受任者の権限

商法505条と民法644条　民法によれば，受任者は委任の本旨に従い，善良なる管理者の注意をもって委任事務を処理しなければならない（民644条）。これに対して，商法によれば，商行為の受任者は委任の本旨に反しない範囲内において，委任を受けていない行為をすることができる（505条）。

両者を比較すると，民法上は受任者は委任を受けていない行為をしてはならないのに，商行為の受任者は委任を受けていない行為をすることができるという違いがあるようにもみえる。このような見方によれば，商法は，受任者が事情の変更に応じて臨機の措置をとることができるように権限を拡張したと理解することになろう。

しかしながら，善良な管理者であれば，受任者は，明示的な委任

はなくても事情の変更に応じて臨機の措置を講じうるのであるし，むしろそのように行動すべきであるといえる。商行為にあっても，これ以上のことを認める必要はない。以上のことから，通説は，商法505条は民法644条の規定を明確にしたにとどまり，受任者の権限を拡張したものではないと解している。

# 4 契約の成立

## ① 契約申込みの効力——隔地者間の申込み

商法508条1項は，商人である隔地者の間において承諾期間を定めずに契約の申込みを受けた者が相当の期間内に承諾の通知を発しないときは，その申込みの効力を失うと定めている。この規定は商行為についてのみ適用される。

民法によれば，そのような場合には，申込者が撤回をする権利を留保したときを除いて，相当な期間の経過後に申込者が撤回してはじめて効力を失うことになる（民525条1項）。商法は，商行為の迅速性にもとづいて，民法の特則を設けている（対話者間の申込みについては*Column*㉙参照）。

なお，申込みの効力が失われた後になされた承諾は，新たな申込みであるとみなすことができる（508条2項→民524条）。

## ② 諾否通知義務

民法上の原則と
商法による修正

たとえば，自分の家に「ビール5箱を売りたい」という手紙が舞い込んだが，買うつもりがない場合を考えてみよう。そのまま

放っておいても，「はい，買います」といわない限り，ビールを買ったことにはならない。というのも，売買契約が成立するには，申込みと承諾という意思表示の合致を要するのが民法上の原則だからである。

ところが，商法509条は，商人が平常取引をする者からその営業の部類に属する契約の申込みを受けた場合につき，遅滞なく諾否の通知を発する義務を課し，それを怠るとその申込みを承諾したものとみなしている。したがって，たとえば，なじみのディスカウント酒屋に「ビール5箱を届けてくれ」とファクシミリを送った場合に，酒屋は「売る」とも「売らない」とも言わないで放っておくと，ビールを売るという意思表示をしたものと取り扱われ，売買契約が成立してしまう。そして，酒屋がビールを届けなかったために損害が生じたならば，酒屋の債務不履行責任を追及して，損害賠償を請求することができる。

---
**商法509条の立法趣旨**

なぜ，商法はこのような規定を設けているのであろうか。継続的・反復的に取引が行われていた場合，その申込みにつき遅滞なく諾否の通知を受けなければ，申込者は承諾がなされたと信頼するから，その信頼を保護する必要がある。ただし，商法509条の保護範囲は，それにとどまらない。つまり，同条の趣旨は，商人の専門性から来る判断の容易さ，商行為の迅速性を理由に，相手方の期待を保護したことにあると解されている。したがって，「平常取引をする者」は，申込事項について過去に取引があった者に限られない。

承諾期間がある場合の申込みの場合には（民523条），その期間内であれば，申込み後遅滞なく諾否の通知をするか否かは当然に問題にならず，また，承諾期間の定めのない隔地者間における申込みの

場合には，相当の期間内に承諾の通知を発しなかったときは申込みはその効力を失う（508条1項）。したがって，商法509条は，承諾期間の定めのない隔地者間における商行為である契約の申込みが，商人が平常取引をする者からなされた場合についての規定であって，民法の原則に対する特則であるとともに，商法508条に対する特則でもある。

商法509条の縮小解釈　なお，商法509条の規定を文言通りに解釈すると，承諾の擬制の範囲が広すぎて妥当でないと考える立場もある。たとえば，なじみの普通の酒屋に「ビール5箱を，1本100円で届けてくれ」とファクシミリを送った場合であればどうか。この場合にも，酒屋が返事をしなければ，定価との差額を儲けてしまうことができるのであろうか。これはよくないと考える立場からは，申込みの内容が条件等の点で合理的か否か等の要素を勘案し，申込みに対する沈黙が承諾を意味すると当然に予想される取引についてのみに，同条の適用は限定されるべきと説かれている。この立場によれば，上述の例では，酒屋が債務不履行責任を負うことはなく，妥当な結論が導かれる。

### ③ 受領物品の保管義務

商法510条の趣旨　商人がその営業の部類に属する契約の申込みを受けた場合において，申込みとともに受け取った物品があるときは，その申込みを拒絶したときであっても，申込者の費用をもってその物品を保管しなければならない（510条本文）。

　民法の原則によれば，契約の申込みを受けた者が申込みと同時に物品の送付を受けていても，その申込みを拒絶した場合には，受け

取った物品を返送したり保管する義務を負うことはない。申込者の返還請求に応じれば足りるし，申込者のために自主的にその物品について事務管理をなすことができるにすぎない。

ところが，企業取引においては，契約の申込みと同時に，契約の目的物の品質等を知らせるために，または承諾を予期して，契約の目的物の全部または一部を送付することが少なくない。そこで，商法は，企業取引関係を迅速かつ円滑に処理し，取引の相手方の商人に対する信頼を保護するために，商人に特別の義務を定めたのである。

ただし，その物品の価額が保管費用を償うに足りないときには，申込者も保管を期待していると想定されないから，上述の保管義務は生じない（510条但書）。また，商人が保管によって損害を受けるようなときにも，そのような状況下で保管を期待するのは適切ではないことから，受領物品の保管義務を生じない（同但書）。

**商法 510 条の適用範囲**　商法510条が適用されるためには，申込みを受けた相手方は商人でなければならないが，申込者は商人であることを要しない。また，その契約が申込者にとって商行為であるか否かを問わず，申込みのなされた契約が申込みを受けた商人の営業の部類に属するものでなければならない。以上の点は，商人の諾否通知義務（509条）の場合と同様である。

受領保管義務に関する規定は，諾否通知義務の場合とは異なり，申込者は申込みを受けた商人と平常取引関係を有する者に限られないのみならず，両当事者間に売買その他の何らの法律関係の存在をも前提としていない。

そこで，立法論としては，申込者との間に何ら法律関係もなく（527条参照），さらに平常取引がない者に対してまで，商法510条

が保管義務を課すのは行き過ぎであるとの見方が強い。当事者間に何らかの契約関係が存在する場合、平常取引関係がある場合、または、商人による申込みの勧誘にもとづいてなされる場合に限るべきであるという見解があるが、正当であろう。

# 5 債権の消滅

債務履行の場所

　民法では、弁済場所について別段の意思表示がないときは、特定物の引渡しは債権が発生した当時に目的物が存在した場所においてなし、その他の弁済は、債権者の現在の住所に持参してなすことを要する（民484条1項）。

　これに対して、商法は、商行為によって生じた債務につき、履行の場所がその行為の性質または当事者の意思表示によって定まらないときには、特定物の引渡しは行為の当時に目的物が存在した場所においてなし、その他の履行は、債権者の現在の営業所（営業所がない場合にあっては債権者の住所）に持参してなすことを要すると規定している（516条）。

*Column* ㉜　**債務履行の時間・消滅時効に関する規定の見直し**

　2017（平成29）年民法改正以前、商法520条は、法令または慣習によって商人の取引時間の定めがあるときは、その取引時間内に限り、債務の履行をし、またはその履行の請求をすることができるとしていた。民法では、取引時間に関する明文の規定が設けられてはいないが、一般の民事取引でも同様に解釈されるべきであるから、商法520条は注意規定にすぎないと考えられていた。このため、改正により同条に相当する一

般規定が民法 484 条に置かれ，これに伴い，商法 520 条は削除された。

　また，消滅時効に関する民法の一般法的規律について，時効期間の短縮および短期消滅時効に関する職業別の規定の削除が 2017（平成 29）年改正によりなされると同時に，商法 522 条に置かれていた商事消滅時効（原則 5 年）に関する規定は削除された。商事消滅時効が短縮されていたことについては，立法趣旨が営利的性格のある取引一般につき時効期間を短縮して，早期に権利関係を確定することが求められていると説明されていた。しかし，債権の消滅時効について，主観的起算点（債権者が権利を行使することができることを知ったとき）から 5 年，客観的起算点（権利を行使することができるとき）から 10 年という二元的システムが導入されることになる際に（民 166 条 1 項），民事時効と商事時効という区分を維持することの妥当性が問題とされた。この区分を維持した場合，商法 522 条の適用を受ける債権とこれを受けない債権の時効期間の差異を説明することが困難になるとされ，具体的には，金銭の貸付けという事業内容は銀行と農業協同組合や信用金庫とで類似しているにもかかわらず，商人である銀行の貸付債権に 5 年の時効期間が適用されるのに対し，農業協同組合および信用金庫の貸付債権については取引の相手方が商人でない限り民法の 10 年の時効期間が適用されることの説明が困難であることが指摘された。こうした点に加えて，民法の時効期間と商法の時効期間の適用関係が明確ではなく，いずれの時効期間が適用されるのかの判断が必ずしも容易ではないという問題もあったことから，民法改正に合わせて商法 522 条の規定は削除された。

# *6* 寄託を受けた商人の注意義務

**民法上の原則**　民法では，寄託は原則として無償であるが，有償の特約をすることもできる（民665条→同648条1項）。有償寄託の場合には，特定物の保管義務についての一般原則により，受寄者は「善良な管理者の注意」をもって保管すべき義務を負うが（同400条），無償寄託の場合には，注意義務が軽減されており，「自己の財産に対するのと同一の注意」をもって保管すれば十分である（同659条）。

**商法上の特則**　ところで，商人がその営業の範囲内において無償で寄託を受けた場合に，無償寄託の場合における民法の原則が適用されることになれば，商人の信用を害し，取引の円滑を害することになる。そこで，商法595条は，商人の責任を厳格にするため，商人がその営業の範囲内において寄託を受けたときは，報酬を受けない場合であっても，善良な管理者の注意をもって保管することが必要であるとしている。

　商法595条は，任意規定であるから，特約でこの責任を軽減しまたは免除することを妨げられない。ただし，場屋営業者は，客の携帯品につき責任を負わない旨を告示しても，これにより責任を免れることはできない（596条3項）。

| 第11章 | *商 事 担 保* |
|---|---|

<br>
<br>
<br>

## *1* 多数債務者の連帯

分割債務と連帯債務　　民法上は，数人の債務者がある場合に，別段の意思表示がなければ，各債務者は平等の割合で義務を負うことになる（民 427 条）。たとえば，A と B の 2人が共同で C から 100 万円を借り入れた場合に，特約がなければ，A と B は平等の割合で，つまり各自 50 万円ずつ借金を返済する義務を負う。これを，「分割債務の原則」と呼んでいる。

　数人の債務者が分割債務の関係に立つと，連帯債務の場合と異なり，1 人の債務者について生じた事情が，他の債務者に影響を与えることはない（相対効）。各人が，それぞれ別個の債務を負担するのであるから，当然ともいえる。連帯債務でも，基本的には相対効が基礎になるが（同 441 条。ただし，債権者および他の連帯債務者の 1 人が別段の意思表示をしたときは，他の連帯債務者に対する効力はその意思に

従う），次の３つの場面で，絶対効が認められ，１人の債務者について生じた事情が，他の債務者に影響を与えることになる。それらは，①更改（同438条），②相殺（同439条），③混同（同440条）である。2017（平成29）年の民法改正までは，履行の請求（改正前民434条），免除（同437条），連帯債務者の１人についての時効の完成（同439条）についても絶対効が認められていた。同改正では，連帯債務の担保的機能の強化という観点から，絶対的効力事由を限定する形で見直しが図られた（ただし，改正で削除された履行の請求に関する絶対効は，連帯債務の担保的機能を強化する方向に作用する側面を有していた。これが削除されたのは，連帯債務者の１人に対する履行の請求があったとしても，そのことを知らない他の連帯債務者がいつの間にか履行遅滞に陥るなどの不測の損害を受けるおそれがあるためである）。

**商法による民法の修正** 商法511条１項は，数人の者がその１人または全員のために商行為となる行為によって債務を負担したときは，分割債務ではなく，連帯債務の関係に立つこととしている。上記の例であれば，ＡとＢは連帯して，各自100万円の借金を返済する義務を負い，一定の範囲で他方に生じた事情の影響を受けることになる。商法がこのように定めたのは，企業取引活動における債務の履行を確実にして債権者の保護を強化し，これによって取引の安全と迅速を図るためであると説明されている。各債務者は債務の全額についてそれぞれ責任を負うことになり，いわば責任部分を超過する額につき，相互に連帯保証をしているのと同様の状態になる。

商法511条１項は，債務者にとって商行為となる場合に限って適用され，債権者のためにのみ商行為であるときには適用されない（大判明治45年2月29日民録18輯148頁等）。債権者にとって商行為

であるからといって，非商人の責任を強化するのは適切ではないからである。債務者にとって商行為となるならば，これと同一性のある債務，すなわち，損害賠償請求権や解除の際の原状回復義務についても，この規定が適用される。

なお，数人の非商人が債務を負担し，民法の適用を受けるべき場合にも，連帯の特約がなされるのが常態となっていることを考えれば，立法論としては，民法の商化として，別段の意思表示がない限り，民事債務についても一般的に連帯性を認めるべきであるとの見解もある。こうした見解に対しては，事業と関係のない取引についてまで，広く連帯債務の成立を認めるのは相当でないことを理由に，商法の規定を民事の一般規定とすることに反対する立場が示され，実際に 2017（平成 29）年の民法改正は商法 511 条 1 項には及ばなかった。

## *2* 保証人の連帯

単純保証と連帯保証 ── 民法では，特約がない限り，保証は単純保証であり，連帯保証とはならない。

単純な保証人は，まず主たる債務者に催告せよと債権者に請求することができるし（民 452 条本文），債権者がこれに応じて催告をしても，保証人が主たる債務者に資力があり，執行も容易であることを証明したときは，債権者はまず主たる債務者の財産について執行をすることを要する（同 453 条）。前者を，「催告の抗弁権」といい，後者を，「検索の抗弁権」という。

また，単純な保証人が数人いるときには，各保証人は分別の利益

を有する（同456条）。たとえば，AとBとが，債権者Cに対する主債務者Dの100万円の債権を保証した場合には，AとBは，各自50万円ずつの部分についてのみ，Dの債務を保証したことになる。

　以上に対して，連帯保証人は，催告の抗弁権も検索の抗弁権も有しないし（同454条），分別の利益も有しない（同456条参照）。

| 商法511条2項の適用範囲 |

商法511条2項は，①債務が主たる債務者の商行為によって生じたものであるとき，または，②保証が商行為であるときは，保証人は，主たる債務者と連帯して債務を負担することを定める。商取引上の債務の保証を連帯保証としたのは，その相手方である債権者の人的担保を強化し，債権の回収を容易にするためであると説かれている。同条1項が，多数債務者の連帯を定めた趣旨と同様である。

　なお，上記②の内容については，争いがある。すなわち，(a)銀行が取引先のために保証をする場合のように，保証する行為が商行為であるときのみを意味すると解するか，(b)銀行が貸付けにあたり非商人に保証人となってもらう場合のように，保証させる行為が商行為である場合をも含むと解するかで，見解が分かれている。

　大審院の判決は，「保証が商行為とは保証が保証人にとり商行為たるのみならず債権者にとり商行為性を有する場合をも包含するものと解するを相当とす」として，(b)の立場をとる（大判昭和14年12月27日民集18巻1681頁）。商法は債務の履行を確保することを意図しているとして，これを支持する見解もある。しかしながら，現在では，第1項の場合との均衡を考慮すべきこと，商事保証の信用を高めるのが目的であれば商人が保証する場合だけで十分であるこ

と，非商人がたまたま商人（債権者）のためにした保証にまで連帯性を認めることは行き過ぎであること，(b)説は条文の文言を無視した拡張解釈であることなどを理由として，(a)説を支持するのが通説である。

## *3* 商人間の留置権

民事留置権との違い　　留置権とは，他人の物の占有者がその他人に対する自己の債権の弁済を受けるまでその物を留置する権利である。民法上は，他人の物の占有者がその物に関して生じた債権（目的物の修繕費など）について留置権を有するにすぎない（民295条1項）。つまり，留置権が成立するためには，被担保債権と目的物との間に，個別的関連性（牽連関係）が必要とされているのである。

　ところが，継続的な商取引が行われている商人間においては，互いの債権を保全するために，流動的に担保を相互に取得させるのが便利である。また，商人間において個別に担保権を設定しなければならないとすると，迅速性を重視する商取引にとっては，不都合を生じることにもなる。そこで，商法521条は，商人間の留置権は，その物について生じた債権に限らず，債権者と債務者の双方にとって商行為となる行為によって生じた債権であれば，被担保債権になるものと定めた。つまり，商人間の取引によって生じる債権一般と，両者間の取引によって債権者が占有を取得する債務者の所有物一般というように，被担保債権と目的物との間に一般的関連性がありさえすれば，留置権の成立を認めている。

*Column* ㉝　留置権の起源 〜〜〜〜〜〜〜〜〜〜〜〜〜〜〜〜〜

　民事留置権は，ローマ法の悪意の抗弁から生じたものである。債権者が債務者に対して自らも債務を負担するにもかかわらず，これを弁済しないで自己の債権の履行を求めることが信義の原則に反するとみられる場合に，債務者が悪意の抗弁を主張して，その義務の履行を拒むことを許したのが起源である。

　これに対して，商事留置権は，中世イタリアの商人団体の慣習法に起源を有する。商人は同一の相手方と継続して取引をし，相互に債権を取得し債務を負担するのが常である。その場合に質権を利用することも考えられるが，いちいち質権設定の手続をとるのは煩雑であるし，占有する物が絶えず変動することに対応するには実際的ではない。そこで，質権に代わるものとして，債権者は弁済期にありながら弁済のない債権のためにその時点で自己が占有する相手方の物を留置できるとの慣習法が成立した。

　このように民事留置権と商事留置権とは起源が異なることから，成立要件だけではなく，効力においても差異が生じている。

〜〜〜〜〜〜〜〜〜〜〜〜〜〜〜〜〜〜〜〜〜〜〜〜〜〜〜〜〜〜〜〜〜

**商事留置権の成立要件**　　商法は，商人間の一般的留置権のほかにも，代理商（31条），問屋（557条），運送取扱人（562条），物品運送人（574条），海上物品運送人（741条2項）の留置権について，規定を設けている。これらを総称して，「広義の商事留置権」というが，商人間の一般留置権を「狭義の商事留置権」という。ここでは，商人間の一般留置権についてのみ取り扱う。

　被担保債権は，商人間における双方的商行為によって生じた債権であり，弁済期が到来しているものであることが必要である。前述のように，被担保債権と目的物との間には個別的な牽連性は必要ではなく，当事者双方の「営業上の取引から得られた債権」と「営業上の取引から得られた物」との間に牽連性があれば足りる。当事者

双方にとって，営業行為として行われる場合に留置権を認めるのが典型的な例であるが，商人が営業を離れて絶対的商行為を行ったときに，商法 521 条が適用されるかについては争いがある。絶対的商行為にあたるときは，その行為が当事者双方にとって営業としてまたは営業のためになす行為である場合に限られるとの見解もある。しかしながら，文言上そのような制約は付されていないし，実質論としても，広く商事留置権を認めた方が望ましいから，このような制限的な解釈は妥当ではなかろう。

留置物は債務者所有の物または有価証券でなければならない。不動産も物に含まれる（最判平成 29 年 12 月 14 日民集 71 巻 10 号 2184頁・百選 35 参照）。債権者が目的物を占有している間に，債務者がその所有物を譲渡しても，債権者の留置権は影響を受けない。とはいえ，留置物は債務者の所有物でなければならず，債権者が善意で占有を開始しても，第三者の物については留置権は成立しない。留置権は法定担保物権であって，権利の移転や担保権の設定を目的とする取引の安全を保護しようとする制度ではないから，即時取得の規定（民 192 条）は適用されない。

商人間の留置権が成立するためには，債務者の所有する物が「その債務者との間における商行為によって自己〔債権者〕の占有に属した」ことが必要である。自己の占有に移す行為は，債権者にとって商行為であることが必要であるし（通説），これで十分である。商行為によって占有を開始したことが必要であるから，非営業的な偶然の事情によって占有することになった物については，留置権は成立しない。

なお，債権債務関係が商人間の取引によらずに作られる場合には，商人間の信用取引を確保する趣旨にそぐわない。このことから，被

担保債権は他人から譲り受けた債権であってはならないと解されている。ただ，無記名債権や指図債権は，もともと移転することが予定されており，また証券上の行為は商行為性が認められるので，このような債権を譲り受けた場合にも留置権が認められるという見解が通説である。もっとも，有価証券理論として債務負担行為を相手方のない単独行為と解する論者からですら，債権と物とを商人間の取引によらずに結合する場合を排除するという商法521条の解釈としては，有価証券上の権利についても，これを取得する実質関係が，有価証券の取得者（債権者）と有価証券上の債務者との間に直接存在することが必要であると主張されている。

| 商事留置権の効力 |

商法は，商事留置権の成立要件についてのみ規定しており，その効力については何ら規定を設けてはいない。したがって，特別法による特別な効力を除いては，民法の一般原則を基礎として，その効力を判断しなければならない。

民法によれば，留置権者は，債権の弁済があるまで目的物を留置し（民295条1項），留置物より生ずる果実（株式の利益配当，賃料など）を収取して優先的に弁済にあてることができる（同297条）。通説は，さらに留置物の競売権も認めているが，競売による換価金については一般の債権者も配当請求が認められ，留置権者が優先的に配当金を受領する権利はないと考えられている。

商事留置権につき効力が強化されているのは，破産法や会社更生法が適用される場面においてである。債務者が破産した場合，民事留置権は破産財団に対して効力を失い，破産管財人からの引渡請求に応じなければならない。これに対して，商事留置権については，破産財団との関係で特別の先取特権とみなされるから（破66条1

項），商事留置権を有する者は，目的物に対して別除権を有することになる（同2条9項・65条1項）。なお，債務者の破産宣告後において，従来の商事留置権者が留置的効力を維持できるか否かについては争いがある。

また，会社更生法は，更生手続が開始しても，商事留置権が効力を失うことはないとの立場をとっている。この前提の下で，同法104条は，裁判所は，更生会社の事業の再生のために必要であると認めるときは，管財人の申立てにより，留置物の価額に相当する金銭を裁判所に納付して留置物を目的とする商事留置権を消滅させることを許可する旨の決定をすることができるとしている。これは，たとえば，高額の機械が修繕費のために留置されているなど，被担保債権に比べて留置物の価額がはるかに大きい場合などに，会社の再建に支障が生じることがないようにするためである。

# *4* 流質契約の許容

民法における
流質契約の禁止

民法は，流質契約を禁止している（民349条）。「流質契約」とは，質権の設定契約または債務の弁済期以前に，債務不履行の場合に，質権者が弁済として質物の所有権を取得または法律に定める方法によらないで，任意に売却することができることを定めた契約である。

民法がこのような流質契約を禁止しているのは，債務者の経済的窮状に乗じて，債権者が暴利を得ることを防止するためである。とはいえ，庶民金融において債務者保護が最も求められる場面である

質屋営業に関しては，質屋営業法 19 条が流質契約を認めており，民法の原則は実効性の乏しいものになっている。

商法における流質<br>契約の許容の趣旨

商法 515 条は，商行為によって生じた債権を担保するために設定した質権については，流質契約を許容している。その趣旨をめぐっては 2 つの見解が対立しており，その理解に応じて，「商行為によって生じた債権」という文言の解釈に差異が生じている。

近時の多数説は，債務者の商人性に着眼している。つまり，商人であれば冷静に利害計算を行う能力を有しており，法の後見的役割を必要としないとされる。さらには，流質契約が禁止されていると，せっかくの金融の道が閉ざされることにもなりかねず，かえって商人の利益を害するとも説かれる。

これに対して，現在の少数説は，商事債権に着眼している。すなわち，商法 515 条は，商取引としての金融取引の円滑化を図るため，商事債権の自治的強化を認めたものであるとする。かつては，このように理解する見解が通説であった。

「商行為によって生<br>じた債権」の意義

上述の立法趣旨に関する理解の相違から，「商行為によって生じた債権」の意義についての解釈が分かれる。

債務者の商人性に着眼する多数説によれば，「商行為によって生じた債権」は，文字どおり解釈すべきではなく，債務者にとって商行為である場合に限って，そのような債権に該当すると解されている。たとえば，非商人が個人的な株式投資の資金を銀行から借り入れるに際して，流質契約の特約条項のある契約書を差し入れ，自分が保有する有価証券に質権を設定したという事例を考えよう。この事例では，多数説によれば，商法 515 条の適用はなく，上記の流質

契約は無効とされることになる。

　これに対して，商事債権の特殊性に着眼する見解によれば，「商行為によって生じた債権」は，文字どおり解釈されるべきであって，上述の例でも，商法515条が適用され，流質契約は有効になる。多数説のような制限的解釈は，金融取引にとって無用の拘束となることや，当事者が譲渡担保の方法をとって流質契約の禁止を忌避すると，その禁止は容易に実効性がないものになってしまうことなどが理由とされる。前述の例でも，かりに非商人が個人的に一連の行為をするのではなく，その者が代表者を務める会社が同様の行為をすれば，商法515条は適用されることになり，バランスを失するとの指摘もある。多数説は，金融取引を歪める原因になっているとされるのである。

　◆金融機関の実務　2009（平成21）年の株券の電子化以前，金融機関が株式を担保として取得する場合には，「有価証券担保差入証」の提出と株券の交付を受けていた。その担保差入証には，株券が「いっさいの債務の根担保として」提供される旨を記載しているだけで，担保の種類が，略式質であるか略式譲渡担保であるかは明確にされていなかった。

　　この担保が略式質であるとすると，本文で述べた多数説からは，流質契約が無効になる範囲が広くなってしまうため，銀行の約定では，担保の種類を不明確にして，多数説のような見解がとられた場合に備えていた。しかし，株券電子化後の振替制度の導入に伴い，株券をベースとしていた取引は振替口座を通じた取引となり，銀行が指定する差入先の区分口座により，質・譲渡担保のいずれであるかを明確に区別することが必要となった。

# 第12章 *商事売買*

## *1* 商事売買に関する特則

規定が少ない理由

売買は各種の商行為の基本であるにもかかわらず，商法は，商事売買に関してわずかに5か条の特則を設けているにすぎない。この理由は，次の2点にある。

第1に，売買については，民法に詳細な規定が置かれていることである。しかも，民法の商化の現象が最も顕著に現れている契約類型であることから，商事売買においてもその規定を，修正することなくそのまま適用することができる。このため，立法者は，民法と重複するものを除き，実際上商法において特別の規定を要するもののみを規定すれば十分であったのである。

第2に，商事売買は，当事者の私的自治の要請が最も強い領域であって，これについて詳細な規定を設ける必要がないばかりか，詳

細な規定を設けると，かえって取引の自由を阻害するおそれがある。商人間の売買においては，個々の企業によって普通取引約款が作成され，それによって取引が行われるほか，事業団体ごとに標準約款や統一規則が制定される例もある。国際売買の領域でも，同様の傾向がみられるし，種々の条約や国際ルールも設けられている。

商事売買の規定の特徴　商法の売買に関する規定は，商人間の商行為である売買に適用される。

商法の売買に関する規定を民法の売買に関する規定と比べると，いずれも売主の利益を強く保護するところに特色がある。これは，企業である商人間の売買においては，売主の立場からみてとくに取引の安全・迅速の要請があるとの考慮にもとづいている。

以下では，条文の順序とはやや異なるが，通常の取引の過程に即して，目的物の引渡しに関する規定（⇨2 および 3）を先に，目的物の受領に関する規定（⇨4 および 5）をその後に概観することにする。

## *2* 定 期 売 買

定期売買に関する商法の規定　売買の性質または当事者の意思表示によって，特定の日時または一定の期間内に履行をしなければ契約をした目的を達成することができない場合において，当事者の一方が履行をせずにその時期を経過したときは，相手方が直ちに履行の請求をした場合を除いて，契約は解除されたものとみなされる（525条）。これを，定期売買の履行遅滞による解除という。履行遅滞が債務者の責めに帰すべき事由にもとづくか否かを問わない。

民法にいう定期売買に関する一般原則によれば，当事者の一方が履行をしないでその時期を経過したときは，相手方は，契約解除の一般的な前提要件である相当の期間を定めた履行の催告（民541条）をすることなく，直ちにその契約の解除をすることができる（同542条1項4号）。商法の定期売買においては，時期の経過とともに，契約が当然に解除されることになる点が異なっている。

民法のように売主の契約解除の意思表示が必要であるとすると，買主は請求と契約の解除のいずれかを選択することができ，価格の騰落により売主の危険において投機を行うことができることになる。目的物の価格が急騰すれば，請求を選択することによって，高価な物を相対的に安価で買うことができるし，逆に急落すれば，解除をして，安価な物を相対的に高値で買うことを避けることができるのである。売主としては，このような不安定な状況に置かれたくなければ，相当の期間を定めてその期間内に解除権を行使するか否かを確答すべき旨を催告しなければならない（同547条）。

そこで，商法は，商取引の迅速な処理と売主の保護とを徹底させるとともに，契約解除の意思表示をなす手間を省略させたのである。定期行為の定期性を厳格に解すべきという立場からは，このような商法の特則は，民法の商化として民法の一般原則に取り入れられてよいとされる。

### 商法525条の適用範囲

定期売買の当然解除が認められるためには，商人間の双方的商行為である売買でなければならない。

これは，商人と非商人の間の売買にも，定期売買の当然解除が及ぶと，商行為に不慣れな非商人に不利益にはたらくから，あるいは，売主の保護が認められてよいのは，立場の互換性が認められるから

であり，商人間の売買ならば立場に互換性があるが，商人と非商人との間には，そのような関係がないからなどと説明されるのであろう。

しかし，商法525条が適用されたところで，債権者（通常は買主）に特別な不利益が及ぶことはないから，立法論としては，商人間の売買に限定することは妥当でない。

売買の性質による定期売買の例としては，①季節商品の売買や，②価格変動の激しい商品の売買などが考えられる。①の例としては，カレンダー，中元進物用のうちわ，クリスマス用品の売買などが挙げられる。②の例としては，株式がこれに該当するかが問題となるが，判例は事案ごとに区々に分かれている。

| 定期売買の例 |
| --- |

当事者の意思表示による定期売買の例としては，履行期を重視した結果，代金について配慮を加えたような場合がありうる。たとえば，代金支払時期を重視して，売主が代金をとくに安く定めた場合がこれに該当すると判断された判決がある（最判昭和44年8月29日判時570号49頁・百選39）。

# *3* 売主の供託権・自助売却権

| 売主の供託権 |
| --- |

商人間の売買において，買主が目的物の受領を拒みまたは受領することができないときは，売主はその物を供託することができる（524条1項）。

「商人間の売買」とは，両当事者が商人として行う売買であって，双方の当事者にとって商行為であることを要すると解するのが通説

である。ただし，次に述べる売主の自助売却権とともに，立法論としては，売主が商人であるか買主が商人であるかを問わず，当事者の一方が商人として行う売買であればよいものとすべきであるとの提案もなされている。

商人間の売買に関する売主の供託権は，民法の弁済供託に関する規定（民494条・495条・496条）に大きな修正が加えられたものではない。つまり，債権者が弁済の受領を拒みまたは弁済を受領することができないときは，債務者は，弁済の目的物を供託してその債務を免れうることは，民法でも既に認められている。商法上の供託権の便利な点は，供託したことに関する買主への通知について，民法とは異なって発信主義がとられている点に限られる（524条1項後段）。

売主の自助売却権 上述の供託という方法のほかに，商人間の売買において，買主が目的物の受領を拒みまたは受領することができないときは，売主は相当の期間を定めて催告した後（損傷その他の事由による価格の低落のおそれがある物は催告は不要），目的物を競売に付することができる（524条1項2項）。これを，売主の「自助売却権」という。

民法上，目的物の競売は，その対象が供託に適しなかったり，滅失・毀損のおそれがあったり，あるいは，目的物の保存に過分の費用を要する場合などにのみ許され，しかも裁判所の許可が必要とされている（民497条）。商法では，このような要件を排除している。また，民法では，競売の代金をすべて供託しなければならないが（同497条），商法では，それの全部または一部を代金に充当することが認められている（524条3項）。

もっとも，商法の自助売却権も，その行使の前提として，売主は

履行の提供をして相手を遅滞に付する必要があるし，競売によることが要求されるため任意処分ができず，競売前に催告を要し，競売の代金も弁済期の到来した売買代金にしか充当することができないなどの点で，売主の立場からは機動性を欠いている。そこで，当事者間の特約として，売主による催告を不要とするとか，代金の弁済期が未到来でも買主の期限の利益を喪失させて代金の支払に充当することを可能とするなどの定めが置かれることがある。

## *4* 買主の検査通知義務

買主の検査
通知義務とは

民法の一般原則によれば，売主が種類または品質に関して契約の内容に適合しない目的物を買主に引き渡した場合において，買主がその不適合を知った時から1年以内にその旨を売主に通知しないときは，買主は，その不適合を理由として，履行の追完の請求，代金の減額の請求，損害賠償の請求および契約の解除をすることができない（民566条本文）。ただし，売主が引渡しの時にその不適合を知り，または重大な過失によって知らなかったときは，この限りでない（同条但書）。

このように，民法は1年以内に契約不適合の事実を売主に対して通知しなかった買主は契約不適合を理由とする権利を失う（失権する）と定めている。ただし，数量に関する契約不適合は，民法566条の買主の権利の期間制限の対象ではない。これは，数量面に関する不適合は，①外形上明白であり，履行が終了したとの期待が売主に生ずることは通常考えにくく，売主を保護する必要性は乏しいこ

と，②目的物の使用や時間経過による劣化等により比較的短期間で契約不適合の有無の判断が困難となることから，法律関係の早期安定という期間制限の趣旨が妥当しない場面が多いためである。

これに対して，商人間の売買においては，買主は目的物を受領したときは遅滞なく検査しなければならない（526条1項）。この場合に，買主は，種類，品質または数量に関して契約の内容に適合しないことを発見したら，直ちに売主に対してその旨の通知を発しなければならない。これを怠ると，買主は救済を受ける権利を喪失する（同条2項前段）。ただし，売主に悪意がある場合には，この限りではない（同条3項）。

商法526条の立法趣旨は，買主と売主との法律関係を早期に確定させることにあるとされる。その中身は，おおよそ次のように説かれる。すなわち，売主としては，すぐに通知を受ければ，仕入先に交換を求めるなどの請求を行ったり，目的物を転売するなどの対処を考えることが可能である。他方で，買主が解除権や損害賠償請求権を行使するか否かを長期にわたって選択できるとすれば，売主の危険において買主が投機をすることが可能である。さらに，商人としての買主は，容易に契約不適合を発見しうることからも，目的物を受け取った際にこれを検査し，もし契約不適合があれば売主にその旨を通知すべきこととし，それを怠った買主には救済を受ける権利を喪失させているのである。

直ちに発見することのできない契約不適合がある場合 前述の通知は直ちにしなければならないのが原則であるが，売買の目的物の種類または品質に直ちに発見することができない契約不適合がある場合には，一定の猶予が認められており，買主が6か月内にこれを発見したときに，直ちに通知をすれば足りる（526

条 2 項後段)。

　問題は，目的物の種類または品質に直ちに発見することのできない契約不適合がある場合において，買主が 6 か月内に契約不適合を発見できなかったときについての取扱いである。学説上は，このようなときであっても，買主は救済を受ける権利を失うと解するのが圧倒的な通説である。この立場は，最高裁判所が支持するところでもある（最判昭和 47 年 1 月 25 日判時 662 号 85 頁・百選 41）。

　しかしながら，商法 526 条 2 項後段を素直に読めば，「買主が 6 か月内に契約不適合を発見したときも前段と同じ」といっているだけであるから，しからざるとき，つまり，「買主が 6 か月内に目的物の種類または品質に直ちに発見することのできない契約不適合を発見しなかったとき」には，前段とは異なった結論になるはずである。このような解釈によると，6 か月経過した後に契約不適合が発見されたときには，いわば野放し状態になるので，この点に通説は不満を感じるのであろう。

　この不満をも考慮に入れると，通説に反対の立場をとりながらも，つまり 6 か月内に契約不適合を発見しなくても買主は失権することはないと解しつつ，ただ，商法 526 条 2 項前段の類推適用により，契約不適合を発見してから合理的期間内に通知することを要し，それを怠った場合には懈怠によって売主に生じた損害の範囲内で権利を失うことになると解すべきである。立法論としては，買主にとって厳しい商法 526 条の規定を改正し，同条 2 項後段を削除するか，契約不適合を発見しべき時から合理的な期間内に契約不適合を通知しなければ権利を失うというような形での改正を施すべきであろう。

　◆受取時に検査をしても発見できない数量不足　受取時に検査をしても発

見できない数量不足については，商法526条2項後段は触れてはいない。受取時に発見できない数量不足などありえないと，立法当初は考えられたのかもしれない。ただ，今日のような取引状況にあっては，もはや現実的な想定とはいえないであろう。通説は，このような数量不足についても同項後段を適用しているようであるが，このような解釈は文言の範囲を大きく超えている。同項の前段を緩やかな形で類推適用するというような，本文で述べた形での解決が妥当であろう。

## 5 買主の保管・供託義務

買主が検査通知義務を履行した場合の物品の処理

商人間の売買において，買主が前述の検査通知義務を履行して，目的物の契約不適合または数量不足を理由に売買契約を解除した場合などにおいては，その受け取った物品の取扱いが問題となる。

民法の一般原則によれば，売買の目的物の契約不適合によって買主が契約を解除した場合には，各当事者が原状回復義務を負い（民545条1項），買主は受け取った物品を返還する義務を負うだけである。これに対して，商法は，そのような場合に，買主に当該目的物を保管または供託する義務を課している（527条1項）。というのも，商取引においては，売主は費用（売主負担）や時間をかけて物品の返還を受けるよりも，目的物が現存する場所で直ちにそれを売却した方が有利なことが多いからである。このように，商法は，民法の原則を修正して，売主の保護と取引の円滑を図っている。

なお，目的物を保管または供託しておくと滅失または損傷のおそれがあるときは，裁判所の許可を得た上で，これを競売し，その代

価を保管または供託することが必要である（527条1項但書）。これを，「緊急売却」という。

売主が引き渡した物が注文した物と異なる場合

売主が引き渡した物品が注文した物品と異なっている場合にもまた，買主は目的物を保管または供託する義務を負う。さらに，引き渡した物品の数量が注文した数量を超過している場合には，超過分について同様の義務を買主は負う（528条→527条）。民法の一般原則では，買主はこのような義務を負うことはないが，商法527条と同様の理由から，商法は特則を設けているのである。

第**5**編

# 商法がかかげる
# 伝統的営業

企業法説と<br>伝統的商行為

第1章で述べたとおり，当初は物の流通媒介という形で発生した商人の活動も，時代の発展とともに次第に多様化していった。とくに産業革命以降は，大規模な投資を前提とする事業活動が飛躍的に増加し，何を行うかよりもむしろどのように資本投下を行うかの方に営利事業としての比重が移った。企業法説の誕生は，そこにこそ由来していたのである。

　それでは，伝統的な流通媒介とその周辺活動は，この新たな営利事業の多様化の傾向の中でどのように位置づけられるようになったのだろうか。確かに，企業的資金投下を営利事業活動の本質と捉える方向に商法の軸足が移ったという事実は，特定の種類の行為だけに営利性を強調する態度を廃れさせた。その意味で，営利事業活動の多様化と規模拡大は，商法の見方をドラスティックに変革し，企業法説は伝統的商法観を根底から覆した。ただ，それに伴い流通媒介とその周辺活動もまた廃れてしまったのだろうか。答えは否である。企業法説への移行は，あくまで「商法」という法領域の理論的整合性をどう捉えるかという側面においてのことにすぎない。この理論的現象は，そもそも現実の商取引世界において流通媒介を中心とする伝統的活動を衰退させる目的をもつものではなかったし，また実際にもそうした影響を及ぼしたわけでもない。

絶対的商行為<br>の現代的意味

たとえば商法501条1号（および実質上は2号も同様）には，「安く買って高く売る」行為，すなわち投機売買が規定されている。一般に企業法説には，この規定を削除すべきという見解が多い。し

かし，同号の削除論は，実はこの種の行為が「絶対的商行為」とされていること，とりわけ商人でない者が1回限り行っても商行為とされてしまうという「行き過ぎ」に反対するにすぎない。つまりこの廃止論は，投機売買そのものを営利事業活動から排斥しようという趣旨では唱えられていない。それどころか，営業的商行為として502条に位置づけることを前提とすれば，投機売買を基本的商行為として存続させることに反対する見解は見あたらない。投機売買が企業的投資を背景に行われるとき，現代社会でもそれが大きな利益を生むことは否定できないからである。

　さらに，501条3号には「取引所においてする取引」が掲げられている。かつて商人の流通媒介活動は，市場という常設的な取引会場を得ることによってその営利事業としての特色を確立した。現代社会においても商品取引市場や証券取引市場に代表されるように，そこに備わる強度の営利性は失われていない。むしろ，市場参加者の熟練性の向上や取引の技術的近代化のおかげで，ますます営利事業活動としての色彩を強めているとさえいえる。そのため，同号の取引所取引を現代の営利事業活動から除外することはほとんど不可能である。

　◆取引所取引の削除論　もっとも，501条3号については，同条はもとより502条の営業的商行為としてさえ存続させる意味がないといわれている。それは，現代の取引所では商人たる会員（商品取引業者や証券会社など）に参加資格が厳格に制限されることが普通だからである。これらの会員は一般人の委託を受けて取引所での取引を行うことが常だが（会員が自己のために取引所取引を行えば501条1号の投機売買になる），その場合，問屋（551条）として502条11号の「取次ぎ」を営業的に行っていることになる。したがってあえて501条3号に挙げなくても取引所取引の商行為性は維持される。ただ，3号に関するこのような削除論は

あくまで法技術的な観点から述べられているにすぎず，現代社会における取引所取引の重要性を否定するものでない点に注意しなければならない。

| 営業的商行為 の現代的意味

502条の中には，その存在価値を疑われるものが多く残されている。しかしその反面，流通媒介の補助的活動いわゆる補助商の中には，現代でも企業社会の中核に位置する活動が少なくない。それらは独特の合理的ルールにのっとって発展してきており，その専門性をかなりの程度まで深化させている。

たとえば同条11号の仲立業者（543条〜550条）および問屋（551条〜558条），12号の代理商（27条〜31条），4号の運送業者（569条〜594条。なお「運送取扱」については559条〜564条），10号の倉庫業者（商法上は「寄託」の章。595条〜617条）などは，商法典の中にそれぞれ専門的活動規制を設けられている。これら各種の事業が「営業として」つまり企業として重い役割を果たしている現代社会では，そうした商法典の規定群を詳細に分析・検討する必要が生じる。

また，9号の保険などは，保険業法に代表される特別な事業規制に服する。8号の銀行業者や11号の問屋の一業種と解されてきた証券会社なども，銀行法や金融商品取引法という専門的規制の対象である。これらの各業を理解するためには，専門的な「業法」規制のフォローが不可欠である。

結局のところ，理論的支柱が商行為主義から企業法説に移ったことにより商法の解釈が大転換したといっても，現実には流通媒介から発展してきた伝統的商事活動は依然として大きな意味を持ち続けている。その意味で，商行為法の「伝統的諸規定」もまた，重要な機能を果たしている。会社法が独立した後も企業法説にもとづく商

法典（とくに商行為編）の抜本的改訂を行うことができないのは、まさにその事実のためなのである。

**海商法と企業法説**

商法と呼ばれる分野のなかでも、会社法については一定の頻度で改正がなされるのに対して、会社法の制定以降、「本家」の商法についてはそうした印象はあまりない。こうした印象を覆したのが、2018（平成30）年の商法改正である。運送・海商関係の規律の現代化は、国際海上物品運送法等の特別法が制定・改正された以外には1899（明治32）年以降、実質的な見直しがなされていなかったことへの対応である。

企業法説は、海商法を海上企業法と捉えて商法の一部として説明してきた。この説明に対しては、海商法が商法に属する分野のみを扱うわけではないことから、批判的な見解も示されている。たしかに、海商法は船舶による人の海上活動を包括的に規律する海法を原点とすることから、私法的な性質に限らず、公法的な性質も有する。海上活動を円滑に行うためには、船舶が安全に航行するためのルールが必要であるし、万が一事故が生じてしまった場合には事後対応や制裁の判断方法を決めておかなければならない。こうした内容を定めるルールの多くは公法に分類されるものである。

商法の第3編「海商」は、商行為を目的とする航海船（商行為船）を規制対象とし（684条1項）、商行為法主義を採用している。このため、漁業や海洋調査船などの非商行為船は商法の直接の規制対象ではないが、実際には商法の第3編の規定は公船を除く非商行為船に準用されるのであり（船舶法附則35条1項）、本編でみる規定の適用範囲は実質的にはかなり広い。

# 第13章 運送・倉庫取引

---

## *1* 運送営業と倉庫営業の機能

　運送営業と倉庫営業とはともに，商法上，営業的商行為として位置づけられている（502条4号10号）。つまり，運送取引および倉庫（寄託）取引は，営業としてなされるときに，商行為性を帯び，したがってまた，商法の諸規定の適用を受けることになる。

　両者は，他人の営業を補助する補助商であるという点でも，共通する。独立の商人として（4条1項参照），これらの営業を行ってはいるが，それ自体が企業取引の最終的な目標（富の再分配）ではなく，その手段であるにすぎない。企業外の補助者たるゆえんである。

　補助商であるという共通点を有しながらも，補助の仕方の観点から，次のような役割分担がなされていると説明されている。つまり，運送営業は，距離の問題を克服するために利用されるのに対して，倉庫営業は，時間の問題を克服するために利用されるのである。

# 2 運送営業

## ① 運送営業とは

> **運送とは**

運送とは，人または物品を場所的に移動させることである。たとえば，売買契約が隔地者間でなされても，売買の目的物である物品が買主のもとに届けられなければ，取引は完結したことにはならない（516条参照）。とはいえ，売主である商人が自ら物品を届けていては，とりわけ小口のオリジナル商品を全国各地に販売しているような場合を考えると，本業に差し障りが生じる。そこに，運送営業を営業の補助のために活用する意味が存在するのである。

運送という手段によって，四六時中絶えることなく世界的規模で流れ続ける物と人は，個人にも企業にも大きな便益を与えている。現代社会にとって不可欠な運送をどのように法的に規整するかについて，商法は，運送のさまざまな局面のうちで運送取引に注目して，運送取引当事者間の私的利益の合理的調整を中核とする一連の規定を設けている。

> **運送の種類**

一口に運送取引といっても，その対象が物であるか人であるかによって，物品運送と旅客運送という2つの大きなカテゴリーに分けることができる。

さらには，運送の経路が，陸上か，海上か，航空かによって，法は異なった規整を行っている。陸上運送とは，陸上における物品または旅客の運送である（569条2号）。次に，海上運送とは，684条に規定する船舶（747条に規定する非航海船を含む）による物品または

旅客の運送をいう（569条3号）。海上物品運送については，商法の海商編（737条以下）が適用されるほか，国際海上物品運送法が適用され，いわば2本立ての規整となっている。最後に，航空運送とは，航空法2条1項に規定される航空機による物品または旅客の運送である（569条4号）。「航空機」とは，人が乗って航空の用に供することができる飛行機，回転翼航空機，滑空機，飛行船その他政令で定める機器と定義されている（航空2条1項）。したがって，ドローンをはじめとする無人航空機による運送は商法上の航空運送に含まれない。航空運送のうち，国際航空運送に関しては国際条約が適用される。わが国はワルソー条約（1929年）に加盟し，同条約に協定，議定書，補足条約等を加えたワルソー・システムが運用されてきたが，その後，全体的な見直し作業を経て，新たな国際的ルールを定めるモントリオール条約（1999年）を批准した。国内航空運送に関しては，運送約款が重要な役割を果たしている。なお，陸上運送，海上運送または航空運送のうち2つ以上の運送を1つの契約で引き受けた場合を複合運送という（578条）。

*Column* ㉞　2018（平成30）年商法改正と運送営業

　2018（平成30）年の商法改正は，運送営業に関する規定に大きな変化をもたらした。改正前は，陸上運送，海上運送，航空運送に関する規定は「運送」として1つにまとめられておらず，陸上運送は第2編，海上運送は第3編に規定が置かれ，航空運送についてはそもそも商法に規定が置かれていない状況にあった。改正により，運送の種類を問わずに適用される総則規定が置かれ（569条），これらの運送を組み合わせる複合運送に関する規定が新設された（578条）。

　また，改正前は，陸上運送は，湖川および港湾における運送も含むとされていたため（改正前569条），瀬戸内海の大部分の海域（平水区域）における運送を陸上運送と同様に取り扱うこととなっていた。しかし，

実際には，平水区域における運送は海上運送として取り扱うことが性質上も妥当である。そこで，改正により，まず陸上運送は「陸上における物品又は旅客の運送」と定義された（569条2号）。その上で，「商行為をする目的で専ら湖川，港湾その他の海以外の水域において航行の用に供する船舶」（非航海船と呼ばれる）は船舶による運送に関する規定の対象とされ（569条3号），こうした運送については，航海船による海上物品運送の規定が準用されることが定められた（747条）。

## ② 物品運送

**物品運送とは**

運送人とは，陸上運送，海上運送または航空運送の引受けをすることを業とする者である（569条1号）。運送人には，荷送人との間で運送契約を締結して下請運送人に委託する者（利用運送人）も含まれる。

運送契約は諾成の不要式契約であり，荷送人と運送人との間で締結される。目的地において物品を受け取るのは荷受人であるが，荷受人は契約の当事者ではない。もっとも，物品が到達地に着いた後には，運送契約上の権利を取得する（581条1項）。

運送契約において，運送人は目的地まで運送をする債務を負担する。そのような仕事の完成を内容とする請負契約の一種であると考えられている。この実現にあたって，履行補助者を使っても構わない。運送契約の具体的な内容については，運送人が作成している運送約款が重要な意味を有している。

**運送人の義務（1）
──給付義務**

物品運送契約は，運送人が荷送人から物品を受け取りこれを運送して荷受人に引き渡すことを約し，荷送人がその結果に対してその運送賃を支払うことを約することによって効力を生ずる，双

務・有償契約である（570条）。運送人は，運送品の受取りから引渡しまでの間，運送品に関して注意義務を負う（575条参照）。

　運送人は，荷受人に対して運送品を引き渡す義務を負う。しかし，荷受人が誰か分からない場合（確知することができない場合）または荷受人が運送品の受取りを拒んだり，受け取ることができなかったりする場合はどうなるのか。運送人は受け取った物品をどうすればよいのか困ることになる。そこで，商法は，こうした場合に運送人が運送品を供託することを認めている（582条・583条）。さらに，催告を行い，期間内に指図がない場合には運送品を競売に付すことも可能である（価格の低落のおそれがある運送品について催告は必要ない）。

### *Column* ㉟　貨物引換証の要因証券性

　2018（平30）年改正前，運送人は荷送人から請求がなされると貨物引換証と呼ばれる運送証券を交付しなければならないとされていた（改正前571条1項。貨物引換証交付義務）。要因証券であるとされた貨物引換証の要因性については，証券上の権利が証券発行の前提となっている原因関係の影響を受けることを要因性と理解する立場と，証券発行の前提をなす原因関係を証券上に記載することがその証券の本質的内容として要求されることが要因性であると理解する立場の対立があった。後者の立場の方が，要因性を緩やかに理解しようとする。このような理解の違いによって，証券発行者の損害賠償責任が不法行為責任か債務不履行責任のいずれによるものかという法的構成に，複雑な影響がもたらされていた。具体的には，物品の受取りがないのに証券が発行された場合（空券）や受け取った物品が証券の記載と異なる場合（品違い）に，要因性の意義との関係が問われた。

　ところが，物品の運送中に，荷送人が物品の売買や担保提供を行う必要性が生じることもあった，陸上運送に相当な時間がかかるかつての状

況と異なり，現在では陸上運送にかかる期間は短縮されるようになった。実務上，貨物引換証が利用されることも皆無であったことから，2018（平成30）年改正により貨物引換証は廃止された。

しかし，貨物引換証をめぐり争われていた内容が論じられなくなったわけではない。現在，証券の要因性と文言性の関係の問題は，船荷証券や倉荷証券について依然として存在している（⇨*Column* ㊵）。このうち，船荷証券とは，海上物品運送において運送品の受取り・船積みの証明，運送品引渡請求権の表章，運送契約の証明の3つの機能を果たす，貿易取引の実務上重要な役割を果たしてきたものである（⇨第14章 **2**）。

---

**運送人の義務(2)——荷送人の指図に従う義務**　荷送人は，運送人に対して，運送の中止，荷受人の変更その他の処分を請求することができる（580条前段）。運送人はその請求に従った処分をなす義務を負う。物品の運送には時間を要することから，この間に買主の信用状態が変わったり，経済状態が変化することがあるので，荷送人にこのような変化に対応することを可能とさせる趣旨である。

このように荷送人の利益を保護するための規定であるが，運送人の利益にも配慮が必要である。運送人は荷送人の指示に従って運送品を処分したときは，既になした運送の割合に応じた運送賃，付随の費用，立替金および処分によって生じた費用の弁済を請求することができる（580条後段）。のみならず，指図そのものも，一方的に運送人の義務を加重するものであってはならないと考えられている。たとえば，到達地の目前まで運送していたものを発送地まで送り返すようにすることは，返還には含まれない。返還とは，指図の時点で物品が存在する場所での引渡しを意味する。発送地への返送の指示は，返還義務の範囲を超え，新しい運送契約の申込みにあたる。

運送人の義務（3）
──損害賠償責任

運送人は，運送品の受取り，運送，保管および引渡しに関して注意を怠らなかったことを証明しない限りは，運送品の滅失，損傷または延着について損害賠償責任を免れることができない（575条）。これは民法の債務不履行責任に関する原則（民415条）を注意的に規定したにすぎないと現在では考えられている。民法上，債務者は履行補助者の過失について責任を負うと解されており，運送人の履行補助者の行為も575条の適用対象である。

◆レセプツム責任　以前は本文で述べたように解するのではなくて，ローマ法のレセプツム責任に由来する厳格な責任を運送人に課した特別規定であると解されていた。レセプツム責任とは，海上運送人，旅館および駅舎の主人は，その引き受けた物品を安全に保管して返還すべき義務を負い，返還できないときは過失がなくても損害賠償責任を負うというものであった。レセプツム責任は現在，場屋営業者の寄託責任について確認される（596条1項）。場屋営業者とはホテル，飲食店や興行場であり，たとえば利用者から荷物を預かりその荷物に事故があった場合には不可抗力によることを証明しない限り免責されないことになる。宿場の主人が旅人の荷物の盗難に加担することが多かったローマ時代から続く，顧客保護のための責任構成である。

損害賠償の額については，商法576条が規定するところであり，これは民法416条の特則となる。運送品の滅失または損傷の場合には，その引渡しがされるべき地および時における運送品の市場価格（取引所の相場がある物品については，その相場）によって定め，市場価格がないときは，その地および時における同種類で同一の品質の物品の正常な価格によって定める。なお，延着損害は定額賠償の対象外であり，民法416条により算定される（通常は約款で上限が設けられる）。

商法576条は，このように損害賠償額の定型化を図っている。大量の運送を頻繁に行う運送取引関係を画一的に処理する要請が高いからである。実際に生じた損害額が膨大でも法定額を支払えば足りるし，他方で，損害額が少なくても法定額を支払わなくてはならない。これによって，法律関係の処理を画一化して，紛争を防止することが期待できる。ただし，権利者にまったく損害が生じなかった場合には，損害賠償義務を生じないと解するのが判例（最判昭和53年4月20日民集32巻3号670頁・百選74）および多数説である。

他方で，運送人の故意または重大な過失によって，運送品が滅失または損傷した場合にまで，定型的な額で損害賠償の上限を画する必要はない。このような場合には，576条の賠償額の定型化は排除され（576条3項），運送人が賠償すべき損害額の算定の基準は，民法の債務不履行責任に関する原則によることになる。

以上の枠組みに対して，運送品が高価品（容積または重量の割に著しく高価なもの）であった場合には，特則が定められている（577条）。貨幣，有価証券その他の高価品については，荷送人が運送を委託するにあたって，その種類と価額を通知しなければならず，これを怠ると損害賠償請求はできない。高価品は，盗難その他の事故が生じやすく，損害額も膨大になる。高価品であることの通知があれば，運送人としては，特別な配慮をする，保険を掛ける，割増運賃を請求するなどの対処をなすことが可能であったからである。損害賠償額の定型化を一方で図りつつも，他方で，予見できない高価品の運送については，定型化の弊害を食い止めようと商法は試みている。

通知がなかった場合には，運送人は商法575条の責任をまったく負わないのが原則である。ただ，運送契約の締結当時，運送品が高価品であることを運送人が知っていたときには，高価品としての損

害賠償責任を運送人が負う（577条2項1号）。また，運送人の故意または重大な過失によって高価品の滅失，損傷または延着が生じたときにも，運送人は損害賠償責任を負うことになる（同項2号）。

◆**危険物に関する荷送人の通知義務**　危険物の種類が多様化し，封印されたコンテナ運送が一般的となった時代には，運送の安全確保が重要となる。このため，荷送人の運送人に対する私法上の通知義務が設けられている。荷送人は，運送品が危険物（引火性，爆発性その他の危険性を有する物品）であるときは，その引渡しの前に，運送人に対し，危険物の安全な運送に必要な情報を通知しなければならない（572条）。通知は，口頭であってもよい。通知義務違反により運送人に損害が生じた場合には，荷送人は債務不履行による損害賠償責任を負う（民415条1項本文）。しかし，荷送人に帰責事由がないときは，その責任を負わない（同項但書）。

運送品の損傷または一部滅失についての運送人の責任については，証拠の保全の困難さを克服するとともに，迅速に法律関係を確定させるという趣旨から，2つの制限が設けられている。第1に，荷受人が異議をとどめないで運送品を受け取ったときは，原則として，運送人の責任は消滅する（584条1項本文。なお，526条参照）。ただし，直ちに発見することができない損傷または一部滅失があった場合には，引渡しから2週間の猶予が認められており（584条1項但書），また，運送人が，運送品の引渡しの当時，その運送品に損傷または一部滅失があることを知っていたときには，責任は消滅しない（同条2項）。

***Column*** ㊱　運送人が「運送品に損傷又は一部滅失があることを知っていたとき」の意味〜〜〜〜〜〜〜〜〜〜〜〜〜〜〜〜〜〜〜〜〜〜〜〜

　商法584条2項にいう運送人が「運送品に損傷又は一部滅失があることを知っていたとき」という表現は，2018（平成30）年改正前は運送人

に「悪意」がある場合と表記されていた。「悪意」の意味については，争いがあった。学説の多数は，運送人が運送品に故意に損害を生じさせまたは損害を故意に隠蔽した場合をいうとしていた。これに対して，最高裁は，運送人が運送品に毀損または一部滅失のあることを知って引渡しをした場合をいうと解した（最判昭和41年12月20日民集20巻10号2106頁）。両説の対立は，同条項の立法趣旨をどのように捉えるかによるものであろう。前者は，速やかに法律関係を解決することに重点を置く。そこで，運送人に不徳義な点があって免責の利益を与えることがどうしても不適当な場合を除いて，責任の消滅を認めようとする。これに対して，後者は，証拠保全の困難さから運送人を救済することに重点を置くものであり，毀損または一部滅失を知っていれば，近い将来に荷受人または荷送人からクレームがつけられることを予想すべきであると考える。2018（平成30）年改正により，前述の最高裁判決の表現は明文化された。

第2に，運送人の債務不履行責任については，運送品の引渡しがされた日（運送品の全部滅失の場合にあっては，その引渡しがされるべき日）から1年以内に裁判上の請求がされないときは消滅する（585条1項。除斥期間）。この期間は，損害の発生後に限り，合意により延長することができる（同条2項）。

**Column ㊲　債務不履行責任と不法行為責任との関係**

運送品が滅失または損傷した場合には，運送品の所有権が侵害されたことにもなるから，運送人の不法行為責任も問題になりうる（民709条・715条）。運送人の債務不履行責任を追及すると，本文で述べたような賠償額の定型化や高価品の免責などの商法上の種々の特則のために，荷送人が不利に取り扱われる可能性がある。そこで，債務不履行に基づく損害賠償請求権と不法行為に基づく損害賠償請求権の関係が問題となり，判例は，これら2つの請求権は競合するとした（最判昭和38年11

月 5 日民集 17 巻 11 号 1510 頁，最判昭和 44 年 10 月 17 日判時 575 号 71 頁。請求権競合説）。この立場を前提にすると，不法行為責任について，債務不履行責任に関する商法上の減免規定が適用されるかが問題となるが（判例はこれを否定していた〔大判大正 15 年 2 月 23 日民集 5 巻 104 頁〕），この点を明らかにするために，2018（平成 30）年改正により，運送人の債務不履行責任の減免規定を運送人の荷送人等に対する不法行為責任にも準用し，損害賠償額の定型化，高価品の特則，運送品の受取りによる責任の消滅，除斥期間の規律が及ぶこととされた（587 条）。

　このような規定が設けられた理由としては，運送人の契約責任の減免規定は大量の貨物を反復継続的に運送する運送人の責任範囲を早期かつ画一的に確定するためにあること，および国際海上物品運送法では契約責任と不法行為責任を問わず運送人が減免規定の対象となることが挙げられている。ただし，例外として，荷受人があらかじめ荷送人の委託による運送を拒んでいたにもかかわらず荷送人から運送を引き受けた運送人の荷受人に対する不法行為責任については，減免規定は準用されない（587 条但書）。想定されているのは，絵画所有者が美術館から絵画の返還を受ける際に自ら運送を手配することを明言し，あらかじめ美術館が荷送人として委託する運送を拒んでいた場合である。

　なお，運送人の被用者の行為による運送品の滅失等が生じた場合はどうなるのか。商法は，運送人が免責または責任軽減を受ける場合には，その責任の免除または軽減の限度において，被用者の荷送人または荷受人に対する不法行為による損害賠償責任も免除または軽減されるとする（588 条 1 項）。ただし，被用者に故意または重大な過失がある場合はこの限りでない（同条 2 項）。

---

| 運送人の権利 | これまで述べてきたような義務や責任を運送人は負うが，他方で，以下のような権利 |

を有する。

運送契約は諾成契約であるから，運送品の引渡しがなくても，契約そのものは成立する。しかしながら，運送品の引渡しがなければ，運送人は債務の履行をすることができないから，荷送人に対して運送品を引き渡すように請求する権利を有する（運送品引渡請求権）。

運送人は，荷送人に対して，送り状の交付を請求することができる（571条。送り状交付請求権）。荷送人の送り状交付義務は，必要な情報を提供させることを目的とし，送り状の記載事項は，法に列挙されているが（①運送品の種類，②運送品の容積もしくは重量または包もしくは個品の数および運送品の記号，③荷造りの種類，④荷送人および荷受人の氏名または名称，⑤発送地および到達地〔571条1項〕），法定記載事項の記載がないからといって，証拠としての効力が否定されるわけではない。送り状は，権利の内容について記載したものではなく，有価証券にはあたらない。

運送人は商人であるから，特約がなくても報酬として運送賃を請求することができる（運送賃請求権）。ただ，運送契約は請負契約の一形態であるから，特約がない限り，前払の請求はできない（民633条）。商法は，運送賃は，到着地における運送品の引渡しと同時に，支払わなければならないと定める（573条1項）。運送品がその性質または瑕疵によって滅失し，または損傷したときは，荷送人は運送賃の支払を拒むことができない（同条2項）。

運送人は，保険料，荷造料，関税など，運送品に関して立て替えた費用につき，その償還を求めることができる（費用償還請求権。513条2項参照）。

運送人は，運送品に関して受け取るべき運送賃や立替金などにつき，その支払を受けるまで，運送品を留置することができる（574条。留置権）。商人間の留置権（521条）とは異なって，留置権の目

的物と債権との牽連関係が必要とされる一方で，目的物が債務者所有の物に限られていない。一般の商事留置権の成立要件をみたせば，運送人はこれをも有する。このほか，運送人は，運送賃および付随の費用について，運送品の上に先取特権を有する（民318条）。

運送人は，商人間の売買における売主と同様に，運送品の供託・競売権を有する（582条・583条）。

| 荷受人と運送人の関係 | 到達地において自己の名をもって運送人から運送品の引渡しを受ける者を荷受人という。荷受人は，運送契約の当事者ではないが，船荷証券（⇨第14章 *2*）が作成された場合（768条）等を除き，運送品が到達地に到着したとき（または運送品の全部が滅失したとき）は，物品運送契約上の荷送人の権利と同一の権利を取得する（581条1項）。ところが，この規定は，従来の荷送人の権利を喪失させるものではないと解されており，荷送人は運送品に対する処分権を失わない。規定上は，「権利を取得する」という表現になっているが，権利を移転させるという趣旨ではないと考えられている。荷受人が運送品の引渡しを請求するまでは，運送人に対しては，荷送人と荷受人の両者が処分についての指図をなしうるが，これらの指図が矛盾するときは，荷送人の指図が優先すると考えるのが通説である。この段階で，荷送人が適当な指図を行えば，荷受人は運送品の引渡請求ができなくなる。

荷送人の指図の前に荷受人が引渡請求をすると，荷送人の運送品の処分権は失われるから（同条2項），荷受人の権利が荷送人の権利に優先することになる。

荷受人が運送品を受け取ると，運送賃その他の費用を運送人に支払う義務を負うことになる（同条3項）。このような義務が生じても，荷送人の同様の義務は消滅することにはならず，両者は不真正連帯

債務の関係に立つ。

*Column* ㊳　荷受人の地位の説明方法 〜〜〜〜〜〜〜〜〜〜〜〜〜〜〜

　　荷受人が本文で述べたような地位を取得することの根拠をめぐっては議論がある。運送人と荷送人との間で荷受人を受益者とする第三者のための契約（民537条）が結ばれたと理解するのが最もわかりよいであろう。

　　ただし，受益の意思表示を必要とせずに，物品の到達をもって自動的に荷受人が権利を取得する点には留意を要する。この点と，荷受人は同時に運送品を受け取ったときに運送賃その他の費用を支払う義務を負う（581条3項）こととを強調する立場からは，法の特別規定であるとの説明がなされる。さらには，荷受人の権利が発生してからも，荷送人の権利は存続しかつそれが優先することを根拠として，同様の主張がなされる。

　　しかしながら，費用支払義務の発生は，荷受人の意思（受領行為を受益の意思表示の表れとみることができよう）によるものにほかならない。受益の意思表示が不要であるとか，荷送人が優先的な同様の権利を有するといった事柄は，このような特徴を有する第三者のための契約であると理解しておけば足りる。

　　ともあれ，荷送人と荷受人が同一人である場合も少なくないので，ことさらに第三者のための契約であることを強調する必要はなく，1つの説明方法と考えておくのがよかろう。

〜〜〜〜〜〜〜〜〜〜〜〜〜〜〜〜〜〜〜〜〜〜〜〜〜〜〜〜〜〜〜〜〜〜〜

　　　　　　　　　　　　　複数の運送手段を組み合わせた運送を1つの
　　複 合 運 送　　　　　運送契約（複合運送契約）により引き受
けることがある。たとえば，物品がまずはトラックで陸上運送され，その後船舶に積み込まれて海上運送されて再びトラックで陸上運送される場合である。複合運送（⇨*Column* ㉞）による運送品の滅失等について，運送人はそれぞれの運送においてその運送品の滅失等

の原因が生じた場合に当該運送ごとに適用されることとなる法令または条約の規定に従い，損害賠償責任を負う（578条1項）。陸上運送の場合に，区間ごとに適用される法令が異なるとき，たとえば，鉄道による運送と貨物自動車による運送が組み合わされることがあるが，こうした場合にも，滅失等の原因が生じた区間に応じて適用される法令にもとづき，運送人は責任を負うこととなる（同条2項）。

┌─────────────┐
│  相次運送   │
└─────────────┘
運送品を数人の運送人が相次いで運送することを相次運送という。荷物が発送地の東京から名古屋までの陸上運送を行う運送人から，名古屋から到着地の大阪まで陸上運送を行う運送人へと渡されて運ばれる状況を想像してほしい。

　広義の相次運送には，①下請運送（運送人1人が運送を引き受けて運送の全部または一部を他の運送人に委託する場合），②部分運送・分割運送（各運送人が区間ごとに独立して運送契約を締結する場合），③同一運送（荷送人が複数の運送人と全区間につき運送契約を締結する場合），④連帯運送・狭義の相次運送（最初の運送人が荷送人と運送契約を締結し運送を行うが，その後の区間について運送を行う他の運送人もそれぞれ荷送人のためにする意思をもって相次いで運送を行う場合）の4種類がある。これらの場合，後の運送人は，前の運送人に代わってその権利（留置権等）を行使する義務を負い，また後の運送人が前の運送人に弁済をしたときは，後の運送人は，前の運送人の権利を取得する（579条1項2項）。④の連帯運送の場合の運送人の責任は，連帯責任とされている（同条3項）。

## 3 旅客運送

旅客運送とは

物品運送とは異なり，旅客運送においては，対象が自然人である。そのため，運送人が運送の目的物を占有するという状況が欠けることになり，法律関係は一段と単純なものになる。

とはいえ，物品運送とは請負契約の一種であるという点で共通している。旅客運送は，旅客運送契約に基づくものである（589条）。物品運送が距離的な問題を解決する手段であるのと同様に，旅客運送もまた，距離的な課題を補助商の利用によって克服しようとするものである。ここでは，陸上運送を念頭に置いて叙述を進める。

*Column* ㊴ **乗車券は有価証券か**

旅客運送に関しては，乗車券が発行されるのが一般的である。乗車券が有価証券か否かについては争いがある。

通説は，乗車券の種類によって分け，①無記名式の普通乗車券および回数乗車券は，その購入の時に運送契約が成立し，これらは運送請求権を表章する有価証券であるが，②記名式の定期乗車券は，自由に譲渡できないから，単なる証拠証券にすぎないとする。

これに対しては，乗車券が有価証券であるとすれば，乗車券販売後に運送賃の値上げが行われた場合にも，運送人はその差額を請求できないことになり不都合であるとの批判がある。通説に反対の論者は，表章させた権利の流通を促す目的はまったく存在しないことから，有価証券とみる必要性もなく，すべての乗車券は証拠証券であると説くが，正当であると考える。

旅客に対する責任

旅客が運送において損害を被った場合，運送人が損害賠償責任を負う。ただし，運送

に関して注意を怠らなかったことを証明すれば，この責任を免れることができる。これは，債務不履行責任の一般原則のとおりであり，商法590条は，旅客運送契約に関してこれを確認したものである。

　旅客の生命または身体の侵害による運送人の損害賠償の責任を免除または軽減する特約は無効である（591条1項。特約の禁止。国際航空旅客運送について，モントリオール条約は運送人の責任制限を設けていない）。保護法益の重要性に照らして設けられた片面的強行規定である。ただし，大規模な火災や震災時，重病人の運送などの場合について減免特約は認められる（同条2項）。社会的必要性が高い運送を行う場合の運送業者のリスク負担を軽減するために設けられた例外である。なお，運送の遅延を主たる原因とする損害についても減免特約は認められる（同条1項かっこ書）。

| 手荷物に関する責任 |
| --- |

運送人が旅客から手荷物の引渡しを受けた場合には，とくに運送賃を請求しない場合であっても，物品の運送人と同一の責任を負う（592条1項）。旅客が手荷物を運送人に引き渡して運送を委託したときは，これによって旅客運送に付随して手荷物について物品運送契約が成立したことになるが，物品運送に関する規定をすべて適用するのではなく，物品運送人の責任に関する規定のみを適用しようとする趣旨である。たとえば，タクシーに乗車する際に，手荷物を後部トランクに積み込んだ場合である。

　託送手荷物が到達地に達した日から1週間たっても旅客が引渡しを請求しないときは，運送人は手荷物を供託または催告後に競売することができる（592条3項）。競売に際しては，事前の催告と事後の通知が予定されているが，住所も居所もわからないときには，これらを行う必要はない（同条6項）。なお，託送手荷物について旅

客運送人の被用者は物品運送契約における運送人の被用者と同一の責任を負うとされるため（同条2項），損害賠償額の定型化等の規律が及ぶこととなる。

　身の回り品をはじめとする，旅客から引渡しを受けていない手荷物については，滅失または損傷があった場合，故意または過失がある場合を除き，運送人は損害賠償の責任を負わない（593条1項）。立証責任は旅客側にある。引渡しを受けていない手荷物（携帯手荷物）が運送人の管理下にはないため，運送人の責任を軽減してよいとする発想にもとづくものと説明される。携帯手荷物についても，高価品の特則など性質上準用されない一部の規律を除き，託送手荷物と同様に責任の減免規定が準用される（同条2項）。

# *3* 倉庫営業

## ① 倉庫営業とは

> **倉庫営業者とは**

他人のために物品を倉庫に保管することを業とする者を，倉庫営業者という（599条）。他人のために物品の保管，つまり寄託の引受けを業とするものであるから商人である（502条10号）。運送営業者が財貨の転換を空間的に補助するのに対して，倉庫営業者はそれを時間的に補助する者である。

　倉庫営業者の存在によって，大量の商品の取引が可能となるし，倉庫営業者が発行する倉荷証券の利用によって，倉庫に保管中の商品の譲渡やそれを担保とする金融取引が可能となる。倉庫営業は，国民経済において重要な機能を果たしている。このため，倉庫業法

が制定されており，国土交通大臣の行う登録を受けなければ倉庫業を営むことはできないし（倉庫3条），その許可を得た倉庫営業者でなければ倉荷証券を発行できない（同13条）。

**倉庫寄託契約**　　倉庫寄託契約とは，物品を倉庫で保管することを引き受ける契約である。これが，要物契約であるか諾成契約であるかについて，かつての通説は，民法上の寄託契約の一種であるから，寄託者が倉庫業者に物品を現実に引き渡すことによって成立する要物契約であると解していた（平成29年改正前民657条）。その後，諾成契約である運送契約と同様に，保管の引受けは物品の引渡しを要素としないことから，諾成契約であると解する見解が多数説となり，2017（平成29）年の民法改正においても寄託契約が諾成契約であることが明文で定められた（民657条）。同改正ではそれとともに，寄託物受取り前の寄託者による寄託の解除に関する規定も設けられている（同657条の2）。寄託契約は，倉庫営業者に寄託引受けの義務を負わせるが，寄託者が約定日までに契約の解除をすることは自由という片務契約である（同条1項前段）。なお，倉庫営業者が契約の解除により損害を受けたときは，寄託者に対して損害の賠償を請求できる（同条1項後段）。

もともと倉庫寄託契約が要物契約か諾成契約かをめぐる議論は，寄託物が引き渡される前の時点で，契約上の義務として倉庫業者が保管の準備をしておく必要があるか否か，倉庫業者が寄託物の引渡請求権を取得するか否かといった問題で具体的なものとなっていた。民法改正により寄託契約が諾成契約とされたが，実務では，倉庫営業者の作成する倉庫寄託約款が契約の内容を定める上で重要な役割を果たしている。

## 2 倉庫営業者の義務

商人である倉庫営業者は，その営業の範囲
内において寄託を受けた場合には，報酬を
受けないときであっても，善良なる管理者の注意をもって寄託物を
保管すべき義務を負う（595条）。

保管義務

倉庫寄託においては，倉庫の所在場所や施設，さらに場合によっ
ては倉庫営業者の資力が倉庫寄託契約の基礎になっている。それゆ
え，倉庫営業者は，寄託者の承諾を得たとき，または，やむを得ない
事由があるときでなければ，自己が引き受けた物の保管を他の倉庫
営業者に下請させることはできないと解されている（民658条2項）。

当事者が保管期間につき特約を設けていない場合には，倉庫営業
者は，受寄物を倉庫に入れてから6か月を経過しないと，返還をす
ることができない（612条本文）。民法では保管時期を定めていない
場合には，受寄者はいつでも寄託物を返還することができると定め
られている（民663条1項）。ところが，倉庫営業者に寄託をしよう
とする者は，ある程度の期間は保管をしてもらうことを期待してい
たはずであり，随時に返還されてしまうとなると，倉庫を利用する
経済的意義を損なう可能性が高い。そこで，民法の特則を設けて，
商法は，寄託者の保護を図ろうとしているのである。なお，やむを
得ない事由があるときは，受寄者は保管期間内でも受寄物を返還で
きる（612条但書）。やむを得ない事由には，受寄物が腐敗して他の
在庫品に損害を与えそうな場合や，倉庫が被災して補修の必要があ
る場合などが含まれる。

逆に，寄託者から寄託物の返還請求を行うことは，いつでも可能
である（民662条1項）。倉荷証券が発行されている場合には，倉庫

営業者は証券と引換えに受寄物を返還する（613条）。保管期間途中で，寄託者が寄託物の返還を受ける場合でも，契約した保管期間全部についての保管料を支払う必要はなく，出庫の時までの保管料を支払うだけでよい。ただし，寄託者が返還の時の前に返還を請求したことによって受寄者が損害を受けたときは，受寄者は寄託者に対し，その賠償を請求することができる（民662条2項）。

| 倉荷証券交付義務 | 倉庫営業者は，寄託者の請求によって，倉荷証券を交付しなければならない（600条）。 |

かつて，わが国では，2つの形態が用意されており，①預り証券と質入証券をセットにしたものか（改正前598条），②倉荷証券だけ（改正前627条）を交付するかの選択肢があった。しかし，預り証券と質入証券はまったく利用されておらず，2018（平成30）年の商法改正により，倉荷証券の交付義務の規定のみが残された（単券主義）。

### *Column* ㊵ 倉荷証券の要因証券性

倉荷証券については，かつての貨物引換証（⇨*Column* ㉟）と同様に，どのような種類の有価証券であるかについて争いがある。

要因証券であることを強調する伝統的な見解は，空券なら原因を欠くから当然に無効，品違いなら倉庫営業者が受け取った寄託物を返還すれば足り，その場合，証券所持人には不法行為による損害賠償請求のみが認められるとする。

これに対して，文言証券性を強調する見解は，倉荷証券の要因性とは証券に原因の記載を要するにすぎず，善意の証券所持人に対しては証券外の事実は関係がなく，空券や品違いの場合にも，倉庫営業者は記載にもとづく債務不履行責任を負うとする。

この点については，証券発行行為にもとづく倉庫営業者の責任の要件と効果がいかにあるべきかを端的に問題とすべきであるとの主張が有力である。要件については，倉庫営業者に無過失の証明責任が課された過

失責任とし，効果については，責任の性質を契約締結上の過失と捉え，証券所持人の信頼利益の賠償と解するのが妥当であるとされている。

---

**点検・見本提供・保存行為の許容義務**　寄託者または倉荷証券の所持人は，営業時間内であればいつでも，倉庫営業者に対して，寄託物の点検や見本の提供を求めたり，保存に必要な処分を行うことができる（609条）。

　これは，寄託物の売買などの取引に便宜を与え，しかも，保存の完全を期すことによって寄託者の利益を保護するためである。倉庫営業者は，単に，寄託者等の請求に応じる義務を負うだけではなく，積極的にこれに協力する義務をも負う。

**損害賠償義務**　倉庫営業者は，寄託物の保管に関して注意を怠らなかったことを証明しなければ，その滅失または損傷について損害賠償責任を免れることができない（610条）。この規定は，民法の債務不履行責任に関する原則を注意的に定めたものにすぎないと考えるのが通説であり，妥当であろう。損害賠償については，物品運送のような特則（576条）は置かれず，民法の一般原則（民416条）に従うことになる。

　商法610条が任意規定であることについては疑問がなく，現実には，約款等で大幅な修正が行われている。ほとんどの約款では，損害が倉庫営業者またはその使用人の故意または重過失によって生じたことを寄託者側が証明しない限り，倉庫営業者は損害賠償責任を負わない旨が定められている。このように責任が軽減されることについては，①倉庫営業者の寄託物検査権は限定されていること，②保管料を低廉化する要請があること，③寄託者が企業であり取引を熟知していることなどが，実質的な背景として挙げられている。

損害賠償請求をなしうる者は，物品返還請求権者である寄託者であるが，倉荷証券が発行されたときは，その所持人である。寄託者が寄託物の所有者であるかどうかは問題ではない。

倉庫営業者の責任については，責任の特別消滅事由（616条）と短期消滅時効（617条）が定められている。

## ③　倉庫営業者の権利

保管料・費用
償還請求権

倉庫営業者は，特約がなくても，相当の報酬，すなわち保管料（倉敷料）を請求することができる（512条）。保管料は，特約がない限り，受寄物が出庫される時でなければ請求することができないが，一部の出庫の場合には割合に応じた請求をすることができる（611条）。立替金その他の受寄物に関する費用についても同様である。保管料等を支払う義務を負うのは，寄託者だけではなく，倉荷証券所持人もそのような義務を負う（最判昭和32年2月19日民集11巻2号295頁・百選96参照）。

留置権・先取特権

倉庫営業者が有する保管料等の債権については，物品運送人の債権についてのような特別な留置権（574条）は認められていない。しかしながら，所定の要件をみたせば，民商法上の一般の留置権を取得する場合がある（521条，民295条）。動産保存の先取特権を行使することもできる（民320条）。

供託権・競売権

寄託者または倉荷証券の所持人が寄託物の受領を拒み，またはこれを受領することができない場合については，倉庫営業者には，商人間の売買の売主に準じた供託権と競売権が認められている（615条→524条1項2項）。

# 第14章 *海　運*

## *1* 海上物品運送の概要

### ① 海商法とその展開

　物の動きは世界中で加速している。海外から個人が物を取り寄せることはもはや珍しくない。欲しい商品があれば，注文さえすれば世界のどこかから基本的にそれを入手できる時代が到来し，海上でも大量のものが日々運ばれている。

　航海の歴史は，海上活動に伴う危険分散方法の模索と深く関係する。株式会社の起源を船舶共有組合に求める説もあるが，こうした組合はもともと危険な航海事業に乗り出そうとする者が複数名結集したことから生まれたものである。そこでいう危険は，荒天，大波，疫病などの自然の危険のほか，海賊などの人為的な危険をも含むものであった。航海技術および造船技術の向上とともに海上活動は活発化し，これを規制するルールも徐々に形成されてきたが，海上活

動に関する規制を体系的にまとめたのは，世界初の海法典とされるフランスの 1681 年海事王令であるとされる。この王令の一部はフランスの 1807 年商法典の「海商編」に取り込まれ，商法に「海商」に関する規定をまとめて置く形式はドイツを経由してわが国において継受された。

　海上物品運送に関する主要な国内法規としては，商法と国際海上物品運送法の 2 つがある。商法は，1899（明治 32）年以降，運送・海商法制について実質的にほとんど改正されていなかったが，2018（平成 30）年商法改正によりおよそ 120 年ぶりに規律の現代化が図られ，近時の実務や諸外国の制度に合わせた法制度の構築が目指された。外航船による海上物品運送については 1924 年のいわゆる船荷証券統一条約を取り入れて制定された国内法である国際海上物品運送法が適用されるため，商法の規定の適用対象はもっぱら内航船による海上物品運送に限られる。商法上，船舶とは，商行為をする目的で航海の用に供する船舶（商行為船かつ航海船）であり，端舟その他ろかいのみをもって運転し，または主としてろかいをもって運転する舟以外のものをいう（684 条）。

### ②　海上物品運送の種類

　海上運送とは，商法 684 条に規定する船舶（商法 747 条に規定する非航海船〔商行為目的でもっぱら湖川，港湾その他の海以外の水域において航行の用に供する船舶〕を含む）による物品または旅客の運送をいう（569 条 3 号）。海上運送は，陸上運送と同様に，物品運送と旅客運送に分かれる。海上旅客運送を含む旅客運送に関する総則的規定については既に説明したため（⇨第 13 章 **2** ③），本章では物品運送のうち海上物品運送に関する事項のみを取り上げる。

| 個品運送契約 | 個品運送契約とは，運送人が個々の運送品の運送を引き受け，その相手方である荷送 |

人がこれに対して報酬を支払うことを約する契約である（737条1項参照）。荷送人が運送品の引渡しを怠ったときは，船長は直ちに発航することができ，荷送人は運送賃の全額を支払わなければならないが（同条2項），個品運送は，現在は定期船と呼ばれる，あらかじめ定められた発着時間表に従い一定の航路で定期的に運航される船舶（コンテナ船など）により行われるため，次の便に乗せればよく，実際に問題となることはあまりない。

| 航海傭船契約 | 航海傭船契約とは，船舶の全部または一部を目的とする運送契約をいう（748条1項か |

っこ書）。簡単に言えば，運送人が船舶の全部または一部を提供し，船積みされた物品の運送を約し，傭船者と呼ばれる相手方が運送賃を支払うことを約する契約である（748条参照）。個品運送契約との違いは，個品運送契約の場合には運送契約が個々の運送品を目的とするのに対して，航海傭船契約の場合には船舶の全部または一部（船腹）が運送契約の目的となることにある。船舶の全部が契約の目的となる場合を全部航海傭船契約（753条），一部が目的となる場合を一部航海傭船契約（755条）という。

「傭船」という言葉は共通するものの，定期傭船契約と呼ばれ，船舶を所有し，船長その他の船員を雇用する船主（船舶所有者に限らず，船舶賃借人の場合もある）が傭船料の支払を受けて，一定期間にわたり船舶を定期傭船者の自由な利用のために提供する契約（704条以下）は，航海傭船契約とは異なるものであることに注意しなければならない。定期傭船契約は，船舶賃貸借（701条以下）と並ぶ船舶の利用に関する契約であり，純粋な運送契約の形態ではないから

である。

## *2*  船 荷 証 券

### 1  船荷証券の発行

　船荷証券は海上物品運送契約に基づき運送人が発行する有価証券
であり，運送品の受取りまたは船積みの事実を証する証書および運
送契約を証する証書としての役割を果たすものでもある。運送人ま
たは船長は，荷送人または傭船者の請求により，運送品の船積み後
遅滞なく，船積みがあった旨を記載した船荷証券の1通または数通
を交付しなければならない（757条1項前段）。船積み前においても，
請求があった場合，運送品の受取り後は受取りがあった旨を記載し
船荷証券を交付する必要がある（同項後段）。運送品の受取りがあっ
た旨を記載した船荷証券を受取船荷証券，本船に船積みした旨を記
載した船荷証券を船積船荷証券という。海上運送状が交付されてい
る場合には，船荷証券の交付義務はない（757条3項）。海上運送状
は，船荷証券と異なり有価証券ではなく，船荷証券に代えて，運送
品の受取りの証明および運送条件を知らせるために発行される運送
書類である（770条参照）。現代の船舶の高速化により，船舶が到着
したときに船荷証券が荷受人に届いていない事態（いわゆる「船荷証
券の危機」）が生じることを受け，近時はとくにその利用が拡大して
いる。

　船荷証券の記載事項として商法が定めるのは，運送品の種類，運
送品の容積・重量または包・個品の数および運送品の記号，外部か
ら認められる運送品の状態，荷送人または傭船者の氏名または名称，

荷受人の氏名または名称，運送人の氏名または名称，船舶の名称，船積港および船積みの年月日，陸揚港，運送賃，数通の船荷証券を作成したときはその数，作成地および作成の年月日である（758条1項）。なお，海上運送状の記載事項は，船荷証券とほぼ同じである（770条2項）。

## ② 船荷証券の効力

船荷証券には，要式証券性（758条），非設権証券性，要因証券性，文言証券性（760条），法律上当然の指図証券性（762条），処分証券性（761条），引渡証券性（763条），受戻証券性（764条）が認められる。

船荷証券の債権的効力 ) 船荷証券には文言証券性が認められ，運送人と船荷証券所持人の関係について，商法は「運送人は，船荷証券の記載が事実と異なることをもって善意の所持人に対抗することができない」（760条）と定める。所持人が悪意であれば，運送人は事実を立証して，証券所持人に対抗できる。証券の記載が事実と異なることを知っていた者を保護する必要はないからである。

倉荷証券（⇨第13章**3**②）と共通する議論であるが，要因証券性と文言証券性の関係について，学説の立場は，空券は原因を欠くため当然に無効であるとし，品違いの場合には実際に受け取った運送品を引き渡せば足りるとして，不法行為責任の追及のみを認める要因説と証券の文言証券性を重視する証券権利説に大きく分かれる（⇨*Column* ⑳）。判例は空券の場合に要因証券性を重視して無効とし，品違いの場合には証券の効力を認めて文言証券性を重視する。運送人の損害賠償責任の構成をめぐっては多くの見解が対立しており，この問題の解決は相当に困難である。近時は，要因性との関わ

りを捨象して，問題の核心は，証券の不実記載を信頼して取得した証券所持人の救済をいかに十分なものにするかにあるとして，この点を端的に論じ，別途の包括的な責任原因として構成しようとする見解もあり注目される。

*Column* ㊵　内容不知の表示

　運送人は，原則として，荷送人または傭船者からの通知に従って船荷証券を作成する義務を負うとともに，荷送人または傭船者は，運送人に対し，その通知が正確でないことによって生じた損害を賠償する責任を負う（759条1項3号）。荷送人または傭船者が通知の正確性を担保することにより，船荷証券の記載が正確なものとなり，これにより船荷証券の信頼性と流通の保護を図る趣旨の規定である。実務上は，こうした通知は電子メールやファクシミリ等を用いてされることが少なくない。

　運送人は短時間に多くの運送品を荷送人から受け取り，船積みするため，毎度検査をすることができない場合もあり，厳重に梱包された品をいちいちほどくということは現実にはなされない。そこで運送人が用いてきたのが，不知約款・不知文言と呼ばれるものである。運送人は不実記載の責任を免れるために，通知された事項を記載した上で「内容不知」または「重量不知」といった文言を記載することが実務上なされ，その有効性は判例にも認められてきた（東京地判平成10年7月13日判タ1014号247頁・百選84）。2018（平成30）年改正により，①通知が正確でないと信ずべき正当な理由がある場合および②当該通知が正確であることを確認する適当な方法がない場合には運送人は当該通知に従って船荷証券を作成する必要がないことが明文で定められた（759条2項）。船荷証券の文言証券性をこの場合にまで認めることは運送人にとって酷だからである。

船荷証券の物権的効力

　船荷証券には引渡証券性が認められ，「船荷証券により運送品を受け取ることができ

る者に船荷証券を引き渡したときは，その引渡しは，運送品について行使する権利の取得に関しては，運送品の引渡しと同一の効力を有する」（763条）。船荷証券の引渡しがなされれば，譲受人は運送品の所有権移転を第三者に対抗できることになる（民178条）。この効力は船荷証券の物権的効力と呼ばれる。物権的効力の法律構成については，学説上，占有移転との関係について相対説と絶対説が対立している。相対説は，運送品の直接占有は運送人が有し，運送品の間接占有が船荷証券の引渡しによって移転すると解する。このうち，通説は，運送品が運送人の直接占有のもとにある限り，指図による占有移転の手続（民184条）を経ることなく証券の引渡しにより運送品の間接占有の移転が認められるとする（代表説）。これに対して，絶対説は，運送人の占有の有無を問題にせずに証券の引渡しにより運送品の占有が移転すると解する。

### ③　複合運送契約と複合運送証券

複合運送契約（⇨第13章2②参照）は，陸上運送，海上運送または航空運送のうち2つ以上の運送を一の契約で引き受ける契約である（578条1項）。複合運送の場合，複数の運送人が運送に関与することになるが，それぞれについて適用される法令が異なるため，責任の所在がとくに問題となる。この点については，運送区間ごとにその運送手段に対して適用される規律を及ぼすべきとする考え方（ネットワーク・システム）と運送区間にかかわらず統一的な規律を及ぼすべきとする考え方（ユニフォーム・システム）の2つの基本的な考え方がある。運送人から見れば，実際に自らが行う運送に対して責任を負うことになる前者の方が安心であるが，荷主から見れば，損害が生じた区間を問わず予見可能性が高い後者の方が望ましく映

るであろう。商法は，前者を基礎とし，「それぞれの運送において
その運送品の滅失等の原因が生じた場合に当該運送ごとに適用され
ることとなる我が国の法令又は我が国が締結した条約の規定に従
う」（578条1項）としている。もっとも，これは損害発生区間が特
定できた場合が前提であり，これを特定できない場合について直接
定める規定は商法に置かれていない。この場合，物品運送人の責任
に関する一般規定が適用されることになる（通常は約款に従うことに
なる）。

運送人または船長は，複合運送を引き受けたときは，荷送人の請
求により，船積み後遅滞なく，船積みがあった旨を記載した複合運
送証券の1通または数通を交付しなければならない（769条1項前
段）。運送品の船積み前においても，その受取り後は，荷送人の請
求により，受取りがあった旨を記載した複合運送証券の1通または
数通を交付しなければならない（同項後段）。複合運送証券に関して
は，船荷証券に関する規定が準用される（769条2項。ただし，複合
運送証券の場合は船荷証券の記載事項に加えて，発送地および到達地を記
載する必要がある）。

## *3* 海上物品運送契約の履行と海上運送人の責任

### 1 船舶の堪航能力

海上物品運送に限らないが，運送契約を履行するためには運送す
るための能力が備わっているかが言うまでもなく重要である。船舶
による運送の場合，契約に予定された航海を安全に行うことができ
る船舶であることが必要となり，①船体能力，②運航能力，③堪荷

能力の3つを備えることが必要となる。①は船舶が航海に堪える状況にあること（739条1項1号，国際海運5条1号。狭義の堪航能力），②は船員の乗組み，船舶の艤装（船舶の設備・装備）および需品（水や食料などの物資）の補給を適切に行えること（739条1項2号，国際海運5条2号），③は船倉，冷蔵室その他運送品を積み込む場所を運送品の受入れ，運送および保存に適する状態に置くこと（739条1項3号，国際海運5条3号）をそれぞれ意味する。これらは船舶の堪航能力と呼ばれ，船舶はこれを「発航の当時」に備えなければならない（739条1項柱書，国際海運5条柱書）。

堪航能力を欠いたことにより生じた運送品の滅失，損傷または延着について，運送人は損害賠償責任を負う（堪航能力担保義務に基づく責任）。運送人が負うのは過失責任であり，発航の当時注意を怠らなかったことを証明したときにはこの責任を負わない。かつての判例・通説は，堪航能力担保義務が船舶の安全性の確保という公益的な目的に基づくことなどを理由に，無過失責任としていたが（最判昭和49年3月15日民集28巻2号222頁），国際海上物品運送法においては運送人の堪航能力担保義務が過失責任とされていたこととの均衡を図るなどの目的で，2018（平成30）年改正により過失責任であることが明らかにされた（739条1項・756条1項）。

なお，個品運送において責任免除または責任軽減を内容とする特約は無効であるが（739条2項。強行規定），航海傭船については堪航能力担保義務に関する免責特約は許容されている（756条1項前段かっこ書。ただし，このような特約は船荷証券の所持人に対抗できない）。航海傭船の当事者は，海上企業取引に関する十分な知識を有するため当事者の判断に委ねてよく，また傭船者は運送人より経済的に優越的な地位にあることなどから，免責特約を認めても問題ないと考え

られたためである。

## 2　運送品の船積み・積付け・運送・荷揚げ

　個品運送の場合，個品運送契約に基づいて荷送人から運送品を受け取ったときは，運送人はその船積みおよび積付けをしなければならない（737条1項，国際海運15条）。積付けとは，運送品を保護するとともに，船舶の安全を図るために，運送品を船内に計画的に配置する作業をいう。荷崩れや積荷の片寄りのために船舶が転覆してしまうことを防止するための措置を思い浮かべてほしい。航海傭船の場合，運送品の船積みのために必要な準備が完了したときは，船長は遅滞なく傭船者に対してその旨の通知を発しなければならない（748条1項，国際海運15条）。

　船積みが完了すると，運送人は船舶を発航させる義務を負う（航海傭船の場合，傭船者による発航の請求〔750条，国際海運15条〕および船長の発航権〔751条，国際海運15条〕に関する規定がある）。運送人は，正当な理由のある場合を除いて，契約または慣習によって予定された航路から逸脱（離路）してはならない（直航義務）。運送人は，契約によって予定された荷揚港に船舶を入港させ，運送品の荷揚げを行う。そして，荷受人など運送品を受け取る権利を有する者に運送品を引き渡すことで運送契約上の債務を履行したことになる（航海傭船の場合，運送品の陸揚げのために必要な準備を完了したときは，船長は遅滞なく荷受人にその旨を通知する〔752条1項，国際海運15条〕）。なお，引渡し前に当事者によって契約が解除される場合（任意解除）もある。解除による終了の場合の費用について，商法は発航前の解除（743条1項・753条1項・755条）と発航後の解除（745条・755条）に分けて，荷送人または傭船者による負担に関する定めを置いてい

る。

### ③　国際海上物品運送法上の海上運送人の責任

　海上物品運送に適用される商法の物品運送に関する総則規定については既に前章で述べているため（⇨第13章**2**②），ここでは国際海上物品運送法の規定を中心に述べる。

海上運送人の債務
不履行責任

海上運送人は，自己またはその使用する者が運送品の受取り，船積み，積付け，運送，保管，荷揚げおよび引渡しにつき注意を怠ったことにより生じた運送品の滅失，損傷または延着について，損害賠償責任を負い，注意が尽くされたことを証明しなければその責任を免れない（国際海運3条・4条）。大量の物品の運送にあたる海上運送人の保護および法律関係の画一化による紛争の防止のために，賠償額の定型化（⇨第13章**2**②）に関する定めが置かれ，契約上運送品が荷揚げされるべき地および時の運送品の市場価格（取引所の相場がある場合にはその相場）を基準として，市場価格がないときはその地および時における同種類で同一の品質の物品の正常な価格を基準として損害賠償の額が定められる（同8条1項）。

　債務不履行のほかに不法行為の要件が満たされた場合について，学説は，契約責任と不法行為責任のいずれについても請求できるとする請求権競合説と，契約法と不法行為法がいわば特別法と一般法の関係にあり，債務不履行に基づく損害賠償責任が発生する場合には不法行為責任が生じないとする請求権非競合説に分かれる。物品運送一般について，運送人の契約責任の減免規定は運送人の荷送人等に対する不法行為責任にも準用されるが（587条。⇨*Column* ㊲），国際海上物品運送の場合も債務不履行責任の減免規定は荷送人，荷

受人または船荷証券所持人に対する不法行為による損害賠償の責任に準用される（国際海運16条1項）。ただし，公平性の観点から相当でないため，荷受人があらかじめ荷送人の委託による運送を拒んでいたにもかかわらず荷送人から運送を引き受けた運送人の荷受人に対する責任には減免規定は準用されない（同条2項）。

| 国際海上物品運送法上の運送人の責任制限 |

海上運送人が支払うべき賠償額には個別的責任制限（パッケージ・リミテーション）と呼ばれる責任の限定が存在する。個別的責任制限の限度は，滅失，損傷または延着にかかる運送品の，①包みまたは単位の数に666.67計算単位（SDR）を乗じて得た額，または②総重量について1キログラムにつき2計算単位（SDR）を乗じて得た額のいずれか多い金額である（国際海運9条1項）。コンテナによる輸送が普及したことを受け，運送品がコンテナ，パレットその他これらに類する輸送用器具を用いて運送される場合は，運送品の包みもしくは個品の数または容積もしくは重量が船荷証券または海上運送状に記載されているときを除き，コンテナなどの数が包みまたは単位の数とみなされる（同条3項）。損害が運送人の故意によりまたは損害の発生のおそれがあることを認識しながらした運送人の無謀な行為によって生じたものであることが証明されたときには，責任限度額の適用はない（同10条）。また，運送の委託の際に運送品の種類および価額を運送人に通告し，かつ，船荷証券が交付されるときには，その種類と価額が証券に記載されている場合にも責任限度額の適用はないが（同9条5項），実際にそうした取扱いがなされることは実務上ほとんどない。

*Column* ㊷　船主責任制限 〰〰〰〰〰〰〰

　運送品に関する損害について，船舶所有者に対して損害賠償請求を行

うことも考えられよう。海上活動の危険性に鑑みて，船舶所有者の責任を制限する制度が古くから構築されてきた。船主責任制限制度と呼ばれるこの制度に基づき，船舶所有者（船舶共有者を含む），船舶賃借人および傭船者その他法律で定める者は，船舶上でまたは船舶の運航に直接関連して生ずる人身損害または船舶以外の物の滅失もしくは損傷による損害（物的損害）や運送品の遅延による損害に基づく債権などについてその責任を制限することができる（船主責任制限3条1項）。これらの債権は制限債権と呼ばれる。ただし，旅客の死傷による債権など，非制限債権と呼ばれる一部の債権については責任を制限することができない（同3条4項，4条等）。責任の限度額は，原則として，船舶のトン数に応じて，物損に関する債権と人損に関する債権に分けて算出される（同7条1項）。なお，船主責任制限法と国際海上物品運送法は重畳的に適用される。船舶が沈没して積載していた貨物が失われたような場合には，国際海上物品運送法9条により制限される荷主の債権は，船主責任制限法7条の定める責任制限に服することになる（東京地判平成15年10月16日判タ1148号283頁）。

---

| 運送人の免責事由 |

**(1) 航海上の過失** 運送品の損害が，船長，海員，水先人その他運送人の使用する者の航行もしくは船舶の取扱いに関する行為により生じた場合には運送人は免責される（国際海運3条2項前段）。こうした船長等の海技上の過失は航海上の過失（航海過失）と呼ばれ，運送品の取扱いに関する商業上の過失とは区別される。

**(2) 火災** 運送品の損害が船舶における火災によって生じた場合には，運送人の故意または過失によって生じた場合を除き，運送人は免責される（同項後段）。

**(3) 高価品** 運送品が貨幣，有価証券その他の高価品であるときには，荷送人が運送を委託する際にその種類および価額を通知し

た場合を除き，運送人は免責される（同15条→商577条）。

免責特約禁止<br>規定とその例外

国際海上物品運送法は，免責特約を強行法的に禁じる（国際海運11条1項）。ただし，次の場合には免責特約が認められる。①船積み前または荷揚げ後の事実により生じた損害（同条3項），②傭船契約（船舶の全部または一部を運送契約の目的とする場合）（同12条），③特殊な性質の運送品等（同13条），④生動物および甲板積みの運送（同14条1項）。

*Column* ㊸ ヒマラヤ条項

運送品の滅失・損傷・延着について運送人の責任が免除または軽減される場合には，その限度において運送人の被用者の荷送人または荷受人に対する不法行為による損害賠償責任も免除または軽減される（588条1項）。国際海上物品運送法にも同様の定めが置かれている（国際海運16条3項）。

「運送人の被用者」は，運送人との雇用契約関係にある者またはこれと同視される指揮監督を受ける者に限られると解される。客船ヒマラヤ号の乗客の負傷につき，運送人の使用人である船長と甲板長に対する損害賠償請求を認容した英国の1954年の判決を受けて，運送人の履行補助者（被用者に限らず独立の契約者も含む）が運送契約上の運送人の利益を援用できること（履行補助者も運送人と同じ抗弁を対抗できること）を定める条項を船荷証券等の運送約款に置くことが多い。これは客船の船舶名を採って，ヒマラヤ条項と呼ばれる。

責任の消滅

荷受人または船荷証券所持人は，運送品の一部滅失または損傷があったときは，受取りの際（滅失または損傷が直ちに発見することができないものであるときは，受取りの日から3日以内）運送人に対しその滅失または損傷の概

況につき書面による通知を発しなければならない（国際海運7条1項）。通知がなかったときは，運送品は，滅失および損傷がなく引き渡されたものと推定される（同条2項）。運送品が引き渡された日（運送品の全部滅失の場合はその引渡しがされるべき日）から1年以内に裁判上の請求がなされないときは，運送品の滅失，損傷または延着についての運送人の責任は消滅する（国際海運15条→商585条1項）。この除斥期間について，法律は合意による延長を認めており（国際海運15条→商585条2項），実務上，損害の発生原因の調査等に時間がかかるため，延長がなされることは稀ではない。

# *4* 船舶先取特権と船舶抵当権

## 1 船舶先取特権

　一部の債権者は，その債権の担保として強力な特権（優先弁済権）を付与される。船舶先取特権とは，次に挙げる債権を有する者に認められる船舶およびその属具についての先取特権である（842条）。①船舶の運航に直接関連して生じた人の生命または身体の侵害による損害賠償請求権，②救助料に係る債権または船舶の負担に属する共同海損（⇒**5** 3 参照）の分担にもとづく債権，③国税徴収法もしくは国税徴収の例によって徴収することのできる請求権であって船舶の入港，港湾の利用その他船舶の航海に関して生じたものまたは水先料もしくは引き船料に係る債権，④航海を継続するために必要な費用に係る債権，⑤雇用契約によって生じた船長その他の船員の債権である。債務者が船舶賃借人または定期傭船者にすぎない場合にも船舶先取特権は成立する（703条2項・707条）。

船舶所有者がその船舶を譲渡した場合，譲受人は登記をした後，船舶先取特権を有する者に対し，一定の期間内にその債権の申出をすべき旨を公告しなければならない（845条1項）。この期間内に申出がなかった場合，船舶先取特権は消滅する（同条2項）。譲受人を保護するために定められた消滅原因である。船舶先取特権はその発生後1年を経過したときは消滅するため（846条），権利者はその前に船舶競売の申立て（民執189条）を行う必要がある。

### ② 船舶抵当権

船舶抵当権は，登記船を目的とする抵当権である。登記と聞くと不動産をまずは思い浮かべるかもしれない。船舶は動産（民86条）であるから抵当権の対象とすることは当然とは言えないが，船舶は名称，国籍および船籍港などにもとづき識別可能であり，高額であり担保の目的として適していることから，抵当権の目的とすることができることとされている（ただし，船舶について登記可能なのは総トン数20トン以上の船舶である〔686条2項〕）。このため，商法は船舶抵当権について，不動産の抵当権に関する民法の規定を準用している（847条3項）。船舶抵当権の目的物は船舶およびその属具である（同条1項2項）。属具とは，たとえば救命艇や錨（いかり）などである。

複数の船舶抵当権が同一の船舶に設定されている場合には，不動産の場合と同様に，順位は登記の前後による（同条3項→民373条）。船舶先取特権と船舶抵当権が競合する場合には，船舶先取特権が優先する（848条1項）。船舶先取特権以外の先取特権との競合がある場合，船舶抵当権は民法330条1項に規定する第一順位の先取特権と同順位となる（848条2項）。

## *5* 海上事故

船舶はその航行中にさまざまな危険に直面する。ニュースなどで船舶間の衝突後の映像を一度は見たことがあるのではないだろうか。商法は，商行為船がこうした危険に実際に遭った場合の損害分担のための特別規定を時系列順に置いている。

### 1  船 舶 衝 突

船舶衝突

船舶と他の船舶との衝突について，事故が生じた場合において，衝突したいずれの船舶についてもその船舶所有者または船員に過失があったときは，裁判所は，これらの過失の軽重を考慮して，各船舶所有者について，その衝突による損害賠償の責任およびその額を定める（788条前段）。過失の軽重を定めることができないときは，損害賠償の責任およびその額は，各船舶所有者が等しい割合で負担することになる（同条後段）。船舶の衝突を原因とする不法行為による損害賠償請求権（財産権の侵害によるもの）は，不法行為の時から2年間行使しないときは，時効消滅する（789条）。時効の起算時を被害者が損害および加害者を知った時としないことは，多数の利害関係人との間で権利関係を早期に画一的に確定させる等の趣旨にもとづいている。なお，わが国は船舶衝突統一条約を批准しているため，商法が適用されるのは，同条約の適用がない場合，すなわち，わが国で裁判が行われる場合においてすべての利害関係人が日本国籍または日本法人であるときやわが国の船舶と同条約の非締結国の船舶間の衝突の場合で

ある（条約12条参照）。

<br>

| 準衝突 |
|---|

船舶間の物理的な衝突（現実の接触）が発生しなかった場合でも，損害が生じることがある。船舶がその航行もしくは船舶の取扱いに関する行為または船舶に関する法令に違反する行為により他の船舶に著しく接近し，当該他の船舶または当該他の船舶内にある人もしくは物に損害を加えた事故についても，船舶衝突に関する規定が準用される（790条）。

## ② 海 難 救 助

| 海難と海難救助 |
|---|

海難とは，航海に関する危険であって，船舶が自力をもって克服することのできない程度の危険である。船舶または積荷その他の船舶内にある物の全部または一部が海難に遭遇した場合において，これを救助することを海難救助という（792条1項）。もともと海難救助は遭難船舶に遭遇した船舶が助力を与えることを前提とする任意救助を制度化したものであったが，現代の海難救助はサルヴェージ業者と呼ばれる海難救助を専門とする業者や曳船業者との契約にもとづく契約救助がほとんどである。

| 救助料請求権の発生 |
|---|

海難救助は成功すること，すなわち船舶または積荷等の全部または一部が救助されることを必要とする。救助が成功しない場合には救助者は救助料を請求することができない（不成功無報酬の原則）。ただし，救助従事者が海洋汚染をもたらす船舶の救助作業を行う場合には結果的に成功しなかったときでも，海洋環境の汚染防止・軽減に対してとった措置として必要または有益であった費用に相当する特別補償料の支払を請求できる（805条。不成功無報酬の原則の修正）。海難救助がなさ

れたときは，契約にもとづかない場合であっても，救助者はその結果に対して救助料の支払を請求することができる（792条1項）。救助料につき特約がない場合において，その額につき争いがあるときは，裁判所は，危険の程度，救助の結果，救助のために要した労力および費用（海洋の汚染の防止または軽減のためのものを含む）その他一切の事情を考慮して，これを定める（793条）。救助料の額は，特約がないときは，救助された物の価額（救助された積荷の運送賃の額を含む）の合計額を超えることができない（795条）。

## ③ 共　同　海　損

**海損と共同海損**

海損には，船舶の自然損耗や燃料費など，航海において通常生じる損害および費用（通常海損）と，非常の原因によって生じる損害および費用（非常海損）がある。共同海損とは，非常海損のうち，船舶および積荷等（積荷その他の船舶内にある物）に対する共同の危険を避けるためになされた船舶または積荷等の処分によって生じた損害および費用をいう（808条1項）。共同海損は，荒天に遭遇した船舶が転覆しないためにマストを切断したり，船舶を軽くするために船具や積荷を海中投棄した場合に，そのおかげで難を免れた船舶と積荷とで損害を分け合ったことを原点とするものであり，現在は，とくに船舶の火災などについて成立する。

**共同海損の損害額の算定と分担**

共同海損となる損害の額は，次のように算定される。

①　船舶　　到達の地および時における当該船舶の価格

②　積荷　　陸揚げの地および時における当該積荷の価格

③　積荷以外の船舶内にある物　　到達の地および時における当該物の価格

④　運送賃　　陸揚げの地および時において請求することができる運送賃の額

ただし、②および④が定める額については、積荷の滅失または損傷のために支払うことを要しなくなった一切の費用の額を控除する（809条1項）。

この損害額を分担するのが、危険共同団体を構成する船舶および積荷などの利害関係人であり、商法810条1項所定の割合に応じて分担することとなる。実務上は、共同海損についてはヨーク・アントワープ規則として知られる統一規則が広く採用されており、実際には共同海損の処理は同規則に従う形になっている。

### *Column* ㊹　海上保険

　商法第3編第7章に海上保険に関する規定が置かれている。海上保険の歴史は古く、現在の制度の原型は14世紀イタリアの商業都市において形成されたとされる。その後、海上保険は貿易の発展を通じてヨーロッパを中心に普及し、16世紀にはイギリスにも伝わり、17世紀末にはエドワード・ロイドという人物が営むロンドンのコーヒー・ハウスにおいて海上保険取引が盛んになされるようになった。これが現在の保険市場ロイズ（Lloyd's）の起源である。

　海上保険契約は損害保険契約の一種であり、保険者が航海に関する事故によって生ずることのある損害を填補することを約するものである（815条1項）。海上保険契約には、商法第3編第7章の規定のほか、保険法における損害保険契約に関する規定が適用される（同条2項）。

　保険者は、原則として、保険の目的について、保険期間内に発生した航海に関する事故によって生じた一切の損害を填補する責任、および海難の救助または共同海損の分担のため被保険者が支払うべき金額を填補

する責任を負う（816条・817条）。商法は航海に関する事故についての定義を置いていないが、海上危険と同義と解されている（大判大正2年12月20日民録19輯1036頁）。保険契約者または被保険者になる者は、海上保険契約の締結に際し、海上保険契約により填補することとされる損害の発生の可能性に関する重要な事項について、事実の告知をしなければならない（820条。告知義務）。保険法の規定においては、重要な事項のうち保険者になる者が告知を求めたものについて事実の告知をしなければならないとされているところ、保険者側が危険について十分な測定能力を有しないことから、商法820条は自発的な事実の申告を求めている。そして、故意または重大な過失により事実の告知をしなかった、または不実の告知をしたときは、保険者は海上保険契約を解除できる（829条）。

　さらに、商法は、危険の変更・増加が生じた場合、具体的には、航海の変更（822条）、著しい危険の増加（823条）、船舶の変更（824条）の場合について定めている。保険期間内に予定の航路の変更、被保険者による発航または航海の継続の懈怠、貨物保険契約で定めた船舶の変更などがあった場合には、保険者はその変更または事実が生じた時以後に発生した事故によって生じた損害を填補する責任を原則として負わない。また、海上保険に関して、保険法17条に代えて、商法は826条に保険者の免責事由について定めている。免責事由には、保険の目的物の性質もしくは瑕疵またはその通常の損耗によって生じた損害や戦争その他の変乱によって生じた損害が含まれている。もっとも、商法の免責事由に関する規定は任意規定であることから、当事者が約款ないし特約で異なる内容を定めることは可能である。なお、全損またはこれに準ずる損害が発生した場合に、保険の目的物について有する一切の権利を保険者に移転することにより、被保険者が保険金額の全部を請求することができる保険委付の制度は、2018（平成30）年改正により廃止された。

# 第15章 代理・仲立・問屋

## *1* 仲介業の諸形態

仲介業務の意義と形態

　企業が取引活動を拡大し，しかもその取引を円滑に進めるためには，企業組織の外部にあって，自らも独立の商人として企業取引を補助する者（企業外補助者）の存在が不可欠である（企業内補助者については，⇨第4章）。このように，他の企業から依頼を受けて，その企業の取引（契約）が成立するように尽力し，あるいは売買契約の売主・買主や売買の目的物を探す業務を，一般に「仲介業務」という。企業外補助者は，企業取引の成立に関与すること，つまり仲介業務自体を営業目的とする商人（仲介業者）である。

　仲介業者が他の企業の取引に関与する仕方を法律的にみると，代理，媒介および取次ぎの3つに分けることができる。これらのうち，媒介とは，他人間の法律行為の成立のため尽力することをいい，媒

介自体は事実行為である。契約（法律行為）の相手方を探してきたり，契約交渉の場を提供したり，契約条件の交渉を助けたり，契約に必要な書類を整えたり，といったさまざまな事実行為が含まれる。また，取次ぎとは，自己の名をもって他人のために第三者と法律行為をなすことをいう。自ら法律行為をするところは，代理と共通するが，代理では，代理人が第三者（相手方）に対して意思表示をすると，その効力が本人について生じる，つまり本人と第三者との間に契約関係が成立する。これに対して，取次ぎでは，取次ぎをする者は，自己の名をもって第三者と法律行為をするので，取次ぎをする者と第三者との間に契約関係が成立するところに違いがある（次頁図参照）。

**仲介業の種類**

仲介業について，商法は，第1編総則第7章（27条以下）において代理商について規定し，第2編商行為において，仲立営業（543条以下）および問屋営業（551条以下）について規定している。会社法16条以下にも代理商に関する規定がある。

まず，代理商とは，一定の商人のために平常その営業の部類に属する取引の代理または媒介をする者をいい（27条，会社16条），代理を行う場合を「締約代理商」，媒介を行う場合を「媒介代理商」といって区別している。代理商は，特定の商人のために継続的にその取引活動を補助する点で，不特定の商人または非商人のために活動する仲立営業や問屋営業とは異なり，むしろ，企業内部の補助者である商業使用人と共通する面がある。そのため，商法は，代理商に関する規定を第1編総則に置いたのである。

仲立営業とは，商法によれば，他人間の商行為の媒介をする営業であり，これを業とする者を仲立人という（543条）。商法は，他人

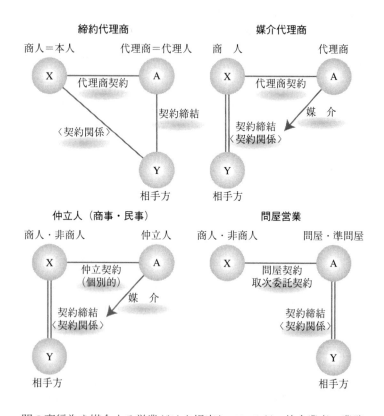

締約代理商

商人＝本人　　代理商＝代理人

X
A
代理商契約
契約締結
〈契約関係〉
Y
相手方

媒介代理商

商　人　　　　　　代理商

X
A
代理商契約
媒　介
契約締結
〈契約関係〉
Y
相手方

仲立人（商事・民事）

商人・非商人　　仲立人

X
A
仲立契約
（個別的）
媒　介
契約締結
〈契約関係〉
Y
相手方

問屋営業

商人・非商人　　問屋・準問屋

X
A
問屋契約
取次委託契約
契約締結
〈契約関係〉
Y
相手方

間の商行為を媒介する営業だけを規定しているが，仲介業者の業務としては，商行為以外の法律行為の媒介をすることもあるので，商行為以外の法律行為の媒介を業とする者を「民事仲立人」といい，商行為の媒介を業とする「仲立人（商事仲立人）」と区別している。仲立という用語は，他人間の法律行為の成立のために尽力することを指し，媒介と同じ意味である。仲立人と媒介代理商は，他人間の法律行為（商事仲立人であれば商行為）の媒介を業とするという点では同じである（上図参照）。しかしながら，仲立人が媒介するのは，

不特定の商人の法律行為(商行為)であるのに対して，媒介代理商は，特定の商人から依頼を受けて継続的にその商人の取引の媒介をする。3②に述べるように，仲立人が契約当事者双方の利益を考慮して行為すべき点も，媒介代理商と異なる。

　問屋営業の主体には，業務の内容によって，問屋と準問屋の別がある。問屋とは，自己の名をもって他人のために物品の販売・買入れをすることを業とする者をいい(551条)，準問屋とは，自己の名をもって他人のために物品の販売または買入れ以外の行為をすることを業とする者をいう(558条)。いずれも，取次ぎ(自己の名をもって他人のために第三者と法律行為をなすこと)を業として行う者であるので，取次商の一種ということができる。このほか，取次商には，物品運送の取次ぎを業とする運送取扱人がいる(559条)。なお，商法上問屋とは，上述のような特別の意味をもつ用語であるが，一般には問屋(とんや)という言葉は卸売商(商品流通の過程で生産者と小売商との間に介在する自己売買商)を意味するものとして使われている。そこで，これと区別するために商法上の問屋を「といや」と呼んでいる。

# *2* 代 理 商

## ① 総　　説

代理商とは

　代理商とは，商業使用人ではなく，一定の商人のために継続的にその営業の部類に属する取引の代理(締約代理商)または媒介(媒介代理商)をなす者をいう(27条, 会社16条)。代理商は，自らも独立の商人であり(502

条11号12号），企業内部の補助者である商業使用人とは異なる。商人が広範な地域にわたって営業網を展開する場合や新たな取引ルートを開拓しようとする場合に，自ら支店を開設したり使用人を派遣したりすると，相当多額の費用が必要である。このような場合，その地域の事情に通じ信用のある代理商を利用することで，代理商の知識・経験を利用でき，経費の節減も可能になる。損害保険代理店，家電製品や自動車の販売代理店は，代理商の典型である。生命保険相互会社（非商人）のために代理・媒介をする者は，民事代理商であって，商法上の代理商ではない。

| 代理商契約の性質 |

代理商契約は，営業主（本人）と代理商との間の権利・義務や権限の内容を定めるものであるが，委託内容が代理か媒介かでその性質は異なる。まず，締約代理商は，営業主のために当該取引の代理をすること，つまり法律行為をすることの委託を受けるので，営業主と締約代理商との間で結ばれる代理商契約は，委任契約である。他方，媒介代理商は，当該取引の媒介，つまり法律行為ではない事務の委託を引き受けるので，営業主と媒介代理商との間の代理商契約は，準委任契約である。したがって，特約や慣習によるほか，代理商契約には，委任に関する民法と商法の規定が適用される。さらに特則として，商法には代理商に関する以下のような規定が設けられている。また，会社法の総則には，会社のために代理または媒介をする代理商（つまり，営業主が会社である場合）に関する規定が設けられている（会社16条以下）。

## 2 代理商と営業主との関係

代理商の負担する商法上の義務　代理商は，営業主（本人）に対して，商法および会社法の定めによって，次のような通知義務と競業避止義務を負う。第1に，代理商は，取引の代理・媒介をしたときは，遅滞なく営業主に対して，その旨を通知しなければならない（27条，会社16条）。営業主の請求をまたず，また委任の終了の有無にかかわらず，通知義務を負う点で，民法上の受任者の報告義務（民645条・656条）よりも，義務の内容が強化されている。

　第2に，代理商は，営業主の許可を受けなければ，①自己または第三者のために営業主の営業（または営業主である会社の事業）の部類に属する取引をすること，②営業主の営業（または営業主である会社の事業）と同種の事業を行う会社の取締役，執行役または業務を執行する社員となることは，できない（28条1項，会社17条1項）。これを代理商の競業避止義務という。代理商が，営業主の営業・事業に関して知りえた知識を利用して，営業主の犠牲において自己または第三者の利益を図るのを防止することを趣旨とする。したがって，これに加えて，職務に専念することも要求される支配人の競業避止義務と比べると，禁止される業務の範囲は狭い。代理商が競業避止義務に違反した場合，営業主は，それによって生じた損害の賠償を請求することができるが，当該違反行為によって代理商または第三者が得た利益の額は営業主に生じた損害の額であると推定される（28条2項，会社17条2項）。

代理商の留置権　代理商は，取引の代理・媒介によって生じた債権が弁済期にあるときは，その弁済を

受けるまで，営業主のために占有する物または有価証券を留置することができる（31条本文，会社20条本文）。これを代理商の留置権という。代理商の留置権は，民事留置権（民295条以下）よりも商事留置権（521条）に近いが，権利内容は代理商の業務形態に即して，より強化されている。すなわち，第1に，被担保債権は，代理商としての取引の代理・媒介で生じたものであり，民事留置権のような被担保債権と目的物の牽連性は要求されない。この点は商事留置権と同様である。第2に，留置の目的物は，代理商が営業主のために適法に占有する物または有価証券であればよく，商事留置権のように，留置物の占有取得の原因が営業主との間の商行為である必要はなく，留置物が営業主の所有物である必要もない。なお，代理商の留置権は特約によって排除できる（31条但書，会社20条但書）。

| 代理商関係の終了 | 代理商契約は委任または準委任契約であるので，委任の終了事由（民653条）によって終了する。ただし，本人の死亡によって当然には終了しない（506条）。営業の継続性を損なわないためである。また，民法上，委任契約の当事者には，いつでも告知による解除権が認められているが（民651条），商法および会社法は，代理商についてその特則を設け，契約期間の定めのないときは2か月前の予告により契約を解除でき，やむをえない事由のあるときはいつでも契約を解除できるとしている（30条，会社19条）。したがって，契約期間の定めのあるときは，やむをえない事由のない限り，随時の解除はできないことになる。

### ③ 代理商と第三者との関係

<u>代理商の権限</u> 代理商の権限の範囲や内容は，代理商契約によって定められる。商法および会社法には，代理商の通知を受ける権限だけが規定されている。すなわち，物品の販売またはその媒介の委託を受けた代理商は，売買の目的物の瑕疵または数量の不足その他売買に関する通知を受ける権限を有する（29条→526条2項，会社18条→商526条2項）。ここに定められた以外の権限，たとえば，売買取消しの意思表示の受領権限や，支払猶予，代金減額をする権限などは，代理商契約で定めておかなければ，当然には有しないことになる。

## *3* 仲立営業（仲立人）

### ① 仲立人の意義と仲立契約の性質

<u>仲立人とは</u> 仲立人とは，広い意味では，媒介（他人の間の法律行為の成立のために尽力すること）を業とする者をいう。このうち商法は，他人間の商行為の媒介を業とする者（商事仲立人）だけを仲立人として，仲立営業に関する規定を543条以下に設けている。これに対して，商行為以外の法律行為の媒介を業とする者を民事仲立人というが，民事仲立人に関する規定はとくに設けられていない。そこで，仲立人に関する商法の規定が民事仲立人に類推適用できるかが問題になる場合もある（⇨ *Column㊺*）。仲立人は，たとえ民事仲立人であっても，自己の媒介によって他人間に法律行為が成立したときは報酬の支払を受けるこ

とを目的に，自己の名において反復継続的に仲立の委託を引き受けて営業を行っているので，商人である（4条1項・502条11号）。

　仲立人の身近な例としては，鉄道会社との旅客運送契約やホテルとの宿泊契約の締結を媒介する旅行斡旋業者や，不動産取引を媒介する不動産仲介業者（宅地建物取引業者）がある。ただし，不動産仲介業者は，商行為にあたらない不動産取引（たとえば，売主が住居として使用していた土地・家屋を，買主が居住用に取得する場合など）を媒介するときは，民事仲立人になる。民事仲立人の例としては，結婚仲介業者，家庭教師やホームヘルパーの斡旋業者がある。なお，旅行斡旋業者については旅行業法，宅地建物取引業者については宅地建物取引業法が，それぞれ業法として設けられ，業者に登録制や免許制を課すなど行政的監督が加えられている。

**仲立契約の法的性質**　媒介あるいは仲立とは，他人間の法律行為の成立に尽力する事実行為であるので，仲立を依頼する者（委託者）と仲立人との間で締結される仲立契約は，法律行為でない事務（事実行為）を相手方に委託する契約であって，準委任（民656条）にあたる。そこで，仲立契約には，原則として，民法の委任に関する規定が適用される。

## ② 仲立人の義務と権利

**仲立人の義務**　仲立契約は，前述のように準委任契約であるので，仲立人は，善良な管理者としての注意義務（民656条→民644条）を負うが，これに加えて，商法は，次のような特別の義務を規定している。

　仲立人は，契約当事者間の紛争を防止するため，次の3つの義務を負う。第1に，仲立人は，その媒介する行為につき見本を受け取

ったときはその行為が完了するまでこれを保管すべき義務を負う（545条。見本品保管義務）。見本によって売買の目的物を定めその品質を担保する売買を見本売買という。仲立人に見本の保管義務が課されるのは、後日、見本売買の契約当事者間で、目的物をめぐって紛争が生じた場合のため、証拠を保管させる趣旨である。

第2に、媒介が功を奏し、当事者間に契約が成立したときは、仲立人は、遅滞なく各当事者の氏名または名称、契約の年月日およびその要領を記載した「結約書」を作り、これに署名した後、各当事者に交付しなければならない（546条1項。結約書の作成・交付義務）。結約書とは、契約内容に関する証拠書面で、仕切書、契約証あるいは締約書ともいわれる。結約書の作成・交付が義務づけられるのも、契約内容に関する証拠書面を保管させ、事後の紛争に備えるためである。

第3に、仲立人は帳簿（「仲立人日記帳」ともいう）を備えて、契約当事者の氏名または名称、契約年月日および契約の要領（結約書の記載事項）を記載しなければならない（547条1項。仲立人日記帳の作成義務）。この帳簿は、商業帳簿ではなく、自ら仲介して成立させた契約について記録を残すためのもので、やはり、後日の紛争に備えて証拠を保全する意味がある。契約当事者は、自己の契約に関する帳簿の謄本交付を請求することができる（同条2項）。

また、仲立人は、委託者から、その氏名または名称を相手方に示さないよう命じられたときは、これに従い、結約書や仲立人日記帳の謄本にもその氏名等を記載しない義務（当事者氏名等黙秘の義務）を負う（548条）。仲立人が当事者氏名等黙秘の義務を履行し、契約の一方当事者の氏名または名称を相手方に示さない場合、相手方は、仲立人を信頼して契約を締結することになる。そのため、匿名の契

約当事者が契約を履行しないときは，仲立人は，自ら履行する義務を負う（549条）。これを「仲立人の介入義務」という。

| 仲立人の報酬請求権 |

仲立人の権利に関して，商法にとくに規定があるのは，報酬（仲立料）の請求権についてである。民法上委任契約は原則無償であるが（民648条1項），仲立人はたとえ民事仲立人であっても商人であるので，特約の有無にかかわらず，営業の範囲内において他人のためにある行為をしたときは相当な報酬を請求することができる（512条）。特約のない限り，別途費用の支払を請求することはできないので，仲立料には費用を含むと解されている。

さらに，商法550条1項は，結約書の作成・交付手続を終わった後でなければ，仲立人は報酬を請求することができないと規定する。当然，その前提として，媒介行為によって当事者間に契約が成立した必要がある。したがって，仲立人の報酬請求権は，512条を基礎とするものの，媒介行為による契約の成立と結約書の作成・交付を発生条件とするものと考えられる。

ただし，宅地建物取引業者に仲介を依頼した委託者が，仲介活動の進行中に，故意に仲立契約を解除して，仲立人の紹介した相手方と直接売買契約を締結した事案において，判例は，契約成立の時期が仲介活動の時期と近接しており，売買価格が業者との下相談の価格をわずかに上回るにすぎない等の事情を考慮し，報酬の支払に関する停止条件の成就を故意に妨げたものである（民130条1項）として，結約書の手続が行われていない場合にも，停止条件が成就したものとみなして報酬支払請求を認容している（最判昭和45年10月22日民集24巻11号1599頁・百選66）。

仲立人の報酬は，特約がなければ，契約当事者双方が平分して負

担する（550条2項）。仲立人は，事後の紛争に備えて種々の義務を負うなど，委託者でない相手方についても，公平にその利益を図って業務を遂行する立場にあるので，委託者ばかりでなく非委託者に対しても，報酬を請求できるとされたものである。

***Column ㊺*** 　民事仲立人の非委託者に対する報酬請求権

商法550条2項は，商事仲立人に関する規定であるが，民事仲立人も非委託者に対して報酬請求権を有するか，つまり，550条2項が，民事仲立人にも類推適用されるかについては，見解の対立がある。判例の立場は明確でないが，商行為にあたらない不動産取引を仲介した宅地建物取引業者が，非委託者に対して報酬を請求した事案において，非委託者のためにする意思が認められないとして，512条の報酬請求権自体を否定したものの，このような意思があるときに550条が類推適用される余地を否定していない（最判昭和44年6月26日民集23巻7号1264頁・百選34）。学説では，仲介される売買・賃貸等が1回限りで非投機的・非営利的であること，民事仲立人は商法の定める特別の義務を当然には負担しないこと，550条2項は仲立人に関する特則であること等を理由にこれを否定する見解が多数説である。しかし，民事仲立人の活動により当事者双方が利益を享受することや，とくに宅地建物取引業者等については，業法上非委託者に対しても特別の義務を負う旨の規定があることを理由に，これを肯定する見解も有力である。

# *4* 問屋営業

## 1 意義と性質

**問屋・準問屋の意義**　自己の名をもって他人の計算で法律行為を することを引き受ける行為を「取次ぎ」と いう。問屋とは，物品の販売または買入れについての取次ぎを業と する者であり（551条），準問屋とは，物品の販売または買入れでは ない行為についての取次ぎを業とする者である（558条）。問屋は， 物品の売買契約の当事者として，法的には権利・義務の主体になる が，経済的には，これを委託者である他人の負担で行い，問屋は取 次ぎについて報酬（手数料）を得ることを目的としている。問屋は， 取次ぎに関する行為を業としているので，商人である（4条1項・ 502条11号）。これらの関係は準問屋の場合も同様である。

　企業が活動の範囲を拡大しようとするとき，支店を設置する方法 は経費がかさむし，代理人や代理商を利用すれば，権限濫用の危険 がある。その点，問屋や準問屋であれば，このような危険もなく， 問屋自身の信用と営業手腕を匿名で活用することができ，問屋が売 買代金を立て替えることで事実上問屋から金融を受けられる側面も ある。取引の相手方も，契約当事者は問屋であるので，委託者本人 の信用や代理人の代理権限について調査することなく，迅速に取引 することができる。

　問屋の具体例としては，一般に，ブローカー業務（売買の取次ぎ） を行う証券会社や商品先物取引業者（2009〔平成21〕年改正前商品取 引所法〔現在の商品先物取引法〕の商品取引員について，最判平成21年7

月 16 日民集 63 巻 6 号 1280 頁・百選 69）が挙げられる。しかしながら，学説には，証券会社を問屋と解することに反対する有力説があり，また 1998（平成 10）年の証券取引法の改正は，証券会社を問屋と解することの実益をほぼ消失させたといえよう（⇨*Column㊻*）。準問屋については，広告業者の地位や出版の取次業者の締結した契約が，準問屋の地位や準問屋契約に当たると判断された裁判例等（出版社と新聞社の間で出版広告の新聞掲載について仲介する広告業者の地位について，東京地判平成 3 年 11 月 26 日判時 1420 号 92 頁，日本の会社が，自動車写真の出版につき日本の出版社と出版許諾契約を締結し，許諾料の 6 割を写真を送付したドイツの自動車写真家に支払う旨の当該写真家との間の契約について，東京地判平成 9 年 5 月 12 日判時 1630 号 135 頁）がある。

取次契約の法的性質

取次ぎを依頼する者（他人）と，問屋または準問屋との間で締結される取次契約（取次委託契約）は，「問屋契約（準問屋契約）」ともいわれる。これは，問屋に対して，自己の名（問屋の名）で他人（依頼者）の計算において法律行為をすることを依頼する契約であるので，委任契約になる。したがって，問屋との取次契約には，原則として民法の委任に関する規定（民 643 条以下）が適用され，さらに商法に設けられた特別の規定が特則として適用される。取次ぎを依頼し，法律行為の計算（損益）の帰属主体となる委託者は，問屋の業務内容によって，商人の場合も非商人の場合もあり，特定人の場合もあれば，不特定多数の者である場合もある。問屋は，物品の販売または買入れを取次ぎの目的とするが，ここにいう「物品」には，動産のほか，有価証券も含まれる（最判昭和 32 年 5 月 30 日民集 11 巻 5 号 854 頁）。

## 2 問屋の法律上の地位

問屋と相手方との関係

問屋は，他人のためにした販売または買入れにより，相手方（第三者）に対して権利を有し義務を負う（552条1項）。つまり，相手方との関係に関する限り，通常の売買契約における売主・買主間の関係と異ならないのである。したがって，売買契約の成立・効力に影響を及ぼすべき事情（意思表示の瑕疵など）や抗弁の存否は，すべて問屋について判断される。とはいえ，売買契約の計算（損益）の帰属主体は委託者であるので，そうした経済的な実質を法律関係に反映させるべきではないかと議論される場合もある。たとえば，問屋が委託者の委託に従って売買契約をした場合は，民法101条3項を類推適用して，たとえ問屋が契約の効力や成立に影響のある事情について知らなかった（善意）としても，委託者の知っている事情や過失を考慮すべきであると解釈され，あるいは，相手方の債務不履行の場合に，問屋の損害は手数料にとどまり，実際そのために損害を受けるのは委託者であるから，債務不履行にもとづく損害賠償請求権は委託者に帰属すると解すべきである等と主張されている。

問屋と委託者との関係

商法552条2項は，問屋と委託者との間では商法の規定のほか「委任及び代理に関する規定を準用」すると定める。しかしながら，問屋と委託者との契約（取次委託契約）は，委任契約の一種であって，その関係が代理でないことは明らかである。とはいえ，経済的な実質を考慮すると，単なる委任と解することも適切ではない。

問屋契約には，民法の委任に関する規定が準用されるので，問屋は善良な管理者の注意義務を負い（民644条），報酬や費用に関する

請求権についても，特約がない限り，民法の規定（民648条～650条）が準用される。他方，問屋が委託者の計算で取得した債権や所有権は，問屋と委託者の間では，特別の移転行為なしに委託者に直接帰属することになり，この限りでは代理に関する規定が準用されることになる。ただし，問屋から権利移転を受けない以上，原則的には，委託者は第三者に対してそれらの権利を主張することはできない（ただし，破産の場合について，次項参照）。そこに，経済的な実質においては，委託者が問屋の締結した契約について本人の立場に立つが，法律的にこの関係を評価すれば，問屋が権利・義務の主体になってしまうというギャップが現れている。

　さらに，問屋は委託者に対して，③でみるように，商法上特別の権利（留置権，供託・競売権，介入権）を有し，義務（通知義務，指値遵守義務，履行担保義務）を負う。

**委託者と問屋の債権者との関係**　委託者と問屋の債権者との関係は，問屋が破産した場合等に問題になる。問屋が取次ぎの実行中のどの段階で破産したかによって，問題の状況も異なるので，以下場合を分けて説明する。

　(1)　買入委託の場合　　問屋が委託に応じて買い入れた物または有価証券を，委託者に移転しないうちに破産したら，委託者はその物または有価証券を取り戻すこと（破62条）ができるであろうか。判例は，その物または有価証券について実質的な利益を有するのは委託者であるとして，利益衡量を根拠に委託者の取戻権を肯定する（最判昭和43年7月11日民集22巻7号1462頁・百選70）。通説も，委託者の取戻権を肯定するが，判例に対しては，理論的説明に欠けると批判している。学説には，商法552条2項の「問屋」を問屋の債権者を含む意味に理解する見解や，問屋の破産や問屋の債権者によ

る強制執行の場合には，経済的実質によって取次物品の帰属を決定すべきであるとする見解もある。理論的構成として優れていると思われるのは，次のような見解である。代金が前払されているような場合に，問屋と委託者との間に買入物品の所有権移転につき先行的占有改定によるとの合意，すなわち，物または有価証券を問屋が買い入れたら引き続き委託者のために占有する旨の合意を認め，占有改定によって委託者は既に所有権を取得していると構成する見解である。ただし，いずれの説においても，物品が委託者のものであると特定されていることが不可欠と思われる。

(2) 販売委託の場合（その1） 問屋が委託者から売却を委託された目的物を預かっている間に破産しても，目的物の所有権は依然として委託者にあり，問屋は処分権を取得するにすぎないと考えられる。したがって，委託者には所有権にもとづく取戻権が認められる（破62条）。

(3) 販売委託の場合（その2） 問屋が，目的物を相手方（第三者）に売却した後，第三者に対する債権を取立未済のうちに破産したり，第三者から受領した金銭を委託者に引き渡す前に破産した場合にも，委託者がその債権や金銭を取り戻せるかは問題である。目的物が第三者に売却され問屋が代金支払請求権を有するときは，これについて委託者の代償的取戻権（破64条）が認められるが，問屋が代金を受領したときは，この金銭は問屋に帰属し委託者は破産債権を有するにすぎない，と解する見解が有力である。しかし，この場合でも，金銭が委託者のものとして特定されている場合（たとえば，封金された場合）には，前述の先行的占有改定の理論構成により，取戻権を認めることができよう。

*Column* ㊻  証券会社の破産と問屋法理 〰〰〰〰〰〰〰〰〰〰

　四大証券と呼ばれていた証券会社の1つが1997（平成9）年に破綻して以来，証券会社の破産はきわめて現実的な問題となった。しかし，問屋法理によって，委託者（投資家）の金銭や有価証券を破産した証券会社（問屋）から取り戻そうとしても，前述のように，委託者の金銭や有価証券が特定されていない限り，取戻しは困難であると考えられる。そもそも問屋法理だけで大規模証券会社の破産に対処しようとすれば，著しい混乱を生ずることになろう。

　1998（平成10）年改正証券取引法（2006〔平成18〕年改正により金融商品取引法）は，このような事態に対処すべく，第1に，証券会社に顧客財産の分別管理を義務づけ（現金商40条の3・42条の4・43条の2），第2に，投資者保護基金を創設した（同79条の20以下）。これにより，証券会社は，顧客（委託者）との取引に関して，①顧客から預託を受けた有価証券および顧客の計算において占有する有価証券と，②顧客から預託を受けた金銭等については顧客に返還すべき額に相当する金銭（顧客分別金）を，自己の固有の財産と分別して管理しなければならないことが明定された。問屋という位置づけからは，引き出しえない対処方法である。顧客財産の分別管理が徹底すれば，証券会社が破産しても，顧客が損害を被ることはないはずである。しかしながら，分別管理が完全には行われないおそれも否定できないので，証券会社の拠出資金を基に投資者保護基金を創設し，証券会社による顧客資産の返還が困難になった場合には，基金から一定額の支払等を行うことによって，有価証券取引の信頼性を維持しようとしている。1998（平成10）年に設立されて以降，投資者保護基金は南証券（2000〔平成12〕年）および丸大証券（2012〔平成24〕年）の経営破綻事例において，証券会社から返還されなかった資産の補償を顧客に対して行っている（投資者保護基金の補償対象債権について，最判平成18年7月13日民集60巻6号2336頁・百選71）。

〰〰〰〰〰〰〰〰〰〰〰〰〰〰〰〰〰〰〰〰〰〰〰〰〰〰〰〰〰〰

## ③ 問屋の義務と権利

問屋の義務は委託者に対して，民法上の受任者としての義務を負うほか，商法の規定によって，次のような内容の通知義務，指値遵守義務および履行担保義務を負担する。

第1に，問屋が委託者のために物品の販売または買入れをしたときは，遅滞なく委託者に対してその通知を発しなければならない（557条→27条）。民法上受任者は，委任者から請求のあったときと委任の終了後にその顛末を報告すべき義務を負うが（民645条），問屋の場合は，委託者の請求をまたずに，通知を発すべき通知義務を負担する。

第2に，問屋は指値遵守義務を負う。指値とは，取次委託の際に委託者が指定した売買価格であり，指値がある場合を「指値売買」という。通常，販売委託であれば最低価格（最安値）を，買入委託であれば最高価格を指定する。これに対して，売買価格を問屋に一任するものを「成行売買」という。問屋は，指値に従わなければならず，指値に反して行った売買を委託者の計算に帰属させることはできない。ただし，差額を問屋が自ら負担するときは，指値に反する売買も委託者に対して効力を有する（554条）。

第3に，問屋は，反対の特約・慣習のない限り，委託者のためにした販売または買入れにつき，相手方がその債務を履行しない場合は，自ら履行する責任を負担する（553条）。このような問屋の履行担保義務は，問屋制度の信用を確保し，委託者を保護するために，法がとくに定めた政策的な義務であり，したがって，問屋の責任は無過失責任であると解釈される。

| 問屋の権利 | 問屋の有する商法上の特別の権利には，留置権，供託・競売権および介入権がある。 |

まず，問屋は，委託者のために物品の販売または買入れをしたことによって生じた債権が弁済期にあるときは，その弁済を受けるまで，委託者のために占有する物・有価証券を留置することができる（557条→31条）。代理商の留置権と同様に，留置物は委託者の所有物でなくてもよく，留置物の占有原因は委託者との間の商行為でなくてもよい。次に，買入委託者が問屋の買入物品を受け取ることを拒み，またはこれを受け取ることができないときは，問屋は，商人間の売買における売主と同じく，供託・競売の権利を有する（556条→524条。⇒第12章 **3**）。第3に，問屋は，取引所の相場のある物品の販売・買入れの委託を受けたときは，自ら買主または売主となることができる（555条1項）。これを「介入権」という。問屋の介入権が認められるのは，委託目的の迅速な達成のためであるが，委託者の利益保護には，売買の公正確保が不可欠であるので，取引所の相場のある物品の売買に限定し，かつ，売買価格も相場によって定めるものとした。この場合でも，問屋は委託者に対して報酬を請求することができる（同条2項）。

*Column ㊼* 問屋の権利・義務と証券会社 〜〜〜〜〜〜〜〜

　本文で概観した問屋の権利・義務に関する商法の規定は，証券会社にはほとんど適用されない。証券会社と投資家（委託者）との関係は，金融商品取引法のほか，証券取引所の定める受託契約準則（金商133条）や業務規程（同117条）によって規定されている。

　まず，問屋の義務についてみると，第1に，証券会社は，有価証券の売買等が成立したときは，商法上の問屋の通知義務によるのではなく，金融商品取引法の定めにより，より詳細な書面の作成・交付義務（同37条の4）を負う。第2に，証券会社も指値遵守義務を負うが，市場に

おける公正な価格形成という観点から，差額を負担すれば指値を遵守しなくてもよいということはありえない。かりにこれを許すとすれば，たとえば，保有株式を高値で売却することを委託者が望むとき，証券会社がこれを市場価格である安値で売却して，差額を負担することができることになる。しかし，これは，損失補てんの禁止（同39条）に違反する。

次に，問屋の権利についてみると，第1に，委託者の債務不履行の場合，証券会社は，問屋の留置権による代わりに，受託契約準則により，委託者のために占有する有価証券・金銭をもって損害の賠償に充当し，さらに不足額の支払を請求できる。第2に，問屋の供託・競売権による代わりに，受託契約準則の規定により，買入有価証券を市場で売却して手仕舞い（清算）し，損害額の賠償を請求すれば足りる。第3に，問屋には介入権があるが，証券会社が恣意的に介入できるとすれば，委託者の利益が害されるおそれがある。証券会社には，顧客の注文について，最良の取引条件で執行する義務が課されており（同40条の2），売買価格が相場によるというだけで介入することは許されない。

# 第16章 銀行取引

## *1* 銀行取引とは

　商法典の条文を見てみると，「銀行」という言葉は，1箇所にしか出てこない。営業的商行為 (⇨第1章参照) に関する商法502条8号は，「両替その他の銀行取引」を営業としてするときは，これを商行為とすることを定めている。しかし，何が銀行取引にあたるかは，商法典では明らかにされていない。

　この点で参考となるのは，銀行法の規定である。

　銀行法によれば，銀行本体が行うことができる業務には，①固有業務 (銀行10条1項)，②付随業務 (同条2項)，③他法金商業等 (同11条)，④法定他業 (同12条) が存在する。銀行は，これら以外の業務を行うことができない (同条)。

　固有業務 (①) とは，(ア)預金または定期積金等の受入れ，(イ)資金の貸付けまたは手形の割引，および，(ウ)為替取引を意味する (同10

条1項）。これらの銀行業を営むためには，内閣総理大臣の免許を受けることが必要である（同4条1項）。

　以上の業務は，法律的な観点から，慣行的に，預金（受信）取引，貸出（与信）取引（＝貸付け＋手形割引），為替取引，その他の付随取引に分類されている。伝統的な営業としての銀行取引として挙げられるのは，預金取引と為替取引であるため，本書においてもこれらを中心に扱う。

# *2* 預 金 取 引

## 1 預金契約の種類

　預金契約の種類には，①当座預金，②普通預金，③定期預金，④通知預金，⑤別段預金，⑥定期積金，⑦譲渡性預金などが存在する。いずれの預金契約も，消費寄託契約（民666条）の性質を，基本的にはもっていると考えるのが通説である。以下では，主要なものについてのみ，簡単に内容を説明する。

当座預金

当座預金とは，手形や小切手を振り出さなければ引き出すことができない，要求払いの預金をいう。適法な要求があれば，銀行は，いつでも支払わなければならない。現金による決済に代えて，手形や小切手を利用して当座預金で決済することから，当座預金は，通貨と同様の機能を果たしている。そこで，当座預金は，典型的な預金通貨であるといわれている。当座預金は，出し入れ（当座預金の回転率）が激しいので，わが国ではこの預金には利息がつかない。当座預金は，企業の決済口座として主に利用される。

当座勘定取引は，銀行と預金者との間の当座勘定契約にもとづいている。その内容は，当座勘定規定と商慣習によって定められる。預金者側からみると，当座勘定契約は，支払委託契約の側面も有している。

### *Column* ㊽　当座預金口座の開設

当座勘定を開設してほしいと顧客が申し込んでも，銀行は無条件で応じるわけではなく，今後の顧客との取引の発展性（わが国では当座勘定に手数料をとらないので，相応の預金残高が必要とされる），代表権や行為能力の有無，顧客の身元が確実かなどの信用に関わる事項，銀行取引停止処分を受けていないかなどが，厳格に審査される。個人向けの当座勘定も，昔から存在はしており，1961（昭和36）年頃からは安定した収入のある取引層をねらって，銀行は当座勘定の利用をすすめるようになったものの，通常は事業者（法人および個人）が対象である。

---

| 普 通 預 金 |
|---|

普通預金は，銀行預金の中で最も一般的な預金であり，1円以上ならばいくらでも預入れができ，いつでも払戻しができる要求払いの預金である。

普通預金は，期間の定めのない金銭消費寄託であると解されているが，契約としては，全体として継続的で包括的な契約がなされており，1回の預入れや払戻しが独立の契約を構成するものではない。

普通預金の預金者が払戻しを受けようとする場合には，銀行預金規定に従い，伝統的には，通帳と届出印を押捺した払戻請求書を提出する必要がある。これを受けた銀行は，払戻請求書の印影と届出の印鑑とを照合して，相違ないことを確認してから，払戻しに応じることになる。ここでもし，払戻請求をした者が真実の預金者でなかった場合（無権利者への弁済）については，項をあらためて論じることにする（⇨ ③）。

なお，近時は，上述のような伝統的な普通預金取引に代わって，現金自動支払機（CD：cash dispenser）が開発され，さらに払出しと預入れの両方を機械化した現金自動預払機（ATM：automated teller machine）が現在では一般化している。カードの発行時に暗証番号が登録され，預金口座番号が磁気的に記録されたカードと暗証番号を併せて利用することによって，人の手を介さずに取引を行うことができる。この場合についても，正当な預金者ではない者に払戻しをしてしまうと，銀行はどのようなときに免責されるかという問題が生じる（⇨ ③◆キャッシュ・カード等による不正払戻しと銀行の免責等）。

　　◆預金者の本人確認の方法　本文で述べたように，わが国では，伝統的に印鑑を媒介として預金者の確認がされてきており，これにキャッシュ・カードの普及とともに暗証番号が利用されるようになった。

　　今では，印鑑を届けるのではなくて，署名を登録することができる銀行もある。アメリカの銀行では，本人確認のために，署名とともに母親の旧姓（mother's maiden name）を利用することが一般的である。母親の旧姓は，預金者本人以外にはなかなか知りえないものである上に，本人にとっては忘れにくいという利点がある。

　　不正取引への対応が模索されるなか，日々革新する技術を利用して安全性を高める方法が評価されている。近時では，パソコンやスマートフォンの普及によるインターネットバンキングの活用に伴い，現金自動預払機を利用せずに取引がなされることも増えてきた。こうした変化は技術革新を示すものであり，フィンテック（IT を活用した革新的な金融サービス事業⇨ ③◆金融のデジタル化と銀行業）と呼ばれる，金融業に大きな変革をもたらす動きにつながっている。

　　　　定　期　預　金　　　　定期預金とは，預金期間を定めて，期日前には払戻しができない約定がなされている預金である。法律的には，期限を定めた金銭消費寄託となる点で，

普通預金や当座預金とは異なる。

　銀行の側からみると，期日まで払戻しの必要がないので長期に運用（貸付けなど）できるし，期日までの金銭の出し入れに応じるコストが必要ないので，利率が普通預金などよりも高く設定されている。

　定期預金に譲渡性を付与したものが，譲渡性預金（CD：certificate of deposit）で，わが国でも 1979（昭和 54）年に最初の譲渡性預金が発行されている。通常の定期預金も債権であることには違いがないから，預金規定で譲渡を制限しているために現実には困難であるが，法律上は譲渡が可能であるのが原則である（民 466 条参照）。しかしながら，定期預金には，流通市場が存在しておらず，預金者は定期預金を適宜に譲渡して資金を回収する機会に恵まれているわけではない。この点で，譲渡性預金は，最初から譲渡を予定して設計されているし，流通市場も相当に整備された形で利用されることが期待されている。そこで，譲渡性預金を比較的短期の資金調達手段として用いる道が開かれることになる。

　◆譲渡性預金証書と企業の資金調達　譲渡性預金証書とは，銀行などの金融機関が発行する預金証書に譲渡性をもたせたものである。経済的には銀行が発行する CP（commercial paper）であるとみられている。譲渡性預金証書の発行は，金融の証券化（securitization）の一環としてみることができる。金融の証券化とは，企業金融と資産金融の両分野において，証券の形態を用いることにより資本市場からの資金調達が一般化していく現象を指す。資産を証券化して市場で流通させるという意味合いと，間接金融（銀行などを通して最終的な資金需要者が最終的な資金供給者から間接的に資金を調達すること）から直接金融（最終的な資金需要者が最終的な資金供給者から直接に資金を調達すること）への移行という意味合いが存在する。

| 通知預金 | 通知預金とは，①１口の預入額が５万円以上であること，②最短で７日間は必ず預け |
|---|---|

入れておくこと，③預金の払戻しを受けるためには２日間以上前に予告することという３つの条件をつけた預金である。①預入額については制限を設けていない金融機関も存在するようであり，とすると，通知預金に共通の特色は，②据置期間と③払戻予告期間の２つになるが，これだけで通知預金の法的性質を明らかにするには十分であろう。通知預金の利用者は，主に企業である。

*Column* ㊾　窓口一寸事件 ～～～～～～～～～～～～～～～～～～～

　預金契約はいつ成立したと言えるのか。2017（平成 29）年民法改正まで，寄託契約は要物契約と定められていた。このため，消費寄託である預金契約について，銀行による受領があるとみることができるかは重要な問題であった。この点が問題となったのが，窓口で盗難があった次の事案である。

　預入れのために銀行にやってきた預金者が，現金や小切手を預金通帳と一緒に，窓口に３寸ほど差し出した（１寸は約３センチメートル。以前は「窓口三寸事件」と呼ばれていたともいう）。窓口の行員は，預金者にうなずいて承知をしたものの，現金などには手を触れず，他の事務を続けていた。預金者は，窓口に立って，自分の預金の手続をしてもらうのを待っていた。そこに，２人組の犯人が現れ，１人がわざと預金者の足を踏みつけた上で，「やあ失礼しました」などと言いながら足を拭いてあげたりして，預金者の注意を惹き付けた。この隙に，もう１人の犯人が，窓口の現金を盗んで逃げてしまったという。そこで，預金者は，銀行に対して，損害賠償を請求した。

　大審院は，寄託関係が成立したというためには当事者間に寄託物の引渡しすなわち占有の移転があることを要するとし，本件においては占有の移転があったとはいえないとした上で，寄託が成立するかどうかを再度審理するようにと，事件を原審へ差し戻した（大判大正 12 年 11 月 20

日新聞 2226 号 4 頁）。2017（平成 29）年民法改正により，要物契約とされていた寄託契約は，諾成契約となった（民 657 条）。このため，今では，本件のような形で預金契約の成否が問われることはなくなった。

## [2] 預金契約当事者の確定

無記名預金契約

無記名預金契約では，預金者の名は表示されずに，印鑑のみが届けられる。この場合に，金銭を実際に出捐した者と預入れをした者とが異なる場合に，どちらが預金契約の当事者（＝預金者）になるかが問題となる。

最高裁は，出捐者が当事者になると解しており（最判昭和 32 年 12 月 19 日民集 11 巻 13 号 2278 頁〔無記名定期預金に関する事案〕），このような見解を客観説という。これに対しては，預入れの行為者が預金者であるとする主観説や，原則として出捐者であるが，預入行為者が自己が預金者であると表示したときは，預入行為者が当事者になるという折衷説も存在する。

記名式預金契約

預金者の名が表示される記名式預金契約についても，同様の問題は生じうる。たとえば，他人名義での預金契約がなされた場合や，架空名義での預金契約の場合などであり，名の表示が適切になされていない事例である。

最高裁は，記名式預金契約についても，客観説を支持しているものと理解されている（最判昭和 57 年 3 月 30 日金法 992 号 38 頁）。学説はここでも分かれているが，無記名預金契約の場合よりも，主観説が好意的に受け止められる傾向がある。

| 無権利者への銀行<br>の預金の払戻し |

無記名預金と記名式預金との両方において，客観説が広く支持を受けている。これは，預金契約においては，両当事者ともに当事者を誰と確定するかを重視していないからであるとされている。

ただ，客観説では不都合が一層大きくなるのは，銀行が出捐者を把握できずに，預入行為者や名義人（他人名義での預金契約では名義人が預入行為者と異なる可能性がある）に払戻しをしてしまう危険が大きくなることである。もっとも，これにより銀行が損失を被るかといえば，必ずしもそうではない。預入行為者や名義人が預金証書や届出印を保有しているなど，預金債権の受領権者としての外観を有する者（2017〔平成29〕年民法改正前の債権の準占有者）であるとみられる場合には，銀行は，相当の注意を尽くして払い戻してさえいれば，有効な弁済をしたものとして免責される（民478条）（⇒ ③）。

なお，客観説を採用した判例は，定期預金の事例であることから，同じ立場が普通預金についても妥当するかを疑問視する見解も見られ，近年の本人確認手続をめぐる環境変化のなかで，客観説と異なる論理による預金の帰属の問題の解決も示唆されている。

### ③　無権利者に対する払戻しと銀行の免責

| 問題の概要 |

銀行が無権利者に対して預金を払い戻しても，この払戻しは債務の弁済としての効力を有しないのが原則である。

しかしながら，銀行は日常的に多数の預金事務を処理しなければならないから，払戻しを請求してきた者が真実の預金者かどうかを厳密に確認しなければならないとすれば，銀行の円滑な業務が成り立たなくなる。このような事態は，迅速主義を掲げる商法としても，

可能な限り避けるべきことである。

　このような危惧に対しては，民法478条を一般的には活用して，取引上の社会通念に照らして受領権者としての外観を有する者（表見受領権者）に対する弁済として，所定の要件をみたすならば，銀行は有効な弁済をしたものとして取り扱われることになる（損失は真実の預金者が負担する）。

　なお，預金契約の約款である各種の預金規定においては，払戻請求に使用された印影を届出印と相当の注意をもって照合し，相違ないと認めた上で払戻しをしたときは銀行は免責される旨の規定が，古くから設けられている。しかしながら，この規定も，民法478条の定めるところ以上に銀行の免責の要件を緩和するものではないと解されている（最判昭和46年6月10日民集25巻4号492頁参照）。

　　　　　　　　　　　　　　　銀行が，民法478条によって免責されるた
銀行が免責される
ための具体的な基準　　　　　　めには，無権利者を権利者と誤認したこと
　　　　　　　　　　　　　　　について過失がなかったことが必要である
（最判昭和37年8月21日民集16巻9号1809頁）。

　銀行は通帳や印鑑などを所持していない者に対して正規の手続をとらずに払戻しをすることもあり，これを「便宜払」と実務では呼んでいる。この場合には，注意義務が加重され，その分だけ銀行が善意無過失であると認められる余地が狭くなる。

　また，払戻しに来た人の様子がおかしいなどの怪しい事情が存在する場合には，銀行としては十分な注意を尽くすべきである。

　◆キャッシュ・カード等による不正払戻しと銀行の免責等　今では，キャッシュ・カード等による払戻しが一般的である。この場合にも，民法478条が適用され，債権の準占有者への弁済であるとして，広く銀行の免責を認めると，カードが偽造された場合や不正に使用された場合に，

預金者が思わぬ不利益を被る可能性がある。そして，そのような不利益が頻発するならば，預金に対する信頼が損なわれてしまう。

そこで，2005（平成17）年に預金者保護法（偽造カード等及び盗難カード等を用いて行われる不正な機械式預貯金払戻し等からの預貯金者の保護等に関する法律）が制定され，預金者の保護等が図られるようになった。

偽造カードが現金自動支払機で用いられ，預金が払い戻された場合には，民法478条の適用が排除され（預金者保護3条），①預金者の故意により払戻しが行われたとき，または，②銀行が預金払戻しについて善意無過失であり，預金者に重大な過失があり払戻しが行われることとなったときに限り，払戻しの効力を有する（同4条1項）。

盗難カードが現金自動支払機で用いられた場合には，民法478条が適用されて，銀行の弁済が有効と認められる可能性がある。しかし，預金者が一定の善後策を講じていれば，預金者に重過失がないなどの要件がみたされている限り，預金者は，盗難カードによって払い戻された額に相当する金額の補てんを求めることができる。ただし，銀行が善意無過失で，預金者に過失があれば，補てんの額は，対象額の4分の3に縮減される（同5条）。

重過失ないし過失の有無の判断等について，詳細は，金融機関等で基準が整備されている。

◆金融のデジタル化と銀行業　近年驚異的な速度で進んでいる世界の金融のデジタル化の動きはわが国の金融にも変化を生じさせている。金融とテクノロジーの融合を示すフィンテック（FinTech）の用語が一時盛んに用いられたが，効率性，透明性そして競争力といった点から従来の金融モデルの見直しがデジタル化の動きとともに促されている。

とくによく言及されるブロックチェーン技術は，分散台帳技術を代表する情報の記録のためのシステムであり，その特徴は中心的な記録管理者や仲介者を通さずに当事者が相互に取引を行うことを可能とする点にある。伝統的な金融取引においては，厳格な業者規制の対象となる金融業者（銀行，証券会社，清算機関等）が関与する制度の利用が前提であ

ったところ，この前提を覆すような性質のシステムが現れたことが注目された。暗号資産（仮想通貨）の一種であるビットコインはまさにブロックチェーン技術を用いて取引されているものの代表例であるが，市場価格の乱高下や大規模事業者の破綻が発生したことにより包括的な規制の必要性が意識され，暗号資産交換業者の登録制が2016（平成28）年の資金決済に関する法律（資金決済法）の改正によっていち早く導入された。

　銀行取引という観点からは，分散台帳技術についてとくに金融機関にとっての事務処理のコスト低減・システムの効率化が注目されているが，顧客保護，契約の有効性，法執行（エンフォースメント）の方法，業者規制といった従来型の金融取引に共通する法的課題への取組みが一層必要となるほか，サイバーセキュリティのあり方，さらには資金洗浄（マネーロンダリング）・テロ資金供与対策も検討課題となり，包括的な規制のあり方が模索されている。

# *3* 為 替 取 引

## ① 為替取引の意義と類型

> **為替取引とは**

　為替取引とは，銀行を介して，現金の輸送を伴うことなく資金の移動を行う取引である。1つの国内で資金の移動が行われる為替取引を内国為替取引といい，異なった国の間で資金移動が行われる為替取引を外国為替取引という。

　わが国の内国為替取引については，普通銀行が中心となって運営する全国銀行内国為替制度が最も重要であるとされている。この制度は，全国銀行データ通信システム（全銀システム）というコンピ

ュータと通信回線とを利用した資金決済システムを中核とした為替システムである。

為替取引には，いくつかの形態が存在する。
**為替取引の類型**
それには，①銀行振出小切手を利用した送金（普通送金），②電気通信を利用した送金（電信送金），③受取人の有する預金口座への資金の移動（振込み），④手形や小切手の取立て（代金取立て）などが含まれている。

なお，電気料金の引落しのように，預金者があらかじめ承諾を与えた上で，その口座から自動的に資金を債権者（たとえば，電力会社）に移動する取引も，振込み（③）の一種である。ただ，このように債権者の側がイニシアティブをとるものを「振替」と呼び，これに対して，債務者がイニシアティブをとるものを「振込み」と呼ぶことが多い。

以下では，このうちで狭義の振込みについて，簡単に法律的な構成や問題点などをみていくことにしよう。

## ② 振込み

振込みは，振込依頼人が仕向銀行に対して，
**振込みの仕組み**
受取人が被仕向銀行に有している口座に資金を移動することを依頼することで始まる。

仕向銀行は，被仕向銀行に対して，為替通知を送って，受取人の口座に資金を入金記帳することを委託する。全銀システムは，この手順を瞬時に実行することができ，これによって迅速な送金が可能となっている（店頭の機械で送金の操作をすれば，終了とほぼ同時に，振込みが完了する）。もとより，このような資金の移動が可能となるには，2つの銀行間で，仕向銀行からの依頼にもとづき被仕向銀行が

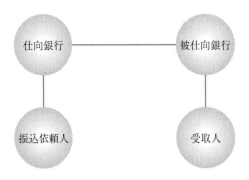

仕向銀行　　　　　被仕向銀行

振込依頼人　　　　受取人

入金記帳をする義務を負い，仕向銀行は被仕向銀行に対して支払資金を提供する義務を負う旨の約定が，あらかじめなされていることが必要である。

　仕向銀行から委託を受けた被仕向銀行は，受取人の口座に入金記帳をして，これによって受取人は振込金額分の預金債権を取得することになり，その払戻しを請求することができるようになる。

| 振込みの法律的理解 |
| --- |

以上のようにみると，振込みはとても単純な一連の取引のように思われるかもしれないが，これをどのように法律的に理解すべきかについては，厳しい論争がなされてきた。たとえば，振込依頼人の指示とは異なった口座に入金記帳されてしまったり（誤振込み），取引の過程で銀行の一方が倒産してしまったりした場合に，どのような解決を導くのが適当か，そのためには振込みをどのように理解しておくのがよいかが模索されている。

　ここでは詳しく述べる余裕がないので，伝統的な理解に従って，振込みの法律的な構造を概観しておくことにしよう。それによれば，振込依頼人と仕向銀行との間の契約は，委任契約である。そして，

その委任の内容は，振込依頼人の振込依頼を被仕向銀行に通知することに限られている。この考えによれば，被仕向銀行のみの不注意によって受取人の口座に入金記帳されなかったため，振込依頼人が受取人に対する債務不履行責任を負うことになっても，仕向銀行は振込依頼人に対して責任を負わない。仕向銀行は，受取人の口座に入金記帳されるという結果の達成まで義務を負うわけではない。

　仕向銀行と被仕向銀行との間には，為替取引契約によって，仕向銀行の通知に従い被仕向銀行は指示どおりの入金記帳をする義務を負う旨の委任契約が存在する。この入金記帳がなされると，両銀行の間で資金の決済がなされるが（双方から多数の振込みがなされる），その旨が併せて約定されている。全国銀行内国為替制度の下での資金決済は，振込通知が到達した日に他の為替取引と合算して行われる。為替貸借の決済は，日本銀行における加盟銀行の当座預金口座によって行われる。

　被仕向銀行と受取人との間には，預金契約が既に存在している。そこで，被仕向銀行は，振込通知を受けたときには遅滞なく入金記帳の上で払戻しに応じなければならないと考えられている。被仕向銀行の不注意による誤振込みや遅滞によって受取人が損害を被れば，受取人は被仕向銀行の債務不履行責任を追及することができる。

　振込依頼人は被仕向銀行との間に契約関係がないので，被仕向銀行の不注意によって損害が生じても，不法行為責任を追及するしかない。これでは不都合と考える者からは，仕向銀行と被仕向銀行との間に復委任関係を認めて，振込依頼人も被仕向銀行に対して直接契約責任を追及できると主張されている（民106条2項）。

*Column* ㊿　銀行業と為替取引 〜〜〜〜〜〜〜〜〜〜〜〜〜〜〜〜〜〜〜

　伝統的に，為替取引とは銀行が行うものとされてきた（銀行の独占業

務）。しかし，2009（平成21）年の資金決済法により，少額の場合に限定する形で銀行以外の業者にも為替取引が解禁された。この時点では，資金移動業者とは，銀行以外の一般事業者で1回の送金額が100万円に相当する額以下の為替取引を業として営む登録業者とされていた。しかし，その後，2020（令和2）年の改正により，資金移動業は送金額の上限がない第一種，上限が100万円とされる第二種，上限が5万円とされる第三種に分類されることになった（資金決済36条の2参照）。第一種は認可制であるのに対して，第二種及び第三種は登録制とされている。このような見直しは，海外送金を含め，個人による高額商品・サービスの購入や企業間決済の際の利用といった送金ニーズなどへの対応としてなされたものである。

　為替取引を行うことができる業者の範囲が広がるなかで，為替取引の定義は当初必ずしも明確にされていなかった。最高裁は，「『為替取引を行うこと』とは，顧客から，隔地者間で直接現金を輸送せずに資金を移動する仕組みを利用して資金を移動することを内容とする依頼を受けて，これを引き受けること，又はこれを引き受けて遂行することをいう」（最決平成13年3月12日刑集55巻2号97頁）としたが，この時点では為替取引は「資金移動」とされていたにすぎない。このため，商品・サービスの提供者（収納機関）に代わり代金を受領する収納代行業者が行う収納代行などが為替取引に該当するかについて議論が生じていたが，2020（令和2）年の改正により為替取引の範囲が明確化され（資金決済2条の2），一定の収納代行が為替取引に該当することが明記された。これにより，「割り勘アプリ」のように実質的に個人間送金を行う行為が，資金移動業の規制対象となった。

◆交互計算　交互計算とは，相互に継続的な取引関係があり，互いに債権債務を負担し合う関係にある場合に，個々の取引ごとに決済する煩雑さを避け，一定期間内に生じた債権債務を総計し，一括して差引計算をして，その残額の決済をする方法である。相殺の特殊な形態というこ

ともできる。交互計算は，歴史的には，銀行間の為替取引や銀行と顧客との当座預金取引によって形成されてきた。これらの取引は取引回数が多いことを特徴とする。商法は，529条ないし534条に交互計算に関する規定を設け，商人間または商人と非商人との間の契約により，一定期間内の取引から生じる債権債務の総額を相殺し残額の支払をなしうること（交互計算），ただし，商業証券については一定の場合に除外しうること，交互計算の期間，計算書の承認，残額の扱い，ならびに交互計算の解除について規定している。

第**6**編

# 企業活動への
# 資金提供——投資

## ~~general remarks~~

> 投資「熱」

企業法説によれば，企業とは要するに資本の増殖をめざす実体である。この理論からすれば，新しい意味での商行為は，その活動への参加ということになろう。とくに，資本形成への参加，すなわち「投資」は，「新商行為」の中核をなす。

　人間による投資行動はいつ始まったのか。英語の investment が現在の「投資」の意味で使われるようになったのは，17 世紀初頭という記録がある。この時期から，投資に内在するさまざまなリスクが顕著な形で記憶される事件も起こり始めた。17 世紀前半のチューリップ球根事件（オランダで稀種チューリップへの投資が，花が咲く前の球根に対していわば「先物取引」的に行われた），18 世紀初頭の南海泡沫会社事件（当時ほとんど収益を上げていなかった新大陸との交易会社株式が，イギリス国内で騰貴した）やミシシッピ会社事件（フランス財政の健全化計画の一環として買収されたミシシッピ会社は，実際には経営は順調でなかったにもかかわらず，同社が発行する株式への投機熱がフランス国内にて生じた）などが有名な例として挙げられる。20 世紀に入ってからも，そうした例は続いた。「暗黒の木曜日（Black Thursday）」として記憶される 1929 年は，アメリカの株価大暴落の年である。わが国では，バブル崩壊が起きた 1991（平成 3）年が人々の記憶に残っている。2000 年代に入ってからは，米国発のリーマン・ショック（2008〔平成 20〕年）の影響が世界中に波及した。米国投資銀行大手リーマン・ブラザーズが破綻した原因は，低所得者を対象とした住宅ローンであるサブプライムローンを組み入れた金融商品が，ローンの返済が滞り始めたことにより，金融機関の損

失を生じさせることになったことにある。大手投資銀行の破綻は，連鎖的な倒産への懸念および信用不安を生じさせ，株価の大暴落につながった。

投資への法的対応と金融商品取引法

バブルの崩壊後，「投資」に対する規制のあり方は大きな変化を遂げている。新しい「投資」の形を意識し，旧証券取引法の改正として 2006（平成 18）年に成立した金融商品取引法は，「包括化・横断化」，「柔軟化（柔構造化）」，「公正化・透明化」および「厳正化」をキーワードとし，①投資性の強い金融商品に対する横断的な投資者保護法制の構築，②開示制度の拡充，③取引所の自主規制機能の強化，④不公正取引等への厳正な対応を柱とする。2006（平成 18）年以降，金融商品取引法が既に何度も改正を経ていることは，同法によって扱われる内容が複雑化していることや技術革新が進んでいることへの対応としての意味を有し，常に新たな動きを踏まえて次の改正に向けた議論が進んでいる。

　企業活動への資金提供としての投資の観点からは，投資者側，そして企業側のいずれにとっても情報開示は重要な問題である。投資者側からすれば，投資対象がいかなる内容のものであるのか，公正な価格形成がなされているかなどはきわめて重要であり，企業側からすれば，自らが発行した金融商品を誰が取得しているのかは経営への影響の面からも無視できない重要な情報となりうる。金融商品取引法は，このような問題に対応するために，情報開示（ディスクロージャー）制度，不公正取引規制，大量保有報告制度，投資勧誘規制などを用意し，また，各制度の実効性が確保されるよう，罰則や課徴金に関する規定を設けている。

　本編では，まず第 17 章で，「金融商品」ないし「投資商品」には

どのような形態のものが含まれるのかを概説し，続く第18章では，それらの法規制を扱う。

# 第17章 投資のためのスキーム（仕組み）

<br><br><br><br><br><br>

## *1* 投資とは何か

**企業活動と投資**

「投資」という言葉は社会において広く用いられているが，実際にこれを定義するとなると，難しい。もっとも，具体的なイメージを思い浮かべることは，より容易かもしれない。たとえば，証券会社を通じて社債や株式を購入することなどが挙げられるだろう。また，「投資」に「リスク」を結びつける者もいるかもしれない。株価変動リスク，金利変動リスク，為替変動リスク，信用リスク，流動性リスクなど，投資に伴うリスクにはさまざまなものがある。株価が値下がりすることは，企業資産の実質的価値を下げ（「含み損」と呼ばれる），多くの企業に影響を及ぼすほか，「利殖」の魅力が乏しいことは，人々の投資意欲を失わせ，企業の資金調達に支障をきたす側面もある。とくにわが国においては，家計金融資産は主に現預金であり，米英と

比べて株式・投信等の割合が低いことが指摘されてきた。連合国の占領下の1948（昭和23）年にアメリカの連邦法である1933年証券法（Securities Act）および1934年証券取引所法（Securities Exchange Act）を参考に証券法制が整備されてからも，個人の資産はおおかた銀行預金のような「間接金融」を通じて運用されてきたのであり，「貯蓄から投資へ」といったスローガンが示すように，個人資産をいかに市場に招き入れるかが長年政策課題とされてきた。

「投資」概念について，理論的な「詰め」を求められた金融審議会（金融審）の場では，投資の形式的な概念定義が行われた。1999（平成11）年7月に公表された金融審の報告では，投資の一般的な捉え方として，①金銭出資が行われること，②共同事業であること（共同性），③利益がもっぱら投資者以外の者の努力によって生じること（受動性）という3つの要件が意識されている。もっとも，これらの要件は金融審オリジナルの見解ではなかった。それらのルーツは，アメリカで早くからなされてきた「投資」概念の追究に求めることができる。

**Column (51) ハウイ基準**

投資というものの本質に関して，アメリカで注目された1つの象徴的な実例を挙げてみよう。フロリダ州にあるハウイ（Howey）社は，広大な柑橘畑を保有しており，グループ会社のハウイ＝イン・ザ＝ヒル社がその栽培・育成，そして果実の収穫と出荷までを一手に担っていた。ハウイ社は，柑橘樹木ごと「土地の売買」を行おうと考えた。そのターゲットとなったのは，この柑橘畑を見下ろすロケーションに建つ同社保有のリゾートホテルの常連客達である。この売買では，柑橘樹の樹齢に応じ「土地面積1エーカーでいくら」という値段を付けることによって，畑を大勢の顧客に分売する方法がとられた。その結果，購入者は，1エーカー平均48本の柑橘樹が植えられている短冊型の土地を手に入れる

ことになった。もっとも，購入者は所有する土地区画をハウイ社にリースし，さらにハウイ＝イン・ザ＝ヒル社との間で別に「委託契約」を結ぶ。つまり購入者自らは柑橘畑に実際に赴くことさえなく，広大な柑橘畑はそれまでと同様にハウイ＝イン・ザ＝ヒル社によって収穫・出荷まで行われた。1点変わったのは，柑橘の売上利益が畑の購入者に分配されるようになったことである。

　ハウイ社は柑橘畑を完全に手放してしまい，もっぱらグループ会社を介しその管理による手数料収入を得ること（フィー・ビジネス）に傾注しようと方針を転換したのだろうか。答えはノーである。実は，ハウイ社は，大規模な「柑橘果実事業」に資金を投下しその利益を共有するというチャンスを投資家に提供し，会社としてはその事業を運営（manage）する企図をもっていた。何よりもこのチャンスは，柑橘樹を栽培したり収穫するためのノウハウや経験，あるいはそのための機材を有しない人々を，「事業」に誘因するものである。「購入者」は，柑橘畑を自ら所有・栽培することにはもとから関心がなく，柑橘畑の購入という資金投下に対する収益（return）のみを期待して契約を締結している。そしてこの収益のためには，ハウイ・グループによる統括的な事業運営が不可欠のものであった。そう捉えると，ハウイ社がいかに否定しようともこの取引の実態は単なる「土地売買」とは大きく異なる。1946年にアメリカの連邦最高裁は，この取引を「有価証券（security）」の定義の中に含まれる「投資契約（investment contract）」と認定し，そこに連邦証券法を適用した。その際連邦最高裁が確認した基準が，本文の3要件である。

*Column* ㊷　「投資商品」と「金融商品」

　金融審は，現在の金融商品取引法を準備するための議論の過程で，法の適用対象として「投資商品」という概念を示し，「①金銭の出資，金銭等の償還の可能性を持ち，②資産や指標などに関連して，③より高いリターン（経済的効用）を期待してリスクをとるもの」，という括りを

提示した（金融審議会金融分科会第一部会報告〔2005（平成17）年12月〕6頁）。しかし，金融商品取引法においては，「投資商品」という包括的な定義を置かずに，定義方式として個別列挙・政令指定・包括条項を併用する方式が採用された。個別列挙方式の利点は，明確性の確保にある。欧州の法制に目を向けてみると，EU法上も，「金融商品（financial instruments）」は抽象的な基準により定義されるのではなく，「金融商品」に該当するものを列挙する形で定義されている。欧州においては伝統的には「有価証券」概念が存在していたが，「有価証券」にとどまらず，デリバティブなどにも規制を及ぼすために，より広範な「金融商品」という概念が採用された。2004年の第1次金融商品市場指令（通称MiFID 1）は，「金融商品」を附則ⅠのC節に列挙する手法を採り，2014年の第2次金融商品市場指令（通称MiFID 2）においても引き継がれているが，こうした手法は，多種多様な商品の共通項を探す必要がないことから，統一的な規制を課す上できわめて効果的である一方，プラグマティックな性格を有することは否めない。

**投資の拡大とその影響**　金融商品取引法は，現代経済社会に必要不可欠な資本市場のインフラ整備の役割を担う。しかし，度重なる改正のなかでも，資本市場の脆弱性は，何度も露呈してきた。2000年代以降の例として，米国発のサブプライムローン問題が挙げられよう。サブプライムローンは，比較的信用力の低い人々が住宅を担保として借り入れるために組んだものであり（サブプライムは「優良なもの（prime）より低い」という意味である），もともと高い危険性を孕むものであったが，銀行と借入者との間の問題にとどまっていれば，後に「サブプライム危機」と呼ばれるような世界に波及するものにはならなかったはずである。そのような結果となったのは，サブプライムローンが「証券化（securitization)」されて世界中に「販売」されたためである。

　また，危機が発生した原因の1つとして，サブプライムローンの証券化商品には高い格付がなされていたため，投資者は適切な評価をできなかった事情がある。その教訓として，各国で格付業者の規制が導入された。わが国では，2009（平成21）年の金融商品取引法改正により，信用格付業者について登録制度（登録は任意）が導入された（2条36項・66条の27。外国法人も登録できる〔66条の28〕）。実際，このような業者が提供する信用状態に関する評価が投資判断に与える影響は大きい。業者の独立性確保，利益相反の回避，格付プロセスの公正性確保等の観点から，誠実義務（66条の32），業務管理体制の整備（66条の33），禁止行為（66条の34・66条の35），格付方針の透明性確保（66条の36）が定められる形で一定の範囲で対応がなされたが，信用格付の精度の確保などの課題は今もなお残る。

　◆証券化商品とは何か　本文で挙げたサブプライムローンを基にした証券化商品はいかにして組成されたのか。その仕組みは，簡単に言えば，次のようなものである。まず，収益を生み出す資産（原資産。ここでは，サブプライムローン）を集合（プール）し，資産を保有する者（オリジネーター。ここでは，住宅ローンの貸手）から特別目的事業体（Special Purpose Vehicle, SPV）に資産が譲渡される。そして，この特別目的事業体が資産から生み出されるキャッシュフローを裏付けとする証券を発行し，その証券が投資者に取得される。証券発行の際に，条件を変える形で，リスクに応じた差をつけることができる。投資者は，それぞれの証券の特性を踏まえた選択を行い，自らのポートフォリオを形成していくことになる。

　サブプライム危機の経験は，米国に限らず，市場の混乱の影響を被ったその他の国にも既存の制度の見直しをせまることとなった。このための取組みは，米国においてはドッド・フランク法の制定，

欧州においては金融商品市場指令の見直し（第2次金融商品市場指令）の形でまず具現化している。前者は格付機関規制，ヘッジファンド規制，金融システムを監視する金融安定監視評議会の設置，金融機関の破綻処理規制，銀行がリスクを伴う取引を行うことへの規制（ボルカー・ルール）などを導入して包括的な見直しを行うこと，後者は金融市場の透明性の向上，技術革新（アルゴリズム取引等）への対応および投資者（とりわけリテール顧客）保護を図ることをそれぞれ目指した。

　しかし，金融危機への対応がひと段落した後は，再び資本市場の活性化に向けた取組みも推進されるようになった。ドッド・フランク法は2018年に一部改正されて金融機関に対する規制の緩和などがなされたほか，欧州においても資本市場の活性化を目的とする「資本市場同盟」に向けて，企業の資金調達の容易化や雇用創出などのための措置が採られている。

## *2* 投資のための「器」

　今日，投資の「受け皿」は多様である。投資に回す資金を有する者は，その投資先の多さに当惑するかもしれない。世の中は，さまざまな投資に関する情報で溢れかえっている。しかし，歴史を遡れば，資金が集中する先はある程度限られていた。国公債，社債，株式が典型的な投資の「受け皿」として挙げられよう。投資概念をイメージする上ではさまざまな切り口が考えられるが，ここでは，投資の「仕組み」ないし「器」として，商法・会社法の用意する各種制度をまず取り上げることとする。

---

| 株式会社の場合 |
| --- |

わが国の商法・会社法の用意する会社制度
のなかでも，株式会社はこの130年余りで
驚異的な発展を遂げた。1890（明治23）年商法（旧商法）の草案（い
わゆるロエスレル案）では数十か条であった「会社」編は，今や
1000条近い条文数を擁する「会社法」として商法典から独立する
に至っている。その会社法の中核を成すのが株式会社に関する規定
である。

　株式会社は，歴史的には，多額の資金を結集するための器として
考案されたものであった。株式会社の原型として紹介されることが
多い，1602年に設立されたオランダ東インド会社は，オランダと
アジア地域をつなぐ困難な大規模貿易事業を継続的に実施するため
に作られた仕組みであり，多数の出資者から拠出された資金を集積
する「器」であった。わが国における最初の株式会社は，1872（明
治5）年の国立銀行条例に基づき設立された国立銀行（第1号は1873
〔明治6〕年設立の第一国立銀行）である。これ以降，株式会社の数は
増加し，現在は，大小さまざまなものを含む，最も数の多い会社形
態となっている。

　株式会社と投資との関係はどのように捉えるべきなのか。新株発
行により投資者から出資を受けることは，株式会社にとって有用な
資金調達方法の1つである（もっとも，新株発行は必ず資金調達目的の
ためだけになされるというわけではない）。この資金調達方法は，新株
予約権制度を新設した2001（平成13）年の商法改正によりさらに充
実したものとなった。新株予約権とは，株式会社に対して行使する
ことにより当該株式会社の株式の交付を受けることができる権利で
あるが（会社2条21号），通常の株式取得と何が異なるのか。

　募集株式の発行がなされる場合（同199条。自己株式の処分の場合

も同じ規律の対象となる），既に市場価格が形成されている公開会社の株式ならば，1株についていくらを調達できるかが明確になる。株式の値上がり益を期待する投資者は，株価の推移について予想を立てながら，株式の取得を見極めることになろう。新株予約権の場合，株式を「買う」権利が与えられ，通常は，一定期間内にあらかじめ定められた金額の払込みをする形で行使する。この場合の投資者（新株予約権者）の行動は，自らが手にする利益を踏まえたものとなり，権利行使に伴い払い込むべき金額と株式の市場価格を比較して前者が後者よりも低ければ行使し，反対に前者が後者よりも高ければ行使しない，というものとなる。

　会社の資金調達方法としての新株予約権は一見すると現物の株式の発行・交付と比べて不安定であるが，段階的・機動的な資金調達としての活用が可能であるほか，新株予約権を社債に付す新株予約権付社債のようにデット（債務）による資金調達への投資促進の効果を期待することもできる。さらに，新株予約権無償割当を利用した資金調達（ライツ・オファリングやライツ・イシューと呼ばれる）は，既存株主の議決権割合・経済的利益の希釈化を生じさせうる公募や第三者割当と異なり，既存株主を公平に取り扱うことができるメリットを有する。権利行使価額を市場価格より低く定めれば，新株予約権者はその新株予約権を行使するであろう。このうち，発行会社と証券会社の間の契約に基づき新株引受権の未行使分の引受がなされるコミットメント型ライツ・オファリングは，予定金額の調達を確実にする効果があるが，活用事例はまだ多くない。

　また，資金調達に際して，種類株式が活用されることもある。会社法上，各株式の権利の内容は同一であることが原則であるが，一定の条件の下で権利の内容の異なる複数の種類の株式を発行するこ

とが認められている（会社108条）。株式の多様化は，会社側には資金調達方法の多様化，そして投資家側には投資機会の多様化に寄与し，種類株式の活用方法にはさまざまなパターンがある。たとえば，ベンチャー企業において，創業者と資金提供を行う投資家（ベンチャー・キャピタル等），さらに投資家のなかにもベンチャー企業の成長過程の各段階（ラウンド）で参加した者がいることを踏まえて，それぞれが手にするリターンの調整のために種類株式を活用し，円滑な資金調達の実現を目指すことができる。また，上場無議決権株式を利用した増資を行い，議決権よりも配当を重視する投資家を誘引する形や，子会社ないし会社の特定の事業部門等の業績に価値が連動するよう設計された株式であるトラッキング・ストックを活用して子会社や特定の事業部門等の価値を際立たせる形での資金調達の選択肢もある（トラッキング・ストックについては2001〔平成13〕年のソニーの子会社連動株式の例がある）。

**匿名組合・合資会社の場合**

とはいえ，投資の「器」となるのは，何も株式会社だけではない。商法の商行為編の匿名組合（商535条以下）および持分会社の1つである会社法上の合資会社（会社575条1項）は，古くから存在する投資の「器」の代表例である。両者は，いずれも危険を伴う海上貿易事業への投資行為から生まれたものである。交易船を用意するための原資は，たとえそれが一航海のためだけであったとしても，莫大なものとなり，企業家の資金のみで賄えるものではなく，外部の資金提供者の協力を得てはじめて企画の実行が可能となる。投資家による出資が事業の元手となり，そこから生み出された利益が事業者から投資家に分配される構図は，一回きりの航海ではない，継続的な事業活動の発展を支えることになる。とりわけ合資会社は，

業務執行部分を担う無限責任社員と資金提供を行う有限責任社員との間で資金の「使い手」と「出し手」の機能分化が見いだされる点が後に発展することになる株式会社制度との関係を考えるうえでも興味深い。もっとも，現在，わが国における合資会社の数は決して多くはない。これに対して，匿名組合については，さまざまなタイプの投資を行う投資ファンド（事業型ファンドに分類される再生可能エネルギー事業ファンドやいわゆる現物ファンドに分類されるワイン投資ファンド等）や不動産流動化ファンドにより現在も利用されている。匿名組合員は，営業者の行為について第三者に対して権利および義務を有しないとされ（商536条4項），有限責任と匿名性を享受できることに加え，契約自由の原則に基づく柔軟な設計を活用することができる。このため，匿名組合は，後述する特別目的会社（⇨**5**）を用いたスキームのなかで活用される。

◆**新たな投資の形**　インターネットの普及とともに，投資の形も変わりつつある。新規・成長企業へのリスクマネー供給促進の一環として，クラウドファンディングという，これらの企業をウェブサイト上で投資家と結び付けて資金調達を行う手法に関する法制度が2014（平成26）年金融商品取引法改正により整備された。この制度により規律される「投資型」クラウドファンディングは，企業にとって手軽な資金調達手段であり発行者の開示義務は重くないなか，投資家保護のために，投資者が一定期間に1件につき投資できる金額について上限（50万円）が設けられた（投資額の制限）。投資には自己責任原則（⇨第18章**1**参照）が伴うといっても，投資家の態様や投資内容に応じて，追加的な保護が加えられる場合があることを示す例として捉えることができよう。もっとも，一部の投資家により大きな投資のニーズがあることを受け，2022（令和4）年の改正により，投資上限額が見直され，特定投資家については投資上限が撤廃されている（金商令15条の10の3第2号）。

クラウドファンディングに参加する投資家のなかには，身近な企業や地域に根ざした企業を応援したい，という気持ちで資金を提供する者もいるかもしれない。地域に根ざした非上場企業等の資金調達を支援する観点から，2015（平成27）年に発足した「株主コミュニティ」制度は，証券会社に銘柄ごとに「投資グループ」を組成させ，そのコミュニティ内でのみ株式を流通させる仕組みを提供することにより，投資者の取引・換金ニーズに応えるものである。この制度を利用する非上場企業は，日本証券業協会の自主規制に従うことになるが，開示負担は軽減されており，低コストで株式の取引の場の提供・資金調達が可能となる。

# *3* 投資信託と集団投資スキーム

　株式や社債，コマーシャル・ペーパー（CP）などを用いた投資のための「器」は，「直接金融」というタームで括ることが可能である。事業運営への参加のいかんを問わず，投資家は自らの資金を事業そのものに投下する。これと対置されるタームが「間接金融」で，たとえば銀行預金がそれにあたる。預金者は自らの資金を銀行に預けたにすぎず，それを企業活動に投下する主体は銀行である（企業側から見れば，金融機関から借入れを行うことになる）。後者は厳密にいえば投資には含まれない。

　企業活動への資金流入の方策の多様化が意識されるなかで，上述の2形態に属しない「市場型間接金融」という範疇を正確に認識することが必要となった。この類型の「器」を，（広義の）集団投資スキームという表現で括ることもある。その特徴は，投資家の投下資金をいったん仲介者の下にプールし，それを仲介者が効率的に事業に投下するという，いわば段階的な仕組みである。この仕組みの強

みの1つは，少額の資金を集めることによりまとまった金額とし，これを分散投資できる点にある。さらに，投資先の判断を専門家に委ねることができることは，一般投資者に投資への参加を促す効果がある。

投 資 信 託

投資信託は，わが国の国民の資産運用に深く関わる制度であり，1951（昭和26）年に証券投資信託法の制定により証券投資信託制度が整備されて以降，発展してきた。2000（平成12）年の「証券投資信託及び証券投資法人に関する法律」の改正時に名称が変更され，「投資信託及び投資法人に関する法律」（投資信託法）となった際，「証券」という言葉が削除されたことが示すように，投資対象の幅が広がった（不動産投資が追加された）。

投資信託法が規制するのは，投資信託と投資法人である。わが国において，前者は有価証券への投資，後者は不動産への投資に主として利用されている。投資信託・投資法人とは，投資者以外の者が投資者の資金を主として有価証券等に対する投資として集合して運用し，その成果を投資者に分配する制度である（投信1条）。投資信託は，委託者指図型投資信託と委託者非指図型投資信託に分けられる（同2条3項）。このうち，委託者指図型投資信託とは，信託財産を委託者の指図に基づいて主として有価証券，不動産その他の資産で投資を容易にすることが必要であるものとして政令で定めるもの（特定資産）に対する投資として運用することを目的とする信託であって，投資信託法に基づき設定され，かつ，その受益権を分割して複数の者に取得させることを目的とするものである（同条1項）。委託者指図型投資信託のうち主として有価証券に対する投資運用を目的とする証券投資信託（同条4項）は最も身近な投資信託であろう。

少額の資金しか持たない投資者から集められた資金を運用のプロである運用会社がさまざまな投資対象に分散して投資し，投資者に収益を分配する形は，リスクを完全に排除することが不可能な投資の世界において，リスクを抑える有効な手段の1つである。なお，投資者保護の観点から，委託者指図型投資信託は原則として金銭信託でなければならないとされている（同8条1項）。投資者（受益者）が金銭で投資し，金銭で収益・元本を受け取ることが自然であること，金銭以外の形で投資成果の分配がなされた場合，資産価値の評価などの面において投資者が不利益を被るリスクがあることを踏まえて置かれた規定である。

上場投資信託（ETF）は，投資信託であるものの，株式と同様に証券取引所に上場されるものである。一般的な投資信託の場合，投資信託を取り扱う証券会社や銀行などの販売会社を通じて商品を購入することになるが，上場投資信託は，株式のように証券会社を通じて購入する。指数（TOPIX〔東証株価指数〕や日経平均株価など）などと連動する形で設定・運用されることから，信託報酬が安く，また上場されていることにより，換金しやすい。

◆投資運用業の規制　投資運用を担う業者は，金融商品取引法による業者規制の対象となる。他人から資産を預かり，運用を任されている者には，顧客との信頼関係に見合った高度な義務が課されなければならない。それがプロであれば，なおのことである。このため，投資運用を行う業者は，権利者のため忠実に投資運用業を行うことを義務づけられる（金商42条。忠実義務・善管注意義務）。禁止行為として挙げられているのは，いわゆる自己取引や運用財産間取引，スキャルピング行為（特定の金融商品，金融指標またはオプションに関して，取引に基づく価格，指標，数値または対価の額の変動を利用して自己または権利者以外の第三者の利益を図る目的で正当な根拠を有しない取引を行う運用）などである（同42条の2）。

さらに，一定の場合に限り権利者のために運用を行う権限を委託することができるとする自己執行義務（同42条の3第1項），運用業者の財産と運用を委託された財産を分けて管理することを求める分別管理義務（同42条の4）も投資運用業者に課される。このようにさまざまな義務を課される投資運用業者は，誰でも登録できるものではない（同28条4項・29条）。一般投資者の保護の観点から登録拒否要件が定められており，他人の財産を運用する業務であることを踏まえて，厳格な規制の対象となる（同29条の4第1項）。さらに，投資信託の受益証券等いわゆる第一項有価証券（⇨**集団投資スキーム**参照）の募集・私募の取扱いを行う場合，一層厳格な規制を受ける第一種金融商品取引業としての登録が必要となる（同28条1項1号）。投資運用ファンドの立上げを促進する観点から，2011（平成23）年には適格投資家向けの投資運用業の登録拒否要件が一部緩和された（同29条の5第1項。運用財産の総額は200億円以下とされた〔金商令15条の10の5〕）。

### *Column* ㊳　AIの活用と投資

　従来の投資への勧誘は，証券会社などが顧客の特徴（財産の状況や取引の目的など）を踏まえて，金融商品の購入を勧める形が多かった。しかし，顧客の状況は近年変わりつつあり，自ら必要な情報を得るためのツール・非対面（オンライン）での投資方法が充実してきている状況にある。ロボアドバイザーは，法律上の概念ではないが，簡単に言えば，AI（人工知能）を活用して，投資診断や投資助言，資産運用などのサービスを提供するものである。大きく分けると，ロボアドバイザーには，投資をこのようにしたほうが良い，とアドバイスを行うものと，投資のために提供された資金の運用を任せることができるものがある。前者が投資助言型，後者が投資一任型に分類されることから，金融商品取引法の適用を受け，これらのサービスを提供する場合には業者としての登録が必要となる（金商28条3項〔投資助言・代理業〕・4項〔投資運用業〕・29条）。投資者がロボアドバイザーを利用しているからといって，対面取引の場合に受ける保護がない状況になってはならない。とくにロボア

ドバイザーを用いるようなサービスを利用するのは，投資経験の少ない顧客層である可能性が高い。対面取引と同じように，業者は，顧客の知識，経験，財産の状況，投資目的に照らして適合した形で金融商品の勧誘がなされることを求める，一般に適合性の原則と呼ばれるルールに従う必要がある（同40条1号参照）。顧客が投資を望んでいても，投資対象として不適合であるとすれば（たとえば，高齢者が老後資金でリスクの高い多額の取引を行う場合など），業者は投資勧誘を行わない（顧客に商品を売らない）義務を負うのである。

**投資法人**　投資法人は，資産を主として特定資産に対する投資として運用することを目的として，投資信託法に基づき設立された社団である（投信2条12項）。会社型投資信託と呼ばれるように，法人格を有し（同61条），設立や機関に関する規定が置かれているように，その構造は株式会社のそれと類似しているところがある（このため，会社法の規定が準用されている箇所が多数ある）。投資法人の場合，投資者は投資主と呼ばれ，投資口の引受価額を限度とする責任（有限責任）を負う（同77条1項）。投下された資本の運用は，資産運用会社によりなされなければならない（同198条1項）。投資法人を純粋に投資のための「器」とするためである。投資法人の資産運用会社は，投資運用業規制（⇨前述◆投資運用業の規制参照）に服することになる。

**J-REIT**　2000（平成12）年の投資信託法改正を契機として導入された不動産投資信託（Real Estate Investment Trust）は，投資者から集めた資金を用いて主として不動産（オフィス・商業施設・マンションなど）等および不動産等を主たる投資対象とする資産対応型証券等に対する投資として運用し，それらから得られる賃貸収入や売買益を投資者に分配すること

を目的として設立される投資法人である。不動産投資信託（REIT）の場合，投資者が取得する投資証券は，証券取引所に上場されている場合がある（一般にJ-REIT〔日本版リート〕と呼ばれる）。投資者は，少額の資金しか持たなくても不動産投資に参加できるほか，上場がなされていれば（証券取引所の上場要件を満たす必要がある），株式のように投資証券を譲渡することにより投資を回収することができる一方，通常の投資リスクに加えて，不動産特有の事情，すなわち不動産の賃貸料や稼働率，地震等の自然災害による変動を受ける可能性があることに注意する必要がある。

### *Column* (54) 証券税制と投資

人々の資金を投資に向かわせる動機づけの1つとして，証券税制がある。わが国の証券税制の歴史は，1949（昭和24）年のシャウプ勧告に遡る。証券税制は，戦後，大きく変遷してきたが，税制上の優遇措置により投資の促進を図る措置が多く採用されている。2000年代以降の改正事項として，たとえば，エンジェル税制に関するものがある。エンジェル税制とは，1997（平成9）年の税制改正により設けられた，ベンチャー企業への投資促進のためにベンチャー企業へ投資を行った個人投資家に対して税制上の優遇措置を認める制度である。新しい事業に取り組む創業間もない企業（適格企業として要件を満たす必要がある）への資金の流れを作るために，資金の出し手の積極的な参加が促されている。

また，よく耳にする制度として，NISA（ニーサ）を挙げることができよう。イギリスのISA（Individual Savings Account〔個人貯蓄口座〕）制度をモデルとして2013（平成25）年の税制改正により導入された少額投資非課税制度（NISA）は，一定金額の範囲内で行った株式・投資信託等への投資について非課税措置を設けるものである。通常，株式や投資信託などの金融商品への投資により得た利益や配当は課税対象となるところ，制度を利用した場合には非課税となることから，証券会社に

おいて開設されているNISA総口座数は伸びを見せている。

**集団投資スキーム**

投資信託・投資法人は，一般投資者の参加を前提とし，厳格な規制の対象とされている。しかし，それだけでは投資仲介者としての「ファンド」のすべてを法的規制の下に置いていることにはならない。投資者からの出資をまとめてこれを専門家に運用させる仕組みはほかにもある。それらを規制の範囲に含めるため，金融商品取引法は，2条2項5号において，各種ファンドに関する包括条項を置いている。この条項の規制対象であり，集団投資スキーム持分と呼ばれる，組合契約，匿名組合契約，投資事業有限責任組合契約，有限責任事業組合契約に基づく権利，社団法人の社員権その他の権利のうち，出資または拠出した金銭を充てて行う事業から生ずる収益の配当・財産の分配を受けることができる権利は，米国のハウイ基準（⇨***Column*** ㊿）を参考にして定義されたものである。

ところで，金融商品取引法2条は有価証券の定義を置く規定であり，有価証券には，「第一項有価証券」に該当するものと「第二項有価証券」に該当するものがあるとされている。前者には一般に流通性が高い有価証券が含まれ，その代表例として挙げられるのが，株券や社債券である。前述した投資信託の受益証券や投資法人の発行する投資証券も，前者に含まれる。後者には一般に流通性がより低いものが含まれ，上述した集団投資スキーム持分は「第二項有価証券」に該当する（みなし有価証券と呼ばれる）。「第二項有価証券」は「第一項有価証券」と比較して流通性が乏しく，情報を公衆縦覧により広く開示する必要性が低いと考えられるため，原則として情報開示規制（⇨第18章***2***）に服さない。ただし，集団投資スキーム

持分のうち，権利に係る出資対象事業が「主として有価証券に対する投資を行う事業であるもの」（出資・拠出した金銭等の合計額の50%を超える額を有価証券に投資する事業）については，情報開示規制は免除されない（金商3条3号イ(1)，金商令2条の9）。情報がその集団投資スキームに直接出資する者はもとより，証券市場における他の投資者の投資判断にとっても重要であることが理由である。

*Column* 55 **プロ向けファンドの特例**～～～～～～～～～～～～～～～

　プロが投資をする場合と一般人が投資をする場合と受けるべき保護の度合いが異なるとする考え方は，制度設計にも反映されている。いわゆる集団投資スキーム持分は，本文において述べたように「第二項有価証券」に該当するため，これらの自己募集・自己私募を行う場合は第二種金融商品取引業としての登録，ファンドの運用を行う場合には投資運用業としての登録がそれぞれ原則として必要となる（金商28条2項1号・4項3号）。しかし，プロ向けファンドについて販売を取り扱う業者は，相手がプロであることから，より緩い行為規制の対象とする，という特例が設けられた。金融イノベーションを阻害しないという名目のもと，適格機関投資家等特例業務について登録制ではなく届出制を採用する，行政処分の対象としないなど，緩やかな制度が設けられたのである（同63条）。ところが，2010年代に入り，出資者が49名以内であればプロ投資家でない者にも販売できる形となっていたことから，たとえば適格機関投資家に少額の出資をさせて，その他の出資は一般の投資者から受けるなど，制度が悪用されて投資家に被害を与えるケースが報告されるようになった。2015（平成27）年の金融商品取引法改正は，このような問題に対処するために，適格機関投資家等特例業務に対する規制強化を行い，資質を有しない業者を排除するための欠格事由の明記（金商63条7項），届出事項の拡充（同63条2項7号，金商業238条1号ないし3号）・公衆縦覧（金商63条6項）やプロ向けファンドに投資できる投資家を一定の資産要件を満たす法人・個人等に限定する（同63条1項1号，

金商令 17 条の 12 第 1 項，金商業 233 条の 2）などの措置を採った。もっとも，ベンチャー・キャピタル・ファンドについては，成長資金を提供するという理由から，これらのファンドに投資できる投資家の範囲が広くなっている。

◆責任形態と事業運営の分離──有限責任事業組合と合同会社　　金融商品取引法 2 条 2 項 5 号の集団投資スキーム持分のなかに，有限責任事業組合契約に基づく権利が含まれている。この有限責任事業組合契約に関する法律が施行されたのは，2005（平成 17）年であり，合同会社制度を設けた会社法の成立と同じ年である。この年，新たにこれら 2 つの形態が投資の「器」として加わることになった。いずれも，積極的に業務を担う者についても有限責任を認める制度として捉えることができる。

　有限責任事業組合の実質は民法上の組合である。その点は会社法上の合名会社と同じであるが，その組合員の全員が一律に有限責任を享受することができる。出資比率と関係なく社員がきめ細かく利益分配などについて内部ルールを定めることのできる（内部自治の徹底）合名会社は，本来であれば小規模事業または密接な社員相互関係を要する事業には向いている。ところが，わが国では社員の無限責任が合名会社形態の普及を大きく妨げていた。有限責任事業組合（イギリス版に倣った日本版 LLP〔Limited Liability Partnership〕）はその障碍を取り去ることを目的として導入されたものである。たしかに，株式会社制度の例が示すように，投資資金を招き入れるうえでは，有限責任制は強力な投資家誘因要素となる。しかし，有限責任事業組合の場合，株式会社と異なり，業務執行に関する意思決定は，原則として総組合員の全員一致によりなされ（有限組合 12 条 1 項），組合員には原則として自ら業務執行に直接携わる義務がある（同 13 条 1 項）。

　*Column* 54において紹介したように，税制は，各種制度の利用を左右する。有限責任事業組合のメリットの 1 つは，パス・スルー課税（構成員課税）を享受できることにある。企業を立ち上げて事業収益を得よう

とするとき，たとえば株式会社であれば利益はまず会社に帰する。その段階で会社は法人税を課される。その後，会社法が定める手続により配当が支払われることになる場合，配当を受け取った個々の株主は所得税を課される。しかし，有限責任事業組合の場合，パス・スルー課税に基づき，組合員に所得税が課されるにとどまる。もっとも，有限責任事業組合には法人格がない。そのため，実際の事業運営において煩わしい側面が残ることは否めない。それに対して，有限責任事業組合と同様に社員の有限責任を維持しながら自由な事業運営が許された合同会社（米国版に倣った日本版 LLC〔Limited Liability Company〕）には，会社法により法人格が付与されている。

合同会社は，合名会社そして合資会社と並ぶ持分会社の一種であり（会社 575 条 1 項），全社員が業務の執行にあたることが原則とされている（同 590 条 1 項。定款に別段の定めを置くことにより，業務執行に関与する社員を限定することはできる）。さらに，合同会社の機関設計については，組合的規律が適用され，定款が非常に重要な役割を果たす。このため，実務は，業種に応じて，さまざまなモデル定款を用意している。

合同会社の数は，近年着実に増加している。財産の帰属などの場面で有限責任事業組合よりも有利であることが 1 つの要因であるが，導入当時の想定（産学連携，高度な知識を持つ専門家集団，共同研究のためのジョイントベンチャー）を超えて，設立費用の節約，迅速な意思決定・機動性の高い経営が可能であることが利用件数の増加の背景にある。

### *Column* ㊶ 合同会社の積極利用の時代？

本文で述べたように，合同会社の利用が伸びている。しかも，それは会社法の制定当初には想定されていなかった形で積極的に利用されている。たとえば外資系子会社により提供される製品を購入・サービスを利用する際に，「合同会社」という記載を目にしたことがある者も多いのではないだろうか。わが国において，株式会社を設立しそれを上場会社にすることは経営者にとって 1 つの大きな成果として認識されてきた。東京証券取引所に上場するときにはセレモニーで「五穀豊穣」にちなん

で5回鐘が鳴らされる。合同会社は，株式会社と異なり，上場できない。ただ，上場をすぐには検討せず，迅速な意思決定や機動性の高い経営を重視した場合，合同会社は株式会社よりも魅力的な会社形態に映るかもしれない。合同会社は株式会社に組織変更を行うことができるし，株式会社と合併することも可能であるから，会社が置かれている状況を見極めて会社形態を選ぶことは1つの経営上の判断ともいえよう。もっとも，合同会社は，定款自治の色彩が強く，自由な設計が可能となるとされる一方，合同会社の利用が高まるにつれて，社員間の利害調整や債権者保護のあり方が一層問題となる可能性がある。

## 4 投資仲介者としての「ファンド」

投資事業有限責任組合

ファンドには，さまざまなものがある。このうち，「投資ファンド」や「プライベート・エクイティ・ファンド」の名称で知られるものは，企業体が行う事業の運営から解放され，もっぱら資金投下とリターンの回収だけに特化した資金の集積を行う投資媒体である。上述した有限責任事業組合や合同会社とこのようなファンドとの違いは，前者は事業を自ら営むために作られることに対し，後者は事業を行わずほかの企業に資金注入をするために作られることにある。集団投資スキーム持分の説明のなかでも登場した投資事業有限責任組合の目的は法律で限定されており（投資有限組合3条1項各号），事業者（法人および個人）に対する投資以外の事業はできない。この点で，事業として何を行ってもよい有限責任事業組合，合同会社とは異なる。

わが国の投資事業有限責任組合の歴史は，1980年代に遡る。こ

の頃組成されたベンチャー・ファンドは，主として民法の組合を活用するものであった。民法の組合の場合，法律上，組合員は無限責任を負う。有限責任制が確保されていないことは，資金集めの面で限界があることを示した。特にベンチャー振興の観点から，有限責任制の組合制度の設立を求める声が高まった結果，1998（平成10）年に「中小企業等投資事業有限責任組合契約に関する法律」が制定され，投資家の有限責任を備え，かつ投資に特化された媒体に法的枠組みが与えられることになった。制定当初，この投資事業有限責任組合（LPS）の資金提供先としては，主にベンチャー企業が想定されていたが，投資対象は順次拡張され（2002〔平成14〕年に有限会社や匿名組合，2003〔平成15〕年には一定の要件を満たす事業再生企業が追加された），2004（平成16）年の改正により法のタイトルから「中小企業等」が外され，「投資事業有限責任組合契約に関する法律」という名称になった。原則として中小未公開企業に限られていた出資先の制限を取り払い，大企業や公開企業への出資，そして金銭債権の取得や融資等を行うことも可能にしたことにより，投資事業有限責任組合の活用の基盤が整えられた。

　投資事業有限責任組合の成立要件は，①共同事業性，②当事者による出資の約束，③有限責任組合員と無限責任組合員の存在である（投資有限組合3条1項。民法上の組合に関する民法667条1項と対比せよ）。ファンドを運営する者は無限責任を負い（投資有限組合7条1項），投資者は有限責任制を享受できることが投資事業有限責任組合の強みであるが，前述したように，営むことができる事業は法定の範囲内に限られているため，その点で制約を伴う（登記を行う必要もある〔同17条〕）。制度普及のために公表されたモデル契約の効果もあり，日本のベンチャー・キャピタル・ファンドの設立総額は

伸びを見せているが，ファンド規模そして投資案件ごとの規模は米国と比較するといずれも小さい。

*Column* ㊼　投資構造の重層化――ファンド・オブ・ファンズ

2004（平成16）年に改正があるまで，ファンドからファンドへの投資（ファンド・トゥ・ファンドと呼ばれていた）を行ううえでは，コミットメント金額（出資の約束金額）の50％までとの上限が設定されていた。これは，他の投資組合に出資する際には組合員が提供した資金の一部までしかそれを行うことができないことを意味し，一般的な投資者保護ルールが未整備であったことが理由であった。しかし，2004（平成16）年に証券取引法（当時）の改正において投資者保護への対応がなされたことに伴い，上限を撤廃し，ファンドを経由してであっても，事業者に資金が届くことを認めた。大規模ファンドがその信用力を基礎に大手機関投資家から資金調達を行い，小規模ファンドに分散投資を行う例が増えたことが背景にある。

多くのファンドに資金を投下する運用を行う「ゲートキーパー」を中核とする投資構造は，より効果的な分散投資を可能とする。実際，この構造は我々の生活に関係するところでも用いられており，年金積立金の管理・運用を担うGPIF（年金積立金管理運用独立行政法人）は，投資規模は大きくはないが，ファンド・オブ・ファンズ型運用をオルタナティブ投資（伝統的な投資対象である上場株式や債券に対する「代替的（オルタナティブ）」な投資資産の総称）の運用方式の1つとして採用し，そこでは投資先となるファンドの選定等を担う専門家であるファンド・マネージャーが多様な観点から分散されたポートフォリオを組み，リターンを還元する仕組みが採られている。ファンド・オブ・ファンズの図式は前述した投資信託の構造に類似する（⇨**3**）。

# *5* 特別目的会社・特定目的会社

| 特別目的会社 | *2*において取り上げた匿名組合は，不動産流動化のスキームにおいて用いられることがある。匿名会社（TK）と合同会社（GK）を組み合わせて「TK-GKスキーム」と呼ばれるこの仕組みは，投資家から合同会社に匿名組合出資がなされ，その資金を基に合同会社が不動産や不動産を信託財産とする信託受益権を取得することを基本とするものである。このスキームにおける合同会社は，匿名組合員（投資家）との関係では営業者に当たり，得られた利益は匿名組合員に還元される。ここでの合同会社は，資産の流動化・証券化を目的として設立されたものであり，「特別目的会社」に分類される。

匿名組合の出資持分は，前述したいわゆる集団投資スキーム持分（⇨*3*）に該当するため（金商2条2項5号），その発行に伴い合同会社が募集行為を行う場合には自己募集に当たり，原則として第二種金融商品取引業としての登録が必要となる（同2条8項7号ヘ・28条2項1号・29条）。また，合同会社が匿名組合出資を主として有価証券等に対する投資として運用する場合，自己運用にあたることから，原則として投資運用業（⇨*3*◆投資運用業の規制）としての登録も必要となる（同2条8項15号ハ・28条4項3号・29条）。しかし，現実には，募集や運用の金融商品取引業者への委託や適格機関投資家等特例業務（⇨*Column 55*）として募集や運用を行う形で業者登録の負担が回避されている。

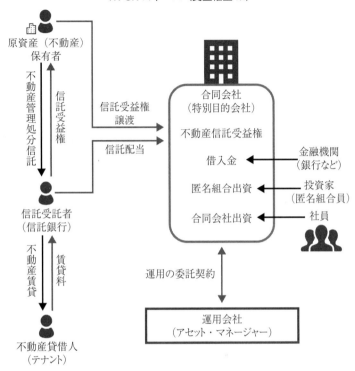

TK-GK スキーム（受益権型 ※）

原資産（不動産）
保有者

不動産管理処分信託

信託受益権

信託受託者
（信託銀行）

不動産賃貸

賃貸料

不動産貸借人
（テナント）

信託受益権
譲渡

信託配当

合同会社
（特別目的会社）

不動産信託受益権

借入金　　　　　　金融機関
　　　　　　　　　（銀行など）

匿名組合出資　　　投資家
　　　　　　　　　（匿名組合員）

合同会社出資　　　社員

運用の委託契約

運用会社
（アセット・マネージャー）

※現物不動産を取得した場合には不動産特定共同事業法の規制がかかるため，「TK-GK スキーム」における合同会社は一般的に現物不動産を取得せず，信託受益権を取得する。

---

**特定目的会社**

この「TK-GK スキーム」に並ぶ不動産投資の方法として挙げられるのが，特別目的会社（SPC）の一種である特定目的会社（TMK）を利用したスキームである。資産流動化法（SPC 法）に基づき設立された特定目的会社を中心に据えたスキームであり（2000〔平成 12〕年の法改正により，不動産に限らずあらゆる資産について証券化が可能となったことに伴い，

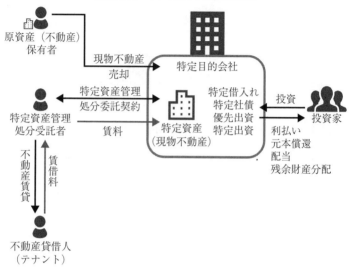

TMK スキーム（現物不動産の場合）

法律の名称は「特定目的会社による特定資産の流動化に関する法律」から「資産の流動化に関する法律」に変更された），基本的な構図は「TK-GK スキーム」に類似する。すなわち，特定目的会社は，投資家の資金の提供先となり，原資産保有者（オリジネーター）から譲り受けた裏付資産の所有者となって利益を投資家に還元するのである。このようなスキーム，そして「TK-GK スキーム」は，資産流動化型スキーム（特定の資産から生じるキャッシュフローを，専門家たるアレンジャー〔金融機関など〕が組み換えて多数の投資家に証券等を販売するもの）と呼ばれ，原資産保有者と投資家の双方にとって大きなメリットがある。原資産保有者としては，不動産の長期保有のリスクを回避し，流動性を確保できることになる。投資家としては，不動産に直接投資することなく，特定目的会社が保有する複数の不動産を裏

付資産とする証券化商品を取得することで，リスクを分散すること
ができる。

　なお，「TMK スキーム」の場合，資産流動化法に基づき予め作
成する資産流動化計画に従うことになる（資産流動化 5 条・195 条）。
特定目的会社の優先出資証券・特定社債券は「第一項有価証券」に
該当するため，募集等を行う場合には第一種金融商品取引業として
の登録が必要となるが（金商 2 条 1 項 4 号 8 号・28 条 1 項・29 条），自
己運用については，「TK-GK スキーム」のような投資運用業とし
ての登録は必要ない。

　上述した 2 つのスキームに加えて，不動産の証券化の方法として
不動産投資信託（REIT）（⇨3）の活用が挙げられる。投資口が上場
される J-REIT は，「TK-GK スキーム」や「TMK スキーム」と異
なり上場市場が存在し投下資本の回収の機会がある点が投資家にと
って魅力的に映るかもしれない。ここで紹介した投資の「器」は，
それぞれ法規制，会計処理，税制などに違いがあり，投資家は自ら
のニーズに合わせて証券化商品を設計・選択することになる。

## *6* 投資構造の複雑化と市場規制のダイナミズム

　投資構造は，時代とともに複雑化している。投資を行う者はある
程度まとまった資金が必要であったことから，結果として社会の一
部の者に限られる時代が長かった。時は流れ，市場型間接金融
（⇨3）の仕組みによって，投資家層のラインは大きく引き下げられ
た。市場への参加のハードルが低くなり，企業の側の資金調達と，
投資家の側の投資の安定性という対極的な 2 つの要請をかなえるス

キームの充実が進んできた一方，資金の出し手と受け手（最終的な利用者）との間に介在する登場人物の数も増えてきた。これらの介在者の規制も用意する必要があり，投資構造の複雑化とともに，規制構造もまた複雑化する。

投資者の側に立ってみれば，投資に提供した資金は，さまざまなルートを通じて企業にわたっていくが，その選択した投資の「器」によって，異なるリスクにさらされる。リスクのなかには，投資行為に当然に伴うものもあるが，もともと存在していたが顕在化してこなかったもの，前述した投資構造の複雑化により生じるもの，さらには新たな金融商品の開発に伴い出現するものなどもあり，危機や転換期とも称されるような場面に遭遇するたびに法的規制は見直される。失敗とイノベーションが繰り返されていく世界に置かれている投資者は，昔よりも保護されていると言い切れる状況にあるのだろうか。次章では，金融商品取引法がどのような規制を用意しているかを概観する。

# 第18章 投資の法規制とその理念

## *1* 金融商品取引法の構造

金融商品取引法

金融商品取引法は，日本の戦後の占領下の昭和23（1948）年に制定された証券取引法をもとにする。歴史的経緯からも，当初はアメリカ法の影響が強いと説明されるが，戦前の日本においても取引所法や業者規制など，現在の金融商品取引法が扱う内容に相当するものがなかったわけではない。証券取引法は，戦前における有価証券取引に関する各種の規制を整理・統合し，アメリカ法の制度を大幅に取り入れた結果である。制定後も証券市場の実態にあわせた改正が幾たびもなされてきたが，この点は2006年（平成18）年に証券取引法の改正として施行された金融商品取引法になってからも変わりはない。

　時代をさかのぼれば，株式取引を通じて財を取得するのが投資の典型であった。このため，現在の金融商品取引法の構造は，有価証

券のなかでも特に株式と社債を想定していた時代の影響を受けている。たしかに，誰かが投資をしているという噂を聞けば，まず頭に浮かぶのは株式投資であろう。しかし，実際には投資対象となる商品にはさまざまなものがあり（⇨第17章参照），その規制構造は複雑化している。

　金融商品取引法の規定は，その内容に基づいた分類をすると，①情報開示に関する規定，②資本市場の担い手に関する規定，③取引に関する規定，④金融行政に関する規定，の4種類に大きく分けられる。このうち，①の情報開示に関する規定は，有価証券に関する投資判断を行うための資料提供を目的とし，自己責任原則と密接に関係している。自己責任原則とは，投資者が自らの判断で行った投資の結果を負担することを意味する。すなわち，投資が利益どころか多額の損失を生じさせたとしても（たとえば株式価格の下落による損失を被った場合など），投資者はその結果を受け入れるべきと考えられているのである（⇨このため，損失補填は禁止されている。*Column* ㊽参照）。この点は，銀行の預金者や保険契約者と異なる。預金者は，預金先として選んだ金融機関が万が一破綻したとしても，基本的に預金保険法に基づく預金保険制度により保護される。預金者は，特に手続を行わずに，預金保険機構から保険金の支払を受けることができる。保険契約者は，保険業法により制度化された保険契約者保護機構により保護され，保険会社が破綻した場合には，破綻保険会社に係る保険契約の移転，合併，株式取得における資金援助等を行うことにより，保険契約を継続することができる（保険契約者保護機構は生命保険と損害保険とで別々に存在する）。金融商品に投資を行う投資者の場合，預金者や保険契約者と異なりリスクテイクを行っているため，保護のための制度設計に違いを設けてもよいが，それ

ぞれの投資者が適切なリスク評価を行うことができるようにするために十分な質と量の情報を提供される必要がある（⇒証券会社が破綻した場合に顧客により証券会社に預けられた資産〔金銭と有価証券〕を一定の範囲で補償する投資者保護基金については*Column* ㊻参照。この制度は，投資に伴うリスクテイクを補償するものではない）。この考え方が開示主義の根本にある。投資者は，金融商品取引法をはじめとする法令等に基づき開示された情報を基に投資に関する判断を行い，その結果を引き受けることになるのであり，適正な情報が適切な時期に開示されることが重要となる。

### *Column* ㊾　損失補塡はなぜ禁止されるべきなのか

　1991（平成 3）年に，大手証券会社を含む多くの証券会社において，顧客の損失の補塡がなされていたことが大きな社会問題となった。当時の証券取引法は，証券会社が顧客に損失の全部または一部の負担を約束して取引を勧誘する，いわゆる「損失保証」を禁止していたが，事前にそうした負担の約束がなされていない状況で取引によって顧客に損失が生じた場合については，規定がなかった（もっとも，大蔵省証券局長通達〔平成元年 12 月 26 日蔵証 2150 号〕により，「事後的な損失の補塡や特別の利益提供」を「厳にこれを慎む」ことが申し渡されていた）。この時代，顧客となる事業会社は「営業特金」と呼ばれる形で，証券会社に売買を一任し，証券会社は大口顧客を優遇して損失補塡を行っていた。これは金融商品取引業者の中立性・公正性，および大口顧客と一般顧客の公平性の観点から問題であるだけでなく，資本市場の機能の観点からいえば，市場の価格形成機能を歪める行為である。実際，この当時，証券取引法の目的が公正な価格形成の確保にあるとする立場から，事後の損失補塡が禁止されるべき理由は，市場が決定した結論を市場機構の担い手である証券会社が勝手に左右し，資金配分ひいては資源配分を歪曲したことによる反公益性に求められるべきであることが指摘された。1991（平成 3）年の証券取引法の改正により，損失補塡は明文で禁止された（現在

は金融商品取引法 39 条に規定されている）。

## *2* 情報開示の規制と投資者

| 情報開示制度 |

証券市場における情報開示制度は，一見すると複雑かつ難解に思われるルールにより構成されている。実際，一言で情報開示といっても，開示主体，開示の対象，内容，頻度，開示方法等について定める必要があるため，ルールが細かくなるのは必然である。

　たとえば，東京証券取引所が開設する金融商品市場に上場されている株式がある場合，当該株式を発行する会社には，一定の事項に関する開示が義務付けられる。それは，金融商品取引法に基づく法定開示と，東京証券取引所により求められる適時開示（タイムリー・ディスクロージャー）に分けられる。

| 法 定 開 示 |

法定開示は，有価証券の発行者が行う発行開示（発行市場における開示）と継続開示（流通市場における開示）にまず分けられる。発行開示制度における開示書類に属するのは，有価証券届出書，目論見書や発行登録書などであり，株式や社債などの有価証券の募集・売出しを行う際に開示すべき情報が掲載されている。これに対し，継続開示制度における開示書類に属するのは，有価証券報告書や臨時報告書などであり，定期的・継続的に一定の内容の開示が義務付けられる。継続開示のなかでもとくに重要な役割を果たすのが，有価証券報告書である。有価証券報告書は，内閣府令で定める事項を記載したものであり

（金商 24 条参照），事業年度ごとに EDINET を通じて提出される。有価証券報告書の記載事項には，企業の概況（主要な経営指標等の推移，沿革，事業内容，関係会社の状況，従業員の状況），事業の状況（経営方針，経営環境及び対処すべき課題等，事業等のリスクなど），提出会社の状況（株式等の状況，自己株式の取得等の状況，配当政策，コーポレート・ガバナンスの状況等）などが含まれる。有価証券報告書による情報開示の中心となるのが財務情報であるが，近年は非財務情報の充実も図られている（⇨*Column* ⑪）。

　なお，有価証券の発行者を開示義務の対象とするものではないが，法定開示には公開買付けに関する開示と株券等の大量保有の状況に関する開示が含まれる。

### *Column* ㊹　会社法に基づく開示と金融商品取引法に基づく開示〜〜

　発行開示・継続開示に関する規制に従わなければならない企業は，会社法の適用対象でもあることから，会社法に基づく一定の情報開示も行わなければならない。会社法による開示と金融商品取引法による開示については，開示の目的の違いが指摘されてきた。もっとも，企業情報の開示という観点から言えば，会社法上の事業報告等と金融商品取引法上の有価証券報告書は同じ機能を果たすとも言える。このように開示情報が「二本立て」となっていることの重複感について，是正の必要性がかねて指摘され，実際に関係省庁（内閣官房，金融庁，法務省，経済産業省）も，一体的開示のための取組みを進めた。開示書類間の重複や微妙な違いを共通化する動きではあるものの，制度設計を根本から変えるものではなく，既存の制度をそのまま維持する前提の内容となっている。この点を乗り越えるうえでは，金融商品取引法上求められる情報開示制度を原則として公開会社法上の情報開示制度と位置づける提案が参考となる。

| 適時開示 | 適時開示は，有価証券上場後に会社に求められる開示であり，金融商品取引所による |

自主規制に分類される。具体的には，東京証券取引所の有価証券上場規程 402 条以下に定められる一定の事由（上場会社に係る決定事実や発生事実，決算情報など）に該当した場合，直ちに情報を開示しなければならない。これは投資判断にとって重要な事実が上場会社に生じた場合に迅速に開示させることにより，投資者に投資判断材料を提供するとともに，インサイダー（内部者）取引（⇨**6**）を防止する目的を有すると説明されるが，何よりもまず，価格感応情報が適時に開示されることは，資本市場において公正な価格形成がなされるための前提条件である。

適時開示は，適時開示情報伝達システム TDnet を通じてなされる。さらに，金融商品取引所側から情報の開示が要求されることもある。情報が漏れる，特定の噂が流れる，といったことは市場での価格形成に影響を及ぼす可能性がある。このような場合に，情報の真偽を確かめるために金融商品取引所は会社情報に係る照会を行う権限を有し，照会に係る事実について開示することが必要かつ適当と取引所が認める場合には，上場会社は，直ちにその内容を開示しなければならない（東証有価証券上場規程 415 条）。このほか，東京証券取引所では，有価証券またはその発行者等の情報に関する周知を目的として投資者に注意喚起を行うことができる制度を用意し，投資者の投資判断に重要な影響を与えるおそれがあると認められる情報のうちその内容が不明確であるものや，有価証券またはその発行者等の情報に関して，注意を要すると認められる事情がある場合に備えている。

　2017（平成29）年の金融商品取引法の改正前まで，上場会社が適時に情報開示を行うことを求める制度として整備されていたのは，臨時報告書制度（金融商品取引法）と証券取引所規則による適時開示制度のみであった。しかし，発行者の未公表の情報が証券会社の顧客への投資勧誘に用いられた事案の発生（会社は行政処分を受けた）を受けて，企業が未公表の決算情報などの重要な情報を証券アナリストなどに提供した場合に他の投資家に対しても当該情報を提供することを求めるルールが置かれていないことが問題視されることになった。そこで，2017年の改正は，上場会社等の運営，業務または財産に関する公表されていない重要な情報であって，投資者の投資判断に重要な影響を及ぼすものを「重要情報」とし，当該情報の伝達を行う場合には，その伝達と同時に，意図的ではない伝達の場合には，伝達が行われたことを知った後速やかに，当該情報を公表しなければならないとするフェア・ディスクロージャー・ルールを設けた（金商27条の36）。

---

**開示制度と金融商品取引法の目的**

　　　　　　　　法令に基づき開示された情報は，たしかに自己責任原則に基づいて投資者が活用するものになるが，開示の目的は投資者保護に限られるわけではない。そもそも金融商品取引法における投資者保護の位置づけについては，目的規定が定めているように，「企業内容等の開示の制度を整備するとともに，金融商品取引業を行う者に関し必要な事項を定め，金融商品取引所の適切な運営を確保すること等により，有価証券の発行及び金融商品等の取引等を公正にし，有価証券の流通を円滑にするほか，資本市場の機能の十全な発揮による金融商品等の公正な価格形成等を図り，もって国民経済の健全な発展及び投資者の保護に資することを目的とする」ものとされて

いる（金商1条）。旧証券取引法の時代から，法の主たる目的に関する活発な議論があり，これを投資者の保護であるとし，国民経済の適切な運営は投資者の保護によって実現が期待されるとする見解に対しては，国民経済の適切な運営と投資者保護がともに達成されるべき目的であり，証券市場を通じての効率的な資源配分の確保は投資者保護の目的から当然に導き出せるものではないとする見解や，目的が公正な価格形成の確保による証券市場の機能の確保にあり，公正な証券市場の存在が有する公共財としての機能が国民経済の適切な運営に結びつくとする見解による批判がなされていた。さらに，証券市場の機能として，資源の効率的配分を重視する立場から，国民経済の適切な運営と投資者の保護は内容的に同じものであり，資源の効率的な配分にほかならないとする見解も示された。2006（平成18）年改正後の金融商品取引法の目的規定についても，基本的に旧証券取引法時代の学説に準じた形で議論が展開されている。

### *Column* ⑥⑦　非財務情報開示に関する近時の動向

　近年，非財務情報開示の充実に向けた取組みが進められている。ここでいう非財務情報（non-financial information）とは，有価証券報告書の第一部の「企業情報」のうち，財務情報以外の情報のことをいう（記述情報〔narrative information〕とも呼ばれる）。この背景には，環境・社会・ガバナンスの頭文字をつなげた ESG に対する世界的な関心の高まり，国連責任投資原則（Principles for Responsible Investment〔PRI〕）の存在などがある。企業活動が結果として環境破壊につながっている場合や企業活動を支える生産チェーンのなかで人権が蔑ろにされている場合には，当該企業への投資のあり方を見直す，あるいは少なくともなぜ当該企業に投資するのかを説明する責任が生じる可能性がある。企業活動自体を一定の方向で行わなければならないことを法律で規定するのは不可能に近い。むしろ，企業活動のなかで，いかなる事項に配慮

がなされているのか，取組みとして何を用意したのかなどを開示し，投資者と市場にそれらの妥当性についての判断を委ねる方法が採用されていると言える。有価証券報告書における非財務情報の開示については，企業内容等の開示に関する内閣府令（開示府令）が詳細な定めを置くが（令和5〔2023〕年の改正により，サステナビリティ情報の記載欄が新設され，人的資本・多様性に関する開示が求められることになった），さらに金融庁により「記述情報の開示に関する原則」と「記述情報の開示の好事例集」が公表されている。また，法定開示ではないが，多くの企業が任意に統合報告書を作成し，公表している。記載内容の充実とともに，不実開示（⇨**5**）をめぐる問題や開示媒体のあり方に関する点が今後も議論される。

# **3** 投資者の種類——「プロ」と「アマ」の区分

　旧証券取引法は，念頭に置く投資者を画一的に取り扱い，個人や法人を区別していなかった。平成18（2006）年の金融商品取引法は，この点を見直し，投資者が専門知識を有する者であるか否かを踏まえた区分を行っている。この背景には，金融・証券業の国際化，そして投資商品の多様化がある。いわゆるプロ向けと一般向けの規制を分け，投資者の知識・経験に応じた規制を設けることが目指されたのであり，これは規制の柔軟化（一律規制から差異のある規制への移行）と呼ばれる。

　一般市民が資産形成のために行う投資と，プロの投資家が行う投資は，目的も必要とする情報も異なる。高度な知識や経験のある者にそれを全く持たない者と同じ手厚い保護を与える必要はない。こ

のような考え方に基づき，金融商品取引法は，「特定投資家」概念を定めた（2条31項）。特定投資家とは，①適格機関投資家，②国，③日本銀行のほか，④内閣府令で定める法人（金商定義23条）とされている。そして，特定投資家が契約の締結や勧誘の相手方となる場合について，業者の行為規制の一部が適用除外となる（金商45条）。適用除外の対象のなかには，情報格差の是正を目的とする行為規制や金融サービス提供法（⇨**4**）上の説明義務が含まれる。なお，金融商品取引法は，一定の要件の下で，特定投資家から特定投資家以外の顧客（一般投資家）への移行，および特定投資家以外の顧客から特定投資家への移行を認めている（34条の2以下）。

## *4* 金融商品販売法から金融サービス提供法へ

**金融サービス提供法**　2020（令和2）年に「金融商品の販売等に関する法律（金融商品販売法）」が改正され，「金融サービスの提供に関する法律（金融サービス提供法）」に改称された。金融商品販売法は，多種多様な金融商品が身近になり，金融商品の販売・勧誘をめぐるトラブルが増えてきたなか，投資者に自己責任を強いるのが酷な場合があることを踏まえて，一定の場合に投資家の自己責任を緩和し，投資行動における消費者の自己責任の限界という根本的問題に対し1つの法的解答を示したものであった。制定当時，わずか10か条のみから成るものであったが，金融商品の販売にあたり，「業者」にリスクを説明すべきことを義務づけ，それを怠ったために「顧客」に損害が生じた場合にそれを賠償する責任を負わせることなどを定めた法律であり，旧証券取引法には証

券会社等の顧客に対する説明義務を直接定める規定がなかったのと対照的であった（現在の金融商品取引法は契約締結前の書面交付義務〔37条の3第1項〕を定めている）。金融商品販売法において考慮されたのは，「金融商品の取引内容を一般投資家が理解し，円滑に取引が行われるためには，適切な情報提供が不可欠」（金融審議会金融分科会第一部会第19回会合議事録〔1999（平成11）年12月〕）であるにもかかわらず，「一般投資家は業者に比べ情報格差があ」る（同）ことである。

　金融サービス提供法における業者とは，「金融商品の販売等を業として行う者」（3条3項）である。ここではまずは証券業者などを想像してほしい。このような者が，顧客の誘引の際に，「元本欠損が生ずるおそれがある」ことや，「当初元本を上回る損失が生ずるおそれがある」（金融サービス4条）ことを隠して顧客の資金を取り込むと，顧客は購入した投資商品の構造を知らないままに当初予期しなかった損害を被るおそれがある（⇨元本欠損について，*Column* ㉒）。それは投資の結果としての自己責任で甘受すべきリスクとは性質が異なる。つまり，顧客を投資の世界に取り込む者は，商品がどのような構造によって「投資」になっているかを十分理解させた上で販売しない限り，商品構造の理解の不足によるこうした損失を，顧客に賠償しなければならないのである。

**金融サービス
仲介業の創設**

顧客の側の状況も近時大きく変化している。情報通信技術の発展により，オンラインでの金融サービスの提供が急速に普及している。就労や世帯の状況が多様化する状況において，利用者がさまざまなサービスの中から自身に適したものを選択できるようにすることを目的として，令和2（2020）年の改正により創設されたのが，

「金融サービス仲介業」（同11条〜84条）である。従来，業態ごとの縦割り法制が採られ，銀行サービスは銀行代理業，証券サービスは金融商品仲介業，保険サービスは保険募集人（それぞれ銀行法・金融商品取引法・保険業法により規制）により提供される形となっていた。金融サービス仲介業は，1つの登録で銀行業・金融商品取引業・保険業・貸金業全ての分野の金融サービスの仲介が可能となる業種である。顧客の多種多様なニーズにワンストップサービスの形で横断的に対応する業者の存在は顧客の利便性を向上させるが，顧客保護をいかに図るかという問題は残る。金融サービス提供法は，金融サービス仲介業者に誠実義務（24条）および情報提供義務（顧客からの要望の有無にかかわらずあらかじめ明示すべきもの〔25条1項〕・顧客から求められた場合に明示すべきもの〔同条2項〕）を負わせ，また，「顧客に対し高度に専門的な説明を必要とするもの」を金融サービス仲介業者の提供できるサービスから除外している。

### *Column* ㊹　元本と市場性

　金融サービス提供法7条2項によれば，損害額算定の基準とすべき「元本欠損額」とは，「当該金融商品の販売が行われたことにより顧客の支払った金銭及び支払うべき金銭の合計額……から，当該金融商品の販売により当該顧客……の取得した金銭及び取得すべき金銭の合計額……と当該金融商品の販売により当該顧客等の取得した金銭以外の財産であって当該顧客等が売却その他の処分をしたものの処分価額の合計額とを合算した額を控除した金額」をいう。言い換えれば，顧客が商品の取得のために拠出した金額からそれを売却して得た金額を差し引いた残額が「元本欠損額」である。この規定ぶりからまず汲み取れることは，本法の念頭に置く元本欠損が，金融商品の転売を当然の前提にしている点である。転売というと単発的なニュアンスをもつ響きであるが，より実態

に即して表現するならば，金融商品の「市場性」といってよかろう。

# *5* 不実開示

　虚偽の情報開示がなされた場合，市場における価格形成は大きく
歪められる可能性がある。虚偽の情報開示がなされないような制度
をいかに設計するかが問題となるが，金融商品取引法は，開示規制
への違反に対し，刑事責任，課徴金制度および民事責任に関する規
定を設けている。

> **発行市場に係
> る民事責任**

一定の有価証券の募集または売出しについ
て，重要な事項について虚偽記載があった
場合——たとえば，有価証券届出書に虚偽
記載があった場合——，誰がどのような責任を負うことになるか。
この場合，有価証券届出書の届出者は，当該募集・売出しに応じて
当該有価証券を取得した者に対して損害賠償責任を負うことになる
（金商18条1項本文。賠償額の算定については同19条参照）。ただし，取
得者が虚偽であること等について知っていたときには責任を負わな
い（同18条1項但書）。ここでの発行者の責任は，無過失責任である。
したがって，たとえば有価証券届出書に虚偽記載等があった場合，
届出者の故意・過失は問題とされない。民法709条の特則である。
なお，金融商品取引法18条の損害賠償請求権は，請求権者が虚偽
記載等を知った時または相当な注意をもって知ることができる時か
ら3年間行使しない場合は消滅し，また，募集・売出しの届出が効
力を生じた時または目論見書の交付があった時から7年間行使しな

い場合にも消滅する（20条）。発行者が厳格な責任を負う状況を長期化させず，早期の紛争解決を図るためである。

　また，有価証券届出書の虚偽記載等について，届出者の役員などの関係者についても，金融商品取引法は，損害賠償責任を課している（21条1項）。これらの者に無過失責任を課すのは酷であるため，過失責任とされているが，立証責任の転換された過失責任であり，責任主体は免責事由の存在を証明した場合に責任を免れることとなる（同条2項）。なお，発行者の場合と異なり，21条の責任については損害賠償請求権の行使期間に関する規定は置かれていない。したがって，民法724条が適用されることになるが，責任を負う期間が長期化することについて批判がある。

流通市場に係る民事責任

有価証券報告書のような継続開示書類に重要な事項についての虚偽記載があった場合にはどうか。金融商品取引法は，この場合についても，発行者およびその関係者の損害賠償責任について定める。発行者は，有価証券報告書等の開示書類に虚偽記載等があった場合には，当該書類が公衆の縦覧に供されている間に，流通市場での取引で有価証券を取得した者または処分した者（取得または処分の際に虚偽記載等を知っていた者を除く）に対し，虚偽記載等により生じた損害を賠償する責任を負う（金商21条の2第1項。損害額の推定については同条3項参照。賠償額の上限は19条1項の法定損害額となる〔21条の2第1項〕）。ここでの発行者の責任は，立証責任の転換された過失責任である。したがって，有価証券報告書に虚偽記載等があった場合，発行者は故意・過失がなかったことを証明すれば，責任を負わない（21条の2第2項）。なお，21条の2の責任については，18条の責任よりさらに短い時効期間が定められている（21条の3）。

また，有価証券報告書の虚偽記載等について，提出会社の役員などの関係者も損害賠償責任を負うことが定められている（24条の4・22条）。立証責任の転換された過失責任であり，21条の責任と同様，請求権の行使期間に関する規定はなく，時効については民法724条に従うことになる。

不実開示の場合の<br>刑事責任等

刑事責任について，金融商品取引法はいかなる規定を置いているのか。開示義務違反に関する罰則については金融商品取引法197条以下が拘禁刑を含めて定めており，開示書類に応じて刑事責任の内容は異なるが，有価証券届出書，発行登録書，有価証券報告書への虚偽記載は，最も重い刑事罰の対象となる。両罰規定が置かれているため，法人等も処罰の対象となる。

金融商品取引法が重い刑事罰を用意していることには，抑止効果を高める狙いがある。このほかに違反行為の抑止を目的とする制度として，課徴金制度がある。課徴金制度は，行政手続により金銭を徴収するために平成16（2004）年改正により導入され，現在は発行開示書類・継続開示書類のいずれの開示義務違反についても課徴金に関する規定が置かれている（金商172条の2・172条の4）。刑事罰のほかに課徴金を課すことは二重処罰（憲39条）に当たらず，発行開示書類の虚偽記載については刑事罰と課徴金の調整規定はないが，継続開示書類については，罰金の確定判決があるときは課徴金の額から当該罰金の額を控除する調整規定がある（金商185条の7第16項・185条の8第6項）。

さらに，虚偽記載は，会社を上場廃止に至らせることもある（西武鉄道〔2004（平成16）年〕・カネボウ〔2005（平成17）年〕）。上場廃止は，東京証券取引所の有価証券上場規程に基づいて判断されるが，

投資者が受ける影響は甚大なものとなりうる。このため，投資者の予見可能性を高めるために，2013（平成25）年には虚偽記載等に係る上場廃止基準の取り扱いの明確化（東証有価証券上場規程601条1項8号）などの対応がなされた。

## *6* 不公正取引

不公正取引の禁止　不公正取引禁止について，金融商品取引法は157条1号に包括規定を設け，何人も有価証券の売買その他の取引またはデリバティブ取引等について，「不正の手段，計画又は技巧」をしてはならないとする。この規定は，昭和23（1948）年の証券取引法の制定時に，アメリカ法（米国証券取引委員会規則〔SEC Rule〕10b-5）に倣って設けられたもの（58条1号）を原型とする。違反は重い罰則を伴うものである（197条1項5号・2項1号・197条の2第13号・198条の2第1項1号・2項・207条1項1号2号参照）。漠然とした要件であるようにとれるが，多様な証券取引の存在，そして網羅的な形で定義を置くことのできない千差万別の不正行為を一挙に規制の対象とするうえでは，一般的かつ包括的な規定を設けざるをえない。「何人も」の表現が示すように，行為者が誰であるかは問われておらず，また行為の態様についても定められていない。157条2号（虚偽または不実の表示の使用の禁止）および3号（虚偽の相場の利用の禁止）は，1号の原則の適用をより確実そして容易にする観点から，適用要件をより具体的に定めたものと説明される。

　アメリカ法にその沿革を有する不公正取引禁止の規定の背景には，

どのような事情があったのか。本編の general remarks でも述べた，世界恐慌を招いたアメリカの 1929 年の株価暴落とその後の混乱は，きわめて杜撰な市場管理に起因する相場操縦の横行によるところも大きかった。アメリカで近代的証券取引規制の先駆けとされる 1933 年証券法および 1934 年証券取引所法が制定されたのは，こうした混乱を鎮めるためであった。わが国も多くの規定について，アメリカの経験を参考にしたところがあるが，すべての不公正取引関係の規制がアメリカ法に由来するわけではない。158 条の風説の流布・偽計取引の禁止規定は，大正 3 (1914) 年の旧取引所法改正により新設された規定（32 条ノ 4）に由来し，証券取引法に引き継がれたものである。

| 相 場 操 縦 |

有価証券の価格は，市場における需給関係により形成されるべきものである。この形成に人為的な操作を加えて相場を変動させた場合，もはや公正な価格形成は確保されない。取引があたかも頻繁になされているように見せかけ，他人に株式を買わせる目的で，同一人物が同一の有価証券について同時期に同価格で「買い」と「売り」の取引を行った場合，何が起きるのか。権利の移転を目的としない売買取引であることを知らない投資者は，投資判断を誤り，その誤った認識の下で行う市場への参加により，市場における価格形成がゆがめられる。このような問題を起因させる仮装取引（金商 159 条 1 項 1 号～3 号）および馴合取引（他人に誤解を生じさせる目的をもって，売主と買主が通謀して売りと買いの注文を同じ価格で同時期に行うことを合意しなされる，権利の移転を目的としない形式的な売買。同項 4 号～8 号）には，市場を歪曲する意思が存在するということができる。金融商品取引法は，これを相場操縦の一種と位置づけて禁止しているほか，いわゆる見

せ玉（約定させる意図のない注文を出し，売買が成立しそうになると取り消す行為）を含む現実取引（159条2項1号），市場操作情報の流布（同項2号），虚偽情報の流布（同項3号）も相場操縦規制の対象である。159条違反は，最も重い法定刑の対象であり（197条），両罰規定もある（207条1項1号）。

相場の操作という観点から言えば，相場を安定させる行為も人為的な介入であり，公正な価格形成をゆがめるものである。相場をくぎ付けにし，固定し，または安定させる目的でなされる有価証券の売買も規制対象に含める必要がある。このため，金融商品取引法は，何人も政令で定めるところに違反して安定操作を行ってはならないとしている（159条3項）。ただし，募集または売出しにより大量に有価証券が市場に放出されて市場における需給のバランスが崩れることもあるため，金融商品取引法施行令により一定の場合に安定操作取引を認めている（金商令20条〜26条）。

また，有価証券を有しないで売付けを行う空売り行為も価格形成をゆがめる可能性がある。現物を持たずに（または証券会社から有価証券を借り入れる形で）売買に参加することは一律に禁止されるものではないが（空売りを行った者は売った有価証券を買い戻さなければならないことになる），相場操縦のためになされる可能性もある。借り入れた証券を売り続けることは，有価証券の市場価格の下落につながりうる。このため，金融商品取引法は，政令で定めるところに違反して，有価証券を有しないでもしくは有価証券を借り入れてその売付けをすることまたは当該売付けの委託等もしくは受託等をすることを禁止する空売り規制を設けている（162条1項1号・金商令26条の2）。空売り規制違反については，罰則規定がある（30万円以下の過料。金商208条の2第2号）。

| インサイダー取引 | 有価証券の発行者の役職員をはじめとする会社関係者やそれらの者から会社に関する |

重要事実の情報を容易に入手できる立場にある者は，その立場上得た情報を利用して取引を行う可能性がある。インサイダー（内部者）取引規制は，発行会社に関する未公表の内部情報に接近できる者がそうした内部情報を知った場合に，当該情報が公表されるまでの間は取引を行ってはならないとするものである。昭和63（1988）年の証券取引法の改正によりわが国の法制に導入された当初，取引所上場有価証券のみが規制対象とされ，規制主体もこれらを発行する会社の関係者および情報受領者に限定されていたが，その後なされた幾つもの改正により，規制対象が拡大されることになった。

*Column* ㉖　インサイダー取引が規制される理由〜〜〜〜〜〜

　昭和63（1988）年の改正当時，インサイダー取引規制が必要であるとされた理由は，投資者の証券市場に対する信頼の確保にあった。大蔵省（当時）の証券取引審議会が指摘したように，「内部者取引が行われるとすれば，そのような立場にある者は，公開されなければ当該情報を知りえない一般の投資家と比べて著しく有利となり，極めて不公平である。このような取引が放置されれば，証券市場の公正性と健全性が損なわれ，証券市場に対する投資家の信頼を失うこととなる」ことが意識されたのである。この通説の説明に対しては，金融商品市場に参加する者の間の平等性の確保が理由であるとする説明や，信任義務違反および情報の不正流用を根拠とする米国の判例の立場がよく紹介されるが，事実の発生と開示の間に生じる不平等性（情報を知っている者と知らない者の間の情報の格差・情報面での優越的地位の利用）を排除する必要があるのは，そうした不平等性を利用してなされる投資判断が，市場における公正な価格形成を阻害し，証券市場の機能を害することになるからであるとする説明も可能である。なお，会社の役員にとって会社経営に対する効率的

な報酬となること――役員(インサイダー)が会社の利益になるような
プロジェクトを行い,自社株をプロジェクト達成後に売り,株価の高騰
による利益を手にするような場合――などを理由に,米国においてイン
サイダー取引を有用とする見解も主張されたことがあるが,米国におい
て支持を広げるに至らず,またわが国の立法制度との関係でも支持され
ない。

インサイダー取引の要件は,厳格に定められ,とくに行為規制の
対象を画するために,インサイダーに該当する者が定義されている。
その筆頭として挙げられる会社関係者(金商166条1項)についてま
ず見てみると,会社関係者であって重要事実を知った者は,当該重
要事実の公表がされた後でなければ,取引を行ってはならない,と
いう規制方法が採られている。会社関係者には,会社の取締役,会
計参与,監査役,執行役,会社の従業員,発行会社の一定の株主
(同項2号に定める者)などが含まれる(最決平成27年4月8日刑集69
巻3号523頁においては,代表取締役と随時協議するなどして会社の財務
および人事等の重要な業務執行の決定に関与するという形態で現実に同社
の業務に従事していた実質的な大株主が同項1号の「その他の従業者」に
当たると解された)。また,会社関係者に該当しない場合であっても,
そうした者を通じて重要事実を知った者が存在する場合があり,こ
れらの者による取引も規制しなければならない。このため,金融商
品取引法が166条3項に定める情報受領者も規制対象となる。

さらに,公開買付けに関するインサイダー取引規制も用意されて
いる。たとえば,買収のターゲットとなった会社があり,公開買付
けを通じて当該会社の発行株式を買い集めようとする会社があると
しよう。買収者となる会社の役職員のなかには,この計画について

の情報を入手している者がいる可能性があるが，これらの者は 166 条が定める会社関係者の範疇には入らない。このため，166 条とは別に，公開買付け等の実施または中止に関する事実を知った公開買付等関係者による取引を 167 条により規制している。

　インサイダー取引についても，金融商品取引法は刑事罰を用意している（166 条および 167 条違反は，5 年以下の拘禁刑もしくは 500 万円以下の罰金またはその併科〔197 条の 2 第 13 号〕の対象となる）。さらに，インサイダー取引を規制するうえでは，巨額の利得を得たままにさせておくのは，「やり得」・「やった者勝ち」を助長し，望ましくない。そこで，金融商品取引法は，得た財産の必要的没収（198 条の 2 第 1 項）およびそれに代わる追徴（同条 2 項）を定め，不正な取引を規制している（198 条の 2 は不正行為〔157 条〕，風説の流布等〔158 条〕，相場操縦〔159 条〕などの違反についての没収・追徴も定める。裁判所による裁量的減免は可能である〔198 条の 2 第 1 項但書〕）。インサイダー取引について，裁判例の多くは，取引により得た財産のすべて，すなわち買い付けた株式の代金または売却した株式の代金をはく奪する総額（総体）主義（≠純益〔差益〕主義）を採用してきた。わが国のインサイダー取引規制は，このような厳格な取り締まりを行う一方で，その規制枠組み・範囲の明確性が追求された結果，他国と比較して第二次情報受領者（情報受領者からさらに内部情報の伝達を受けた者）が対象に含まれないなど，規制対象が狭いことが指摘されている。なお，インサイダー取引等の不公正取引は，課徴金制度（⇒**5**参照）の対象でもある（金商 175 条）。

## *7* おわりに——投資者と資本市場の関係性のゆくえ

　わが国における投資者の資本市場との関わり方は，時代とともに大きく変遷している。株式や債券の取得により，企業に直接的に資金が流入する場合を直接金融と呼び，これに対して，銀行のような業者が貸し手（普通は預金者）と企業との間の資金移動を「仲介」する場合を間接金融と呼ぶ。企業活動への資金流入の活性化はバブル崩壊後のわが国の課題の1つであり，このために証券化商品やシンジケートローンに代表される「市場型間接金融」を多様化する努力がなされてきた。近時は国民の資産形成の観点から，少額投資非課税制度（NISA）・個人型確定拠出年金制度（iDeCo）の拡充が図られている。

　市場に向かう資金が増える一方，投資者が受ける影響やリスクも増大している。国境を越えてなされる資金移動の拡大とともに，世界で起きているさまざまな事象の影響は資本市場を通じて一般市民にも及ぶ可能性がある。リスクをとることを嫌い，証券口座を開設して取引などを行わない者は投資者ではないが，たとえば公的年金の給付のために年金積立金が運用されていることが示すように，資本市場との関係は完全には断ち切ることができない。このような状況において，本章で取り上げた開示規制や行為規制を含む金融商品取引法をはじめとする資本市場に対する規制の重要性は一層高いものとなる。

　資本市場の歴史は，革新と失敗の連続ともいえる。過去の教訓から学べることはあるが，同時にまだ直面していない問題への想像力

を持つことも資本市場をめぐる規制の検討において求められる。グローバル化の影響を受けて激しい競争にさらされて変貌する業者の規制のあり方や新たな技術の発展——たとえば，AIの活用など——に伴う責任の所在に関する問題は，時代に応じた改正を受けて変貌をつづける金融商品取引法の範囲を超えて，分野横断的に検討・対応されるべきものでもある。

# 事 項 索 引

# 判 例 索 引

【有斐閣アルマ】

# 商法総則・商行為法〔第 4 版〕

Law on Commercial Devices and Transactions, 4th ed.

| | |
|---|---|
| 2001 年 9 月 30 日 初 版第 1 刷発行 | 2019 年 11 月 10 日 第 3 版第 1 刷発行 |
| 2008 年 12 月 25 日 第 2 版第 1 刷発行 | 2023 年 11 月 20 日 第 4 版第 1 刷発行 |

| | |
|---|---|
| 著　者 | 大塚英明・川島いづみ・中東正文・石川真衣 |
| 発行者 | 江草貞治 |
| 発行所 | 株式会社有斐閣 |
| | 〒101-0051 東京都千代田区神田神保町 2-17 |
| | https://www.yuhikaku.co.jp/ |
| 装　丁 | デザイン集合ゼブラ＋坂井哲也 |
| 印　刷 | 株式会社理想社 |
| 製　本 | 牧製本印刷株式会社 |
| 装丁印刷 | 株式会社亨有堂印刷所 |

落丁・乱丁本はお取替えいたします。定価はカバーに表示してあります。
©2023, H. Otsuka, I. Kawashima, M. Nakahigashi, M. Ishikawa.
Printed in Japan ISBN 978-4-641-22222-9